国防科技图书出版基金

基于遗传孵化的军用软件工程

Military Software Engineering Based on Genetic Incubation Model

赵晓哲　陈行军　编著

国防工业出版社

·北京·

图书在版编目(CIP)数据

基于遗传孵化的军用软件工程 / 赵晓哲,陈行军编著. —北京:国防工业出版社,2023.1
ISBN 978-7-118-12142-1

Ⅰ.①基… Ⅱ.①赵… ②陈… Ⅲ.①军用计算机-软件工程 Ⅳ.①E919

中国版本图书馆 CIP 数据核字(2022)第 103648 号

※

国防工业出版社出版发行
(北京市海淀区紫竹院南路23号 邮政编码100048)
三河市腾飞印务有限公司印刷
新华书店经售

*

开本 710×1000 1/16 印张 21¾ 字数 375 千字
2023 年 1 月第 1 版第 1 次印刷 印数 1—2000 册 定价 98.00 元

(本书如有印装错误,我社负责调换)

| 国防书店:(010)88540777 | 书店传真:(010)88540776 |
| 发行业务:(010)88540717 | 发行传真:(010)88540762 |

致 读 者

本书由中央军委装备发展部**国防科技图书出版基金**资助出版。

为了促进国防科技和武器装备发展，加强社会主义物质文明和精神文明建设，培养优秀科技人才，确保国防科技优秀图书的出版，原国防科工委于1988年初决定每年拨出专款，设立国防科技图书出版基金，成立评审委员会，扶持、审定出版国防科技优秀图书。这是一项具有深远意义的创举。

国防科技图书出版基金资助的对象是：

1. 在国防科学技术领域中，学术水平高，内容有创见，在学科上居领先地位的基础科学理论图书；在工程技术理论方面有突破的应用科学专著。

2. 学术思想新颖，内容具体、实用，对国防科技和武器装备发展具有较大推动作用的专著；密切结合国防现代化和武器装备现代化需要的高新技术内容的专著。

3. 有重要发展前景和有重大开拓使用价值，密切结合国防现代化和武器装备现代化需要的新工艺、新材料内容的专著。

4. 填补目前我国科技领域空白并具有军事应用前景的薄弱学科和边缘学科的科技图书。

国防科技图书出版基金评审委员会在中央军委装备发展部的领导下开展工作，负责掌握出版基金的使用方向，评审受理的图书选题，决定资助的图书选题和资助金额，以及决定中断或取消资助等。经评审给予资助的图书，由国防工业出版社出版发行。

国防科技和武器装备发展已经取得了举世瞩目的成就，国防科技图书承担着记载和弘扬这些成就，积累和传播科技知识的使命。开展好评审工作，使有限的基金发挥出巨大的效能，需要不断摸索、认真总结和及时改进，更需要国防科技和武器装备建设战线广大科技工作者、专家、教授，以及社会各界朋友的热情支持。

让我们携起手来，为祖国昌盛、科技腾飞、出版繁荣而共同奋斗！

国防科技图书出版基金
评审委员会

国防科技图书出版基金
2018 年度评审委员会组成人员

主 任 委 员　吴有生
副主任委员　郝　刚
秘 书 长　郝　刚
副 秘 书 长　许西安　谢晓阳
委　　　员　(按姓氏笔画排序)

才鸿年　王清贤　王群书　甘茂治
甘晓华　邢海鹰　巩水利　刘泽金
孙秀冬　芮筱亭　杨　伟　杨德森
肖志力　吴宏鑫　初军田　张良培
张信威　陆　军　陈良惠　房建成
赵万生　赵凤起　唐志共　陶西平
韩祖南　傅惠民　魏光辉　魏炳波

前　言

军用软件是一种特定领域的软件,指适合军事领域应用的、能够完成特定功能的软件集合。军用软件通过控制计算机和网络系统完成规定的信息处理程序,为作战行动、战备保障、教育训练等军事活动提供技术支持。军用软件已成为武器装备的重要组成部分和军队信息化建设的关键工具。

对于军用软件这种特定领域的软件系统,其研制过程十分复杂,具有要求不断发展、功能逐步细化和升级陪伴终生等鲜明特点。基于软件能力成熟度集成模型(Capability Maturity Model Integration,CMMI)标准和军用软件研制的特点,我国 2003 年颁布了 GJB 5000—2003《军用软件能力成熟度模型》标准,随后进行改进,于 2008 年颁布了 GJB 5000A—2008《军用软件研制能力成熟度模型》标准,要求军用软件研制单位依据 GJB 5000A—2008 制定软件质量管理体系,并切实落实执行,促进了我国军用软件研制水平的提高。

GJB 5000A《军用软件能力成熟度模型》面向军用软件研制体系,关注点在过程,它给出了软件过程改进参考模型,旨在从质量管理和保障的角度,在生产率(Productivity)、性能(Performance)、成本(Costs)、相关方满意度(Stakeholder Satisfaction)方面优化军用软件的研制过程。然而,它并不关注各过程阶段中使用的具体研制方法,也没有很好地关注软件的持续升级和各种形式的复用。例如,需求建模和分析阶段采用了何种需求建模方法,如何对需求进行分析、跟踪和管理,设计阶段使用什么设计手段,如何通过复用来提高可靠性、易用性和体系融入能力,怎样实现升级与需求变更同步以及新功能在相关系统中的传播等问题则超出了 GJB 5000A《军用软件能力成熟度模型》研究的范畴。

我们在多年从事军用软件的研发和管理实践中认识到,软件工程方法和软件工程过程同等重要,软件工程方法为软件工程过程中每个阶段的基本活动提供方法论的指导,并对软件工程过程产生深刻影响。特别是随着软件工程技术的发展,诸如模型驱动的软件工程、面向方面的软件工程、软件产品线、软件微服务架构、软件开发维护一体化、软件交付流水线等先进的理念和方法的提出、研究与实践,都将对军用软件研制产生深刻影响;软件研制效率和可靠性要求的提高对软件复用的要求越来越强烈,新型号复用已有型号的成果已经成为必然需求。在这种背景下,对军用软件这种特定领域的软件工程进行了研究和实践,在军用软件工程方法方面形成了一些研究成果,并在实践中总结出军用软件工程过程的改进方法,发展了相应的支撑技术和软件支持平台。

本书详细介绍了我们近年来的研究成果,全书包括三个方面的主要内容。

(1) 围绕军用软件研制特色,论述军用软件两阶段研制过程模型及军用软件需求分析、架构设计和构件化开发中的重要方法和技术,详细阐述了新的软件工程方法在军用软件研制中的应用和发展。包括:通过分析军用软件研制过程的特点,以系统工程的观点发展了基于模型的系统工程(Model-Based Systems Engineering,MBSE)方法,将其分为面向领域知识建模的模型工程过程,以及面向产品开发的软件工程过程两个阶段,称为军用软件两阶段研制过程模型。参考美国国防部 DoDAF2.0 多视图模型,基于关注点分离的军用软件体系需求分析方法,从作战视角、能力视角和系统视角对军用软件体系的作战需求、能力需求和系统需求进行分析与建模,并介绍了我们组织研发的需求开发工具。我国军用软件研制具有可借鉴的成功经验少、探索性强、任务紧等特点,很难在一开始做出完善的设计,这就要求软件架构有很高的灵活性,同时尽量使得研制成果可复用以提高研制效率。针对此问题,我们借鉴软件微服务架构思想,提出了一种基于微内核的军用软件架构设计方法。当前,软件的构件化和服务化已成为主流,为支持军用软件构件化开发,深入研究了构件建模方法、构件代码自动生成技术及其测试技术。在以上所有论述中,我们强调了可复用性在军用软件研制中的重要性。通过以上内容,读者不仅能够了解到军用软件在两阶段研制过程模型中各个阶段的实用技术,也能够深刻体会到为提高研制效率而提升软件复用性的重要性。

(2) 针对军用软件研制中"有计划、有系统地实现工件复用"而形成的型号化特征,深入考察由新型号研制、基于现有产品序列衍生新序列的工程实践,提出基于遗传孵化的军用软件复用思想。将传统的以文档为核心的复用方法,转变为基于模型的遗传孵化式复用方法,并讨论了基于此复用方法的多型号军用软件同步升级问题。基于遗传孵化思想的军用软件复用方法是对软件复用理论的丰富与发展,在具体实现途径方面,软件产品线技术可予以支撑,因此后续详细论述了软件产品线工程方法和技术支撑军用软件产品族研制的可行性。具体而言:通过软件产品线工程的"领域工程"来分析与识别已有型号产品的共性和可变性,实现对遗传孵化中祖先拥有的种群特征和个体差异特征的建模,形成公共资产库和可变性模型库;在软件产品线工程的"应用工程"中,基于公共资产绑定可变性,生成新的产品个体,实现遗传孵化过程。同时,在遗传孵化过程中,审视在研和已有产品的整体序列化特征,总结公共资产和可变性的建模模式,从而对将要研制的产品序列进行提前设计,为规划新产品序列提供可行的方法。基于软件产品线技术开展军用软件"遗传孵化",为军用软件大规模复用提供了一条新的途径。为便于读者实施该方法,本书还介绍了软件产品线工程的过程框架,并结合军用软件应用实例,对产品线需求、产品线设计和针对产品个体研制的应用工程活动进行了讨论。

(3) 介绍了"模型驱动的军用软件产品族研制支撑平台"(简称"支撑平台")中的工件数据管理方法,对研制过程中涉及的各种数据进行归类,研究了各种数据在多个研制团队和研制支持工具间进行高效交换的关键技术,讨论了基于时态的军用软件数据配置管理方法。最后介绍了支撑平台的架构和主要功能,并讨论了核心资产库的创建、管理和应用方法。

本书是国内首次以军用软件工程为范例,论述特定领域软件工程过程背景下先进的软件工程方法及其支持系统的专著。特别是,为适应军用软件型号研制中军事相关模型研究和复用、实现军事相关模型以及软件工程中工件的大规模复用,支持型号软件持续升级从而实现质量演化,本书提出了两阶段研制过程模型,引入了遗传孵化思想,借鉴并发展了软件产品线技术和方法,这些成果丰富了军事领域的软件工程理论,并拓展了软件产品线中领域工程和应用工程的基础理论内容和实践技术,因此具有较高的学术水平。同时,本书内容具有较强的实践指导意义,特别是针对我国近年来军用软件型号任务多、研制效率不高和功能迭代升级较慢等问题,在理论体系和支持工具方面给出了较为完整的解决方案,具有较高的实用价值,对推动我国军用软件研制水平提升具有重要意义。

本书是近十年来工程实践基础上的理论总结,首先源于赵晓哲提出基于"母版"以"遗传孵化"的方式来组织军用软件产品族研制的思想,其在舰艇作战软件的研制工程中组织团队予以实践和验证基础上,组织研制了相应的研制支持管理系统及配套工具软件。本书是在上述工程实践以及很多研究报告、学术论文和发明专利基础上完成的,赵晓哲负责总体框架设计,陈行军和李伟刚执笔,其中陈行军撰写第 1~6、11 章,以及第 7、10 章的主要内容,李伟刚主要撰写了第 8、9 章,同时参与了全书的讨论和第 7、10 章的撰写,陈行军对全书进行了统稿和修改。史红权研究员对书稿进行了审阅,樊志强、张俊、陈爱国、邓可和褚骁庚等同志在本书的酝酿、编写过程中做了许多相关的基础性工作。

由于作者水平有限,书中错漏之处在所难免,欢迎读者批评指正。

作　者

2022 年 10 月

目 录

第1章 军用软件工程概述 1
  1.1 软件工程发展概述 2
  1.2 军用软件及其研制过程管理 6
    1.2.1 军用软件的特征 7
    1.2.2 军用软件的分类 9
    1.2.3 军用软件研制能力成熟度模型 10
  1.3 基于模型的系统工程和模型驱动的软件工程 13
    1.3.1 基于模型的系统工程 13
    1.3.2 模型驱动工程 15
    1.3.3 用模型驱动方法实现软件开发过程 19
  1.4 作战软件两阶段研制过程模型框架 21
  1.5 基于遗传孵化思想的军用软件产品族研制 24
    1.5.1 军用软件族群化及其挑战 24
    1.5.2 军用软件产品族特征 24
    1.5.3 遗传孵化思想的引入 26
  1.6 小结 26
  参考文献 27

第2章 舰艇作战软件两阶段研制过程框架与作战模型研制 29
  2.1 舰艇作战软件研制中的作战模型 29
    2.1.1 模型分类方法 30
    2.1.2 面向舰艇作战软件研制的作战模型 31
    2.1.3 作战模型研制方法 33
  2.2 舰艇作战软件的两阶段研制过程框架 38
    2.2.1 军用软件研制工程过程标准 38
    2.2.2 舰艇作战软件两阶段研制过程 39

2.3 模型工程阶段研制实例 ·· 41
　　2.3.1 业务逻辑模型研制实例 ·· 42
　　2.3.2 决策功能模型研制实例 ·· 42
2.4 小结 ·· 48
参考文献 ·· 48

第3章 军用软件多视图需求分析方法 ·· 50
3.1 军用软件多视图需求分析与需求建模 ······························ 50
　　3.1.1 DoDAF2.0 多视图划分 ·· 51
　　3.1.2 面向关注点分离的军用软件需求分析过程 ·················· 56
　　3.1.3 军用软件需求建模 ·· 60
3.2 军用软件需求的多视图描述 ·· 70
　　3.2.1 需求描述原则 ·· 71
　　3.2.2 需求描述内容及方法 ·· 72
3.3 军用软件需求开发工具简介 ·· 76
　　3.3.1 工具设计思想 ·· 76
　　3.3.2 工具总体架构设计 ·· 76
　　3.3.3 工具功能特点 ·· 78
3.4 小结 ·· 79
参考文献 ·· 79

第4章 基于微核模式的军用软件设计方法 ···································· 81
4.1 军用软件架构模式 ·· 81
　　4.1.1 软件架构设计概述 ·· 81
　　4.1.2 基于 MA-MVP 模式的军用软件架构 ························ 83
　　4.1.3 基于微核模式的军用型号软件设计方法 ···················· 89
4.2 军用软件的架构设计方法 ·· 90
　　4.2.1 软件架构的技术生态系统 ···································· 92
　　4.2.2 分布式架构的服务协调技术 ·································· 94
　　4.2.3 分布式架构的资源调度技术 ·································· 95
　　4.2.4 分布式内存管理技术 ·· 99
　　4.2.5 数据分发技术 ·· 101
　　4.2.6 系统运行部署模式 ·· 103

4.3 军用软件构件化设计方法 · 103
4.3.1 面向服务的构件技术规范 · 104
4.3.2 基于本体描述的作战软件核心构件发现技术 · 110
4.4 小结 · 113
参考文献 · 113

第5章 基于构件化开发方法的军用软件实现 · 115
5.1 基于构件的软件开发方法概述 · 115
5.1.1 构件的概念及基于构件的软件过程 · 115
5.1.2 基于构件的软件开发的优点 · 117
5.1.3 基于构件的开发技术 · 118
5.2 构件化开发方法 · 126
5.2.1 构件模型描述语言 · 126
5.2.2 构件建模 · 129
5.2.3 构件应用规划与部署 · 134
5.3 代码自动生成与测试 · 139
5.3.1 代码自动生成技术 · 139
5.3.2 代码实现与模型一致性维护 · 144
5.3.3 构件测试 · 147
5.4 小结 · 150
参考文献 · 150

第6章 基于遗传孵化思想的军用软件复用方法 · 151
6.1 军用软件大规模复用的需求 · 151
6.1.1 舰艇作战软件产品族对工件复用的需求 · 151
6.1.2 军用软件质量演化对工件复用的需求 · 155
6.2 软件序列、型号软件与软件产品族 · 159
6.3 军用软件产品的遗传孵化模型和族群规划方法 · 163
6.3.1 遗传孵化建模 · 163
6.3.2 孵化过程 · 164
6.3.3 遗传变异 · 166
6.3.4 族群规划方法 · 167
6.4 核心资产的范围界定 · 169

6.5 军用软件产品族的演化与维护 170
6.6 小结 172
参考文献 173

第7章 软件产品线技术及其在基于遗传孵化军用软件工程中的适用性 174

7.1 软件产品线工程 174
    7.1.1 发展历史 175
    7.1.2 软件产品线工程中的公共性和可变性 177
    7.1.3 领域工程和应用工程 179
    7.1.4 组织、过程和技术 181
7.2 软件产品线工程方法过程框架 183
    7.2.1 软件产品线工程中的基本活动 183
    7.2.2 软件产品线工程过程 191
7.3 软件产品线方法对遗传孵化模型的适用性 196
    7.3.1 典型的产品线业务模式 197
    7.3.2 舰艇作战软件两阶段过程模型与产品线工程的关系 200
    7.3.3 遗传孵化模型与软件产品线工程的关系 202
7.4 小结 202
参考文献 203

第8章 用于实现遗传变异的软件产品线可变性方法 205

8.1 软件产品线可变性及其与遗传孵化模型中变异性的关系 205
    8.1.1 软件中的可变性与遗传变异 205
    8.1.2 软件产品线工程中的可变性 207
    8.1.3 可变性的分类 208
8.2 可变性模型 213
    8.2.1 识别可变性 214
    8.2.2 可变性元模型 215
    8.2.3 正交可变性 223
8.3 多种视图下的可变性 225
    8.3.1 软件的视图 225
    8.3.2 视图的可变性 230

8.4 通过绑定可变性来实施孵化过程 …………………………………… 234
8.5 小结 …………………………………………………………………… 235
参考文献 …………………………………………………………………… 235

第9章 基于软件产品线的军用软件产品族研制 …………………………… 237
9.1 软件产品线的需求工程 ………………………………………………… 237
　　9.1.1 与单系统需求工程的区别 ………………………………………… 237
　　9.1.2 产品线需求分析的主要方法 ……………………………………… 238
　　9.1.3 领域工程中的需求分析 …………………………………………… 240
　　9.1.4 应用工程中的需求分析 …………………………………………… 244
　　9.1.5 实践风险 …………………………………………………………… 244
9.2 软件产品线特征建模 …………………………………………………… 245
　　9.2.1 特征模型与正交可变性模型 ……………………………………… 245
　　9.2.2 特征建模技术 ……………………………………………………… 246
　　9.2.3 扩展特征建模技术 ………………………………………………… 248
9.3 软件产品线架构设计 …………………………………………………… 253
　　9.3.1 架构设计的作用 …………………………………………………… 253
　　9.3.2 架构设计的范围 …………………………………………………… 254
　　9.3.3 软件产品线架构设计 ……………………………………………… 255
　　9.3.4 架构评估 …………………………………………………………… 257
　　9.3.5 架构演化 …………………………………………………………… 257
9.4 通过应用工程开发产品个体 …………………………………………… 258
9.5 小结 ……………………………………………………………………… 260
参考文献 …………………………………………………………………… 260

第10章 军用软件产品数据管理方法 ……………………………………… 262
10.1 工作产品数据 ………………………………………………………… 263
　　10.1.1 需求数据 ………………………………………………………… 264
　　10.1.2 模型数据 ………………………………………………………… 265
　　10.1.3 设计数据 ………………………………………………………… 266
　　10.1.4 构件数据 ………………………………………………………… 266
　　10.1.5 测试数据 ………………………………………………………… 267
　　10.1.6 支持数据 ………………………………………………………… 268

　　　　10.1.7　软件工程过程中的管理数据 …………………………………… 268
　　10.2　工作产品数据的管理 ……………………………………………………… 269
　　　　10.2.1　数据存取服务 …………………………………………………… 270
　　　　10.2.2　存取过程管理 …………………………………………………… 273
　　　　10.2.3　大规模分布式数据转换 ………………………………………… 279
　　10.3　基于时态的软件配置管理 ………………………………………………… 291
　　　　10.3.1　软件配置管理概述 ……………………………………………… 291
　　　　10.3.2　军用软件支持数据的时态性 …………………………………… 293
　　　　10.3.3　基于时态的配置管理及其应用 ………………………………… 298
　　10.4　小结 ………………………………………………………………………… 305
　　参考文献 …………………………………………………………………………… 305

第 11 章　军用软件产品族研制支撑平台简介 ……………………………………… 306
　　11.1　军用软件产品族研制支撑平台整体技术架构 …………………………… 306
　　11.2　军用软件过程管理系统 …………………………………………………… 308
　　11.3　军用软件遗传孵化过程管理系统 ………………………………………… 311
　　　　11.3.1　领域工程管理 …………………………………………………… 313
　　　　11.3.2　应用工程管理 …………………………………………………… 314
　　11.4　小结 ………………………………………………………………………… 315
　　参考文献 …………………………………………………………………………… 316

附录 …………………………………………………………………………………… 317
　　附录 A　ECOM 构件模型的 BNF 定义 ……………………………………… 317
　　附录 B　应用规划的 XML SCHEMA 定义 …………………………………… 319

CONTENTS

1 Introduction to the military software engineering 1
   1.1 A survey of software engineering 2
   1.2 Military software and its R&D process management 6
      1.2.1 Characteristics of military software 7
      1.2.2 Classification of military software 9
      1.2.3 Capability maturity model for military software 10
   1.3 Model-based system engineering and model-driven software engineering 13
      1.3.1 Model-based system engineering 13
      1.3.2 Model-driven engineering 15
      1.3.3 Software process with model-driven approach 19
   1.4 Two-stage process model framework of combat software 21
   1.5 Development for military software product family with genetic incubation ideas 24
      1.5.1 Ethnicization of military software and its challenges 24
      1.5.2 Characteristics of military software product family 24
      1.5.3 Introduction of genetic incubation ideas 26
   1.6 Summary 26
   References 27

2 Two-stage process model framework of warship combat software and combat model development 29
   2.1 Combat models in development of warship combat software 29
      2.1.1 Classification of models 30
      2.1.2 Combat models for R&D of warship combat software 31
      2.1.3 Development method of combat model 33
   2.2 Two-stage process model framework of warship combat software 38
      2.2.1 Process standard for development of military software 38

2.2.2　Two-stage process for development of warship combat software ………… 39
　2.3　Case study of development in model engineering stage …………… 41
　　2.3.1　An example of the development of business logic model ………… 42
　　2.3.2　An example of the development of decision function model ………… 42
　2.4　Summary …………………………………………………………… 48
　References ………………………………………………………………… 48

3　Multi-view requirements analysis method for military software ……… 50
　3.1　Multi-view requirements analysis and requirement modeling of military software …………………………………………………………… 50
　　3.1.1　Multi-view division in DoDAF2.0 ………………………………… 51
　　3.1.2　Requirement analysis process for separation of concerns for military software …………………………………………………… 56
　　3.1.3　Requirement modeling for military software ……………………… 60
　3.2　Multi-view description of military software requirements …………… 70
　　3.2.1　Principles for requirements description …………………………… 71
　　3.2.2　Content and method of requirement description ………………… 72
　3.3　Brief introduction of a military software requirements development tools ………………………………………………………… 76
　　3.3.1　Design ideas ………………………………………………………… 76
　　3.3.2　Architecture design ………………………………………………… 76
　　3.3.3　Functional characteristics ………………………………………… 78
　3.4　Summary …………………………………………………………… 79
　References ………………………………………………………………… 79

4　Military software design approach based on microkernel architecture ……………………………………………………………… 81
　4.1　Military software architecture pattern ……………………………… 81
　　4.1.1　Overview of software architecture design ………………………… 81
　　4.1.2　Military software architecture based on MA-MVP pattern ……… 83
　　4.1.3　Military software design with microkernel architecture pattern … 89
　4.2　Architectural design method of military software …………………… 90
　　4.2.1　Technology ecosystem of software architecture ………………… 92
　　4.2.2　Service coordination technology of distributed architecture …… 94
　　4.2.3　Resource scheduling technology for distributed architecture …… 95
　　4.2.4　Distributed memory management technology …………………… 99

  4.2.5 Data distribution technology ·· 101

  4.2.6 System deployment and operation pattern ·································· 103

 4.3 Component design method of military software ······························· 103

  4.3.1 Service-oriented component technical specifications ······················ 104

  4.3.2 Core components discovery technology of combat software based on ontology description ·· 110

 4.4 Summary ··· 113

 References ·· 113

5 Realization of military software based on component development method ·· 115

 5.1 Overview of component-based software development ······················· 115

  5.1.1 Concept of component and software process based on component ········ 115

  5.1.2 Advantages of component-based software development ················· 117

  5.1.3 Component based development technology ································ 118

 5.2 Componentized development method ·· 126

  5.2.1 Component model description language ··································· 126

  5.2.2 Component modeling ·· 129

  5.2.3 Component application planning and deployment ························· 134

 5.3 Automatic code generation and testing ·· 139

  5.3.1 Automatic code generation technology ··································· 139

  5.3.2 Code implementation and model consistency maintenance ················ 144

  5.3.3 Components testing ·· 147

 5.4 Summary ··· 150

 References ·· 150

6 Military software reuse method based on genetic incubation ideas ······· 151

 6.1 The requirement of large-scale reuse of military software ··············· 151

  6.1.1 The requirement for workpiece reuse in the warship combat software product family ·· 151

  6.1.2 The requirement for workpiece reuse in the military software quality evolution ··· 155

 6.2 Software series, military type software and software product family ······ 159

 6.3 Genetic incubation model and ethnic planning method for military software products ··· 163

  6.3.1 Genetic incubation modeling ··· 163

6.3.2 Incubation process ……………………………………………… 164
6.3.3 Genetic variation ………………………………………………… 166
6.3.4 Ethnic planning methods ………………………………………… 167
6.4 Scope of core assets ……………………………………………………… 169
6.5 Evolution and maintenance of military software product family ……… 170
6.6 Summary …………………………………………………………………… 172
References …………………………………………………………………… 173

7 Software product line technology and its applicability in military software engineering based on genetic incubation …………… 174
7.1 Software product line engineering ……………………………………… 174
    7.1.1 History ……………………………………………………………… 175
    7.1.2 Commonality and variability in software product line engineering ………… 177
    7.1.3 Domain engineering and application engineering ……………… 179
    7.1.4 Organization, process and technology …………………………… 181
7.2 Process framework of software product line engineering ……………… 183
    7.2.1 Basic activities in software product line engineering …………… 183
    7.2.2 Software product line engineering process …………………… 191
7.3 Applicability of software product line method to genetic incubation model ……… 196
    7.3.1 Typical product line business model ……………………………… 197
    7.3.2 Relationship between two-stage process model of warship combat software and product line engineering ……………… 200
    7.3.3 Relationship between genetic incubation model and software product line engineering ………………………………………… 202
7.4 Summary …………………………………………………………………… 202
References …………………………………………………………………… 203

8 Software product line variability methods for achieving genetic variation ……………………………………………………………… 205
8.1 Software product line variability and its relationship to variability in genetic incubation models ……………………………………………… 205
    8.1.1 Software variability and genetic variation ……………………… 205
    8.1.2 Variability and genetic variation in software ……………………… 207
    8.1.3 Classification of variability ………………………………………… 208
8.2 Variability model …………………………………………………………… 213

8.2.1	Identifying variability	214
8.2.2	Variable metamodel	215
8.2.3	Orthogonal variability	223
8.3	Variability in multiple views	225
8.3.1	Software views	225
8.3.2	Variability in software views	230
8.4	Implement the incubation process by binding variability	234
8.5	Summary	235
References		235

9 Development of military software product family based on software product line engineering 237

9.1	Requirement engineering of software product line	237
9.1.1	Difference from single system requirement engineering	237
9.1.2	Main methods of software product line requirements analysis	238
9.1.3	Requirements analysis in domain engineering	240
9.1.4	Requirements analysis in application engineering	244
9.1.5	Practice risk	244
9.2	Feature modeling of software product line	245
9.2.1	Feature model and orthogonal variability model	245
9.2.2	Feature modeling technologies	246
9.2.3	Extended feature modeling technologies	248
9.3	Software product line architecture design	253
9.3.1	The role of architecture design	253
9.3.2	Scope of architecture design	254
9.3.3	Software product line architecture design	255
9.3.4	Architecture evaluation	257
9.3.5	Architecture evolution	257
9.4	Individual product development through application engineering	258
9.5	Summary	260
References		260

10 Data management method for military software products 262

10.1	Software artifacts data	263
10.1.1	Requirement data	264
10.1.2	Model data	265

10.1.3	Design data	266
10.1.4	Component data	266
10.1.5	Test data	267
10.1.6	Support data	268
10.1.7	Management data in the software process	268

10.2 Software artifacts data management ······ 269
    10.2.1 Data access service ······ 270
    10.2.2 Data access management ······ 273
    10.2.3 Large-scale distributed data transformation ······ 279

10.3 Temporal-based software configuration management ······ 291
    10.3.1 Software configuration management overview ······ 291
    10.3.2 Temporal characteristics of military software support data ······ 293
    10.3.3 Temporal-based configuration management and its application ······ 298

10.4 Summary ······ 305

References ······ 305

11 Brief introduction of the military software product family development support platform ······ 306

11.1 Overall technical architecture of the military software product family development support platform ······ 306

11.2 Military software process management system ······ 308

11.3 Military software genetic incubation process management system ······ 311
    11.3.1 Domain engineering management ······ 313
    11.3.2 Application engineering management ······ 314

11.4 Summary ······ 315

References ······ 316

Appendix ······ 317

Appendix A BNF definition of ECOM component model ······ 317

Appendix B XML schema definition of application planning ······ 319

第1章 军用软件工程概述

现今,军用软件在军事领域的各个方面得到了广泛和深入的应用,军用软件已成为武器装备的重要组成部分和军队信息化建设的关键工具,在国防现代化中发挥着不可替代的作用。由于军用软件具有复杂度高、领域专业性强、要求不断发展、功能逐步细化和升级陪伴终生等鲜明特点,其研制过程和研制方法与民用软件相比,具有显著特征。例如:军用软件多数属于安全关键软件,必须对其质量属性严格控制,这通常需要对软件进行建模,以便开展基于模型的软件验证;许多型号任务中的软件系统,由多个单位协作研制,需要对研制过程进行严格管控;为适应现代信息战需求,军用软件往往需要具备对战场上海量的分布式数据高效处理的能力;为了提高效率和研制质量水平,型号软件研制时需要复用已有型号的成果,但如何从已有型号成果中抽取出可复用的核心资产,如何对型号序列内各个软件产品以及型号序列间的可变特征进行管理,也是一个巨大的挑战。

基于CMMI标准和军用软件研制的特点,我国制定了GJB 5000A—2008《军用软件研制能力成熟度模型》标准,要求军用软件研制单位依据该标准开展质量管理,提高了我国军用软件研制能力。然而,该标准重在过程管理,各软件过程阶段中使用的具体研制方法并不是其关注的重点。我们在多年从事军用软件的研发和管理实践中认识到,这些研制方法为软件过程各阶段中的基本活动提供方法论的指导,对软件质量产生深刻影响。特别是软件工程领域近年来涌现出了许多先进的理念和方法,诸如模型驱动的软件工程[1-2]、软件微服务架构[3-4]、软件开发维护一体化[5]、持续软件工程[6-7]、软件产品线[8-9]等在军用软件研制任务中得到了一定程度的应用;同时,我们在工作中实践了通过大规模复用技术提升型号软件研制效率的方法,形成了基于遗传孵化的军用软件工程理论体系,并开发了相应的支撑工具平台。

本章概述软件工程发展的状况,说明军用软件的特点及其分类,介绍基于模型的系统工程方法在软件工程中的应用,并对软件开发与维护一体化思想进行阐述。简述基于遗传孵化的软件工程思想的来源和核心内涵,介绍它在多序列、多型号军用软件产品族研制中的应用。

1.1 软件工程发展概述

软件是计算机设备的神经系统。

自从第一台计算机诞生,就产生了程序的概念。但在 20 世纪 60 年代以前,基本只有程序设计的说法,随着高级语言的流行,使得计算机的应用范围得到了巨大的拓展,对软件系统的需求急剧上升,软件开发中所固有的问题逐渐受到人们的重视。60 年代末期,人们面临的最大问题就是所谓的"软件危机",是指软件开发从质量、效率等方面均远远不能满足应用需求[10]。1968 年,北大西洋公约组织(North Atlantic Treaty Organization,NATO)科学委员会召开的学术会议上讨论了软件危机和软件可靠性问题,并首次提出"软件工程"的概念,其目的是要用先进而成功的软件开发技术和经验,通过工程化的管理方法和技术,把软件开发人员的技术与管理能力提升到更高的水平[11],这标志着软件开发开始了从"艺术"、"技巧"和"个体行为"向"工程"和"群体协同工作"转化的历程[12]。

经过几十年的发展,有关软件工程的思想、概念、理论、技术和方法不断被提出和研究,并在工程实践中被丰富、完善和发展,到目前为止软件工程已经发展成为一门独立的学科。GB/T 11457—2006《信息技术软件工程术语》国家标准中对软件工程给出了明确的定义:"应用计算机科学理论和技术以及工程管理原则和方法,按预算和进度,实现满足用户要求的软件产品的定义、开发、发布和维护的工程或进行研究的学科[13]。"人们对软件本身的认识也发生了变化:以前软件是与程序对等的概念,而现在将软件视为"与计算机系统的操作有关的计算机程序、规程和可能的相关文档"[13]。

总之,软件工程的主要目的是高效、高质地开发软件,其主要内容大致包含三个方面[12]:

(1) 以软件开发方法为研究对象的软件方法学;

(2) 以软件生存周期为研究对象的软件过程;

(3) 以自动化软件开发过程为目标的计算机辅助软件工程(Computer Aided Software/System Engineering,CASE)工具和环境。

软件工程的发展围绕以上三个方面,在不同的历史时期取得了一些里程碑意义的进展,主要包括以下几点:

(1) 20 世纪 60 年代末期至 70 年代中期,出现了高级语言并不断丰富,人们对编程方法和代码质量有了较高要求,出现了结构化程序设计技术,并开发了一些增进提高软件开发效率的工具。

(2) 20 世纪 70 年代中期至 80 年代,CASE 成为研究热点,并开发了一些对软件技术发展具有深远影响的软件工程环境。

(3) 20世纪80年代中期至21世纪初期,面向对象语言和编程技术、面向对象分析设计方法成为主流软件工程技术,同时基于面向对象方法开展了软件过程及软件过程改进的研究,特别注重软件复用和软件构件技术的研究与实践。

(4) 21世纪初期至今,互联网的迅速普及以及云计算技术的迅猛发展使得软件运行的基础环境及软件团队的组织模式和沟通方式发生了巨大的变化,对软件的开发方法、软件过程和CASE工具均产生了深刻影响。在软件的开发方法方面,面向服务的软件工程成为主流方法,基于基础设施即服务(Infrastructure-as-a-Service,IaaS)和软件分层的架构设计思路,将软件分成平台即服务(Platform-as-a-Service,PaaS)和软件即服务(Software-as-a-Service,SaaS)两个层次,软件微服务架构和软件运行环境虚拟化的研究与实践逐步深入;在软件过程和CASE工具方面,敏捷软件过程方法[14]被提出并在互联网应用开发实践中逐步演化为持续软件工程[6]。近年来,人们认识到为了按时交付软件产品和服务,必须推进开发和运营工作的合作,促进开发、技术运营和质量保障部门之间的沟通、协作与整合,这就出现了开发维护一体化DevOps[5](Development & Operations)的概念,相关的CASE工具平台成为研究和开发热点;在软件复用方面,以构件技术为基础,对构件进行符合标准的服务化封装,使其具备跨平台互操作的能力已成为常态,作为软件复用的更高级别,学术界和产业界还面向软件整体规划,以大规模复用为目的,开展了软件产品族的设计和开发方法的研究,形成了软件产品线工程[9]这一新的软件方法学。

现在,人们认识到软件工程的复杂性,对软件工程的内涵有了更深刻和更全面的理解。与其他工程学科一样,软件工程也有自己的目标、活动和原则,软件工程框架可以概括为图1-1所示的内容[10]。

由图1-1可见,软件工程的目标是生产可用性、正确性和经济性的软件产品。可用性代表了软件功能、质量属性以及文档资料对用户来说可用;正确性表示软件的技术指标达到预期;经济性意思是软件在其生存周期中的花销符合用户需求,达到可接受的程度。

软件工程活动是为了达到以上工程目标而进行的关键步骤,主要包括需求、设计、实现、验证和确认以及维护等活动。需求活动是在一个抽象层次上建立系统模型的活动,包括需求分析与需求规约。需求规约是需求分析的结果,是软件技术人员和客户之间对软件产品要达成的目标的一个契约,它是其他活动的出发点和基础。设计活动以需求规约为输入,对软件内部的结构划分、各部分之间的关系及每部分内部的处理方式和处理算法进行设计。实现活动是设计规约到程序代码的转换。验证和确认是软件交付之前必不可少的工程活动,验证是指

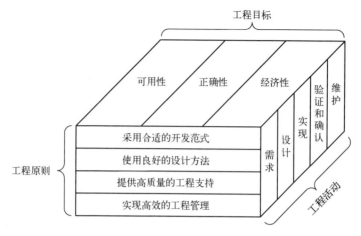

图 1-1 软件工程框架

检查软件是否满足需求规约的要求,确认就是检查最终产品是否达到了客户使用要求[15]。因此,验证注重软件工程过程中进行监控和对阶段成果的测试,确认注重结果的符合性。维护活动是软件交付之后所进行的修改,包括修复软件中的残留错误、为解决性能问题而进行的修改以及客户需求变化所造成的软件变更。现代软件对软件的可维护性要求越来越高,软件的可维护性越好意味着它在其生存周期中的生命力越强,具备可演化性。以上软件工程活动是软件工程过程的主要组成部分,软件工程的本质就是研究软件工程活动中所采用的工程方法、使用的支持工具以及软件工程活动的管理方法。

在软件工程目标的指引下进行软件工程活动,还要遵循一些工程原则,主要包括[10]:

(1) 采用合适的开发范式;

(2) 使用良好的设计方法;

(3) 提供高质量的工程支持;

(4) 实现高效的工程管理。

开发范式是指软件开发所采用的主要开发和管理模式,如模型驱动模式、构件化模式、敏捷开发模式、产品线模式等。各种开发范式可以混合使用,其目的是保证软件开发方法的可持续性,从而满足用户在某些方面的特殊需求。设计方法是软件设计中所采用的具体手段,如信息隐藏、模块化和典型设计模式的运用等。工程支持为软件开发过程中的活动提供效率工具,如通过软件配置管理工具管理软件配置项及其版本,通过统一建模语言(Unified Modeling Language,UML)建模工具为软件需求分析和设计提供支持等。工程管理是为保证软件过程符合软件验证要求、软件产品符合确认要求而采取的管理方法。

在软件工程实践中,人们越来越清晰地认识到软件过程管理的重要性:软件开发中的问题大多数是由管理软件过程的方法引起的,新软件技术的运用不会自动提高生产率。基于此认识,软件业发展出了各种软件过程管理框架。1984年在美国国防部的支持下,美国卡耐基梅隆大学(Carnegie Mellon University,CMU)成立了软件工程研究所(Software Engineering Institute,SEI),SEI 于 1986年 11 月在 Mitre 公司的协助下,开始开发一套为满足美国政府评估软件供应商能力并帮助其改善软件质量的软件过程成熟度框架,并于 1991 年发表了能力成熟度模型(Capability Maturity Model,CMM)。

CMM 共分 5 个成熟度等级。在每一级中,定义了达到该级过程管理水平所应解决的关键问题和关键过程,每一较低级别是达到较高级别的基础。一个组织可按一系列小的改良性步骤向更高的成熟度等级前进。

(1)等级 1:初始级(Initial)。过程无序,进度、预算、功能和质量等方面不可预测。

(2)等级 2:可重复级(Repeatable)。有些基本的软件项目的管理行为、设计和管理技术是基于相似产品中的经验,故称为"可重复"。达到该级的软件组织过程已制度化、有纪律、可重复。

(3)等级 3:已定义级(Defined)。已为软件生产的过程编制了完整的文档。软件过程的管理方面和技术方面都明确地做了定义,并按需要不断地改进过程,而且采用评审的办法来保证软件的质量。

(4)等级 4:已管理级(Managed)。达到该级的软件组织已实现软件过程的定量化,对每个项目都设定质量和生产目标,并能通过测量和质量控制手段区分并控制这些目标的偏离,识别偏离的含义(随机的或有深刻含义的)。

(5)等级 5:优化级(Optimizing)。达到该级的软件组织的软件过程可自发地不断改进,防止同类问题二次出现。

CMM 基于以往软件工程的经验教训,为软件研制组织的过程能力提供了一个阶梯式的改进框架,明确了一个软件组织在软件开发方面需要做哪些主要工作、这些工作之间的关系,以及开展这些工作的先后顺序,按照其设想,一个软件研制组织通过遵循这个改进框架,一步一步地做好这些工作,就能推动软件研制组织走向成熟。

CMM 软件成熟度模型(SW-CMM)发布以后,SEI 相继又开发出了系统工程能力成熟度模型(SE-CMM)、软件采购能力成熟度模型(SA-CMM)、人力资源能力成熟度模型(P-CMM)以及集成产品群组能力成熟度模型(IPT-CMM)等。虽然这些模型在许多组织得到了良好的应用,但对于一些大型软件企业来说,可

能会出现需要同时采用多种模型来改进自己多方面过程能力的情况,此时就可能出现一些问题,主要包括:

(1) 不同的过程改进能力难以集中以取得更大成效;

(2) 不同的改进过程模型所要求的培训、评估和改进活动存在一些重复;

(3) 不同的改进过程模型对部分概念的定义不一致,甚至存在矛盾。

于是,希望整合不同能力成熟度模型的需求产生了。能力成熟度集成模型(Capability Maturity Model Integration,CMMI)就是在这种背景下被开发出来的,它将各种能力成熟度模型集成到一个框架中。

CMMI 有两种表示方法:一种是和 SW-CMM 一样的阶段式(等级)表示方法;另一种是连续式的表示方法。这两种表示方法的区别是:阶段式表示方法仍然把 CMMI 中的若干个过程域分成了 5 个成熟度等级,向实施 CMMI 的组织建议了一条比较容易实现的过程改进发展道路,而连续式表示方法则将 CMMI 中的过程域分为过程管理、项目管理、工程以及支持四大类,对于每个大类中的过程域又进一步分为基本过程域和高级过程域,这样,在按照连续式表示方法实施 CMMI 的时候,一个组织可以把某个大类(如项目管理)的实践活动持续做到最好,而暂时不必考虑其他类别的过程域。

能力成熟度模型中基于活动的度量方法和瀑布过程模型的有次序的、基于活动的管理规范存在非常密切的联系,虽然能力成熟度模型并未强制要求采用何种软件研制过程模型,但显然更适用于瀑布型的软件开发过程。CMMI 相对 CMM 而言,对迭代开发过程和面向结果的方法提供更好的支持(面向结果的方法即先开发业务案例、构想和原型方案,细化后纳入基线结构和可用的发布版本,最后,确定为现场发布的版本)。虽然 CMMI 保留了基于活动的方法,但它通过集成软件业界很多先进的最佳实践,很大程度上淡化了和瀑布模型思想的联系。实践证明,近年来 CMMI 在敏捷过程、持续开发过程等新型软件过程模型中表现出了强大的生命力。

在我国军用软件领域,参考 CMMI 框架的基本原理和方法,开发了 GJB 5000A—2008《军用软件研制能力成熟度模型》标准[16]。相关内容将在 1.2.3 节对其进行介绍。

1.2 军用软件及其研制过程管理

军用软件通常是指用于保障军事装备及其配套系统正常工作,经正式立项研制并交付军方使用的特殊的专用软件产品[17]。军用软件在以信息技术为核心的现代高科技局部战争中无论在作战指挥、武器装备还是在后勤保证等方面都发挥着越来越重要的作用[18]。军用软件的研制能力水平正在成为我军信息化建设的关键影响因素。

在信息化战争中,各种高科技武器装备和信息系统得到广泛应用,这些装备和系统一般具有软件密集型特征,其作战效能的发挥直接依赖于软件的质量。发展军用软件工程,研究和开发军用软件开发方法和技术、工具与环境、管理方法以及军用软件工程标准迫在眉睫。

军用软件工程是军用软件开发、运行、维护和退役的系统方法,是软件工程理论和方法在军用软件研制领域中的应用。本节讨论军用软件的特征和分类,并对军用软件成熟度模型进行介绍。

1.2.1 军用软件的特征

军用软件作为应用于军事领域的一类特定领域软件,除了具有通用软件的所有特点以外,还会受其本身所具有的特殊性、复杂性、抽象性和需求的不确定性等因素的影响,使得其研制难度大、研制周期长、对质量属性要求高。同时,军用软件运行于特殊的应用场景和严苛的使用环境,其开发和质量保证难度很大。有学者认为[11],对于军用软件而言,它可以是一种软件装备,可以像其他武器装备一样正式列装,从这个意义上来说军用软件具有装备的全部特性,我们应该把军用软件当作硬件产品和装备一样来进行管理。然而,军用软件作为一种特殊的产品和装备,也具有它独有的特点[11,17-19],下面通过不同的视角对这些特点进行总结。

1. 软件形态的视角

与武器装备相关的大量军用软件属于嵌入式软件,受到严格的硬件和软件运行平台的约束,例如受到硬件和软件体系结构、操作系统、通信协议和编程语言等的约束。此类软件大多数要求具有强实时性,且有多进程并发运行的要求。这种强实时性对时限要求苛刻,在运行过程中要采集大量的多种类型的数据,在确保被采集数据种类正确,且数据有效的前提下,进行实时加工处理,根据处理结果控制执行部件做出实时的反应。

2. 软件复杂度的视角

军用软件一般代码量大、结构复杂。例如一架现代战机所包含的软件超过2500万行源代码,一艘现代化的舰船或潜艇所包含的软件达到5000万行源代码[17]。软件规模大,不仅意味着技术复杂度高和开发工作量大,而且也为软件开发和维护管理带来了很大的困难。

在复杂度方面,从系统科学的观点来看,复杂性的实质是事物之间相互联系的复杂程度,军用软件往往包含多个子系统,层次多,结构、应用环境和发展过程复杂,具有复杂系统的典型特征[19],这种复杂性贯穿军用软件生存周期的全过程,不仅软件设计难度较高,而且软件实现的代码量很大,验证和确认的工作量和复杂度均会相应提高,维护性差,复用困难。

3. 应用的视角

军用软件的应用环境一般是复杂、不确定和恶劣的对抗性环境,要求军用软件必须具备很高的可靠性、安全性、容错能力和保密性。可靠性要求软件在其运行环境发生变化时,如气象条件变化、电磁干扰、高温高压、硬件局部失效等情况下能够运行稳定,输出的结果可靠。安全性是军用软件最重要的质量属性之一,因此多数军用软件又被称为"安全关键软件(Safety – Critical Software)"[20]。GJB/Z 102A《军用软件安全性设计指南》中对软件安全性的定义为:软件运行不引起系统事故的能力。安全性与可靠性有密切关系,它们都描述了软件运行不引起系统产生某种后果的能力,主要区别是安全性关注"事故",可靠性关注"失效"。容错能力与可靠性也有较大的关联是指,软件检测应用程序所运行的软件或硬件中发生的错误并从错误中恢复的能力,提高软件系统的容错能力对改善其可靠性会产生积极作用。

4. 软件间协作的视角

现代高科技条件下的一体化联合作战需要很多军用软件系统协同工作,因此保持军用软件架构的开放性至关重要,通过系统良好的互操作性,保证不同作战单元能顺利协作,多种装备和军事信息系统能支持"即插即用"。同时,军用软件需处理战时海量数据,而且数据处理要保证实时性和时序性要求,这对数据处理能力提出了更高的要求。现今,以云计算和大数据为核心的先进计算和数据处理技术,已经越来越多地应用到了军用软件领域[21]。

5. 软件生存周期的视角

如上所述,军用软件具有技术密集、结构复杂、研制周期长等特点,其生存周期除了涵盖普通软件过程中的各个阶段以外,还具有一些特有的环节。首先,由于军用软件的对抗性和复杂性等特点,一般要求在软件研制初期对军事需求、软件的使用状况进行仿真,以保证研发出的软件真正满足用户的原始需求。仿真需要仿真环境的支持,这个过程一般相对独立,经常反复进行,花费较长的时间进行仿真结果的分析,不断对需求进行确认。为突出该阶段的这一特征,有些学者将其称为"基于仿真的需求分析"[19]。

另外,军用软件已列入装备管理的范畴,作为一种特殊装备具有退役的概念,因此在其生存周期中,需要处理退役相关的活动,这就派生出"退役"阶段。

6. 软件演化的视角

军用软件的研制要投入大量的人力、财力,如何复用已有软件的成果,用于新软件的研制具有重要意义。从产品和项目管理的角度来看,军用软件通过型号化来解决这个问题;从技术角度来看,这归根结底是一个软件复用问题。因此,从表面上来看,型号化是军用软件的重要特征之一,而其本质则是军用软件对软件复用提出了更高的要求。也就是说,型号化要求军用软件具有较强的可演化性,即军用软件具有要求不断发展、功能逐步细化和升级陪伴终生等鲜明特点,必须解决升级、需求变更同步以及新功能在相关军用软件系统间的传播等问题。而解决这些问题的本质途径是使工件在软件中得到复用并能保持较好的可维护性(将在 6.5 节对此进行详细介绍)。因此,军用软件迫切需要展开以大规模复用和多型号软件同步升级为目标的理论研究和工程实践。

1.2.2 军用软件的分类

软件在军事领域的应用非常广泛,按照不同的应用场景和目标、自身形态可以有不同的分类方法。一般地,按软件的应用场景和目标,可分为两大类[11]。

(1)武器系统软件。武器系统软件包括:为武器系统专门设计或专用的并成为整个武器系统不可缺少的一部分的嵌入式软件;指挥、控制和通信软件,如作战软件、联合指挥软件、编队软件等;对武器系统及其完成任务起保障作用的其他武器系统软件,如任务规划软件、战斗管理软件、后勤保障软件、演习分析软件、训练软件、飞行计划软件、应用测试软件、程序管理软件、模拟器软件等。

(2)非武器系统软件。非武器系统软件也称为自动化信息系统软件,主要指执行与武器系统无关的系统使用和保障功能的软件,例如科学计算软件、人员管理软件、资源控制软件、地图管理软件、设备维修软件、仿真软件和人工智能软件等。

按照军用软件自身的形态,也可以分成如下两类。

(1)嵌入式军用软件。嵌入式军用软件主要是指武器装备软件,包括武器平台嵌入软件和武器系统嵌入式软件等。此类软件的形态的典型特征是操作系统和功能软件集成于硬件系统之中,简单而言就是软件与武器系统的硬件一体化。由于武器系统和武器平台是高度集成的光、机、电一体化设备,使用过程中需要便携或易于移动作业,而且要求工作高度可靠,因此软件的核心作用是在多任务环境下对装备进行控制或执行具体的通信或数据采集任务,因此承担计算、存储等功能的硬件部分通常选用简单可靠的计算机体系结构,软件具有代码规模小而精、高度自动化、响应速度快等特点。

(2)非嵌入式军用软件。非嵌入式军用软件主要是指军用业务和信息处理软件。与嵌入式军用软件不同,此类软件大多基于通用处理器和操作系统平台,用于处理军事相关的业务和信息,如作战指挥决策支持、后勤保障、仿真训练、情报侦察信息处理和军队信息管理软件系统等。此类软件运行时经常需要与嵌入式军用软件协同工作,因此必须保障与武器装备软件通信的顺畅。

认识和理解军用软件的分类,对于研究军用软件研制过程的差异性具有重要意义。

1.2.3 军用软件研制能力成熟度模型

如上所述,军用软件在武器装备和作战支持系统中往往起到神经中枢的作用,一旦软件出现故障或失效,就可能导致无法挽回的后果,因此,提高军用软件的质量就成为军用软件研制单位努力的重要方向。在实践中认识到,软件产品的质量取决于软件产品研制过程的质量,美国国防部发起并支持的 CMMI 研究和相关体系标准的制定,正是本着改善软件研制单位的产品研制过程质量,提高其软件过程能力的成熟度,进而保证军用软件产品质量而展开的工作。

同样,在这种思想的指导下,为了促使军用软件研制单位尽快提高其软件过程能力,评估军用软件研制组织的软件研制过程能力成熟度,在借鉴美国 CMMI 成功经验的基础上,结合我国军用软件研制的实际情况,原总装备部(现中央军委装备发展部)组织相关单位编制并于 2003 年颁布了 GJB 5000—2003《军用软件能力成熟度模型》标准,随后进行改进,于 2008 年颁布了 GJB 5000A—2008《军用软件研制能力成熟度模型》标准,要求军用软件研制单位依据 GJB 5000A—2008 制定软件质量管理体系,并切实落实执行,促进了我国军用软件研制水平的提高。

GJB 5000A—2008 规定了软件研制和维护活动中的主要软件管理过程和工程过程的实践,适用于对组织的软件研制能力进行评估,也适用于组织对其自身软件过程进行评估和改进。通过过程改进活动,组织或企业的软件开发由最初的无组织状态逐步进化到成熟而有制度的境界。

GJB 5000A—2008 描述的军用软件研制能力成熟度模型与 SEI 的 SW-CMM 类似采用分级表示法,按预先确定的过程域集来定义组织的改进路径并用成熟度等级进行表示。将组织的软件研制能力成熟度分为 5 个等级,其中等级 1(或 ML1)称为初始级,等级 2(或 ML2)称为已管理级,等级 3(或 ML3)称为已定义级,等级 4(或 ML4)称为已定量管理级,等级 5(或 ML5)称为优化级,如图 1-2 所示[16]。

军用软件研制能力成熟度模型用成熟度等级测量组织的软件研制成熟度,其结构见图 1-3。成熟度等级向软件研制组织提供测量其研制过程所能改进的

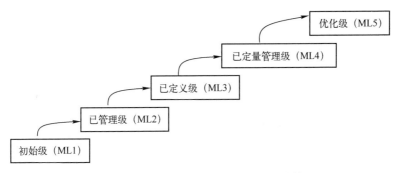

图 1-2　军用软件研制能力成熟度的 5 个等级

方法,并能用于预测下一个项目的大致结果。同时,等级为组织提供了一个过程改进途径的建议。在评估过程中,等级还可以是评估活动的结果。评估既可适用于整个组织,也可适用于组织内较小的组(例如,项目组或组织中的某个部门)。

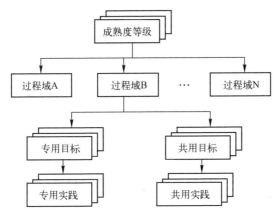

图 1-3　军用软件研制能力成熟度模型结构

军用软件研制能力成熟度模型允许组织通过增量地处理相继的过程域集合来改进一组相关的过程。这种改进路径用"成熟度等级"表示。等级描述了改进的特征,该改进从一个不良定义的状态到另一个状态,该状态使用定量信息来确定和管理所需的改进,以满足组织的业务目标。要达到某个特定的等级,组织必须满足预定改进的过程域或一组过程域的所有目标。同时,GJB 5000A—2008 还提供了为满足业务目标而实施过程改进的方法。

成熟度等级包含了一些有关的专用实践和共用实践,这些实践与一组预先定义的、改进组织整体绩效的过程域有关。组织的成熟度等级提供了预测其在软件工程实践中绩效的一种方法。经验表明,当组织将其过程改进工作集中在可管理数目的过程域上时可以达到最佳效果,并且这些过程域需要随着组织的改进而日益精化。

成熟度等级是一个已定义的、组织过程改进的进化台阶。每个成熟度等级表示组织过程的一个重要部分已经成熟,并为它进入下一个成熟度等级做好准备。根据是否达到与每组已预先定义过程域相关的专用目标和共用目标来判定是否满足相应的成熟度等级。

与 SW-CMM 类似,GJB 5000A—2008《军用软件研制能力成熟度模型》定义的 5 个成熟度等级每一等级构成了前进中过程改进基础的一个层次,是实现下一个成熟度等级的基础。一般来说,试图跳越成熟度等级通常是达不到预期目标的。

如图 1-3 所示,军用软件研制能力成熟度模型在每个成熟度等级的语境中来组织过程域。过程域是一类相关实践活动的集合,是建立过程能力的主要元素,当某个过程域中的实践被全部实现,就能满足对于改进该领域十分重要的一组目标。GJB 5000A—2008 定义了 22 个过程域,各成熟度等级所属的过程域如图 1-4 所示。

序号	ML2	ML3	ML4	ML5
1	配置管理	决策分析和决定	组织过程绩效	原因分析和决定
2	测量与分析	集成项目管理	定量项目管理	组织创新和部署
3	项目监控	组织过程定义		
4	项目策划	组织过程焦点		
5	过程和产品质量保证	组织培训		
6	需求管理	产品集成		
7	供方协议管理	需求开发		
8		风险管理		
9		技术解决方案		
10		确认		
11		验证		

图 1-4 军用软件研制能力成熟度模型中的过程域

过程域按成熟度等级组织,以表示为达到每一个成熟度等级需要实施哪些过程域。例如,在成熟度等级 2 有 7 个过程域,组织在能够达到这些过程域的所有目标之前,可以应用这些过程域来指导其过程改进。一旦组织通过这种方法达到了成熟度等级 2,该组织应将其工作重点放在成熟度等级 3 的 11 个过程域上,以此类推。此外,还应明确适用于每一个过程域的共用目标。对于成熟度等级 2,只需满足共用目标 2;但对于成熟度等级 3 到成熟度等级 5 的各个过程域,则除了应满足共用目标 2 之外,还应满足共用目标 3。

过程域被归为 4 种类型,分别是过程管理、项目管理、工程以及支持,这与 CMMI 对过程域的分类方法一致。过程域之间的关系包括两个方面:一方面是单个过程域间的关系,描述过程域之间的信息和产品的流向;另一方面是各类过程域间的关系。GJB 5000A—2008《军用软件研制能力成熟度模型》详述了这些关系的细节,读者可以参考标准原文[16]。过程域分为基本过程域与高级过程域,基本过程域应在高级过程域之前实施,以确保满足高级过程域成功实施所需的先决条件。

GJB 5000A—2008《军用软件研制能力成熟度模型》作为我国军用软件研制单位进行过程改进以及专业机构对研制单位进行软件能力成熟度等级认证的指导性文件,在提高军用软件质量和研制单位研制能力方面起到了重要作用。

1.3 基于模型的系统工程和模型驱动的软件工程

通过对军用软件特征的分析可以看出军用软件系统自身结构、应用环境、协作关系和研制过程都相对复杂,针对复杂度较高的系统的研发,工程领域近年来发展了基于模型的系统工程(Model-Based Systems Engineering,MBSE)[22]方法。类似地,在复杂软件领域,随着模型驱动架构(Model-Driven Architecture,MDA)[23]在实践领域的发展,模型驱动工程(Model-Driven Engineering,MDE)[24]这种系统工程思想和方法也逐步形成并得到长足的发展。在军用软件领域,引入 MBSE 和 MDE 相关方法和技术已成为一个重要的发展方向和研究热点。

1.3.1 基于模型的系统工程

军用软件通常运行于规模庞大的复杂多学科系统环境中,研制军用软件必须对其所处的上下文环境,即其所在的大系统有清晰的认识。这个大系统中包含多种组成元素,除了软件以外还包括人、硬件、信息、过程以及各种其他设施,这些元素本身的属性和它们之间的关系对软件都会产生深刻影响。

近年来,对此类复杂大系统的研究中提出了"分散系统"(System of Systems,SoS)[25],简称"体系",也有"系统的系统"、"综合系统"、"系统集系统"和"散系"等不同的叫法。分散系统为复杂系统提供了一个与众不同的视角:在特定情境下,一个由多个分散自主系统组成的更大、更复杂的系统,其组成要素相互作用、相互关联、相互依赖,形成了一个复杂的、一致的整体。军用软件所处的系统正是这样一个复杂的系统,它是面向任务(或以任务为导向)的多个系统的集合,这些系统通过共享资源与能力,构成一个新的更复杂的系统。与多个系统的简单叠加不同,它具有更强大的功能和性能。

如图 1-5 所示,分散系统具有如下五个典型的特征:

(1) 运行分散,即组成要素自主运行;
(2) 管理分散,即组成要素自主管理;
(3) 时间分散,即系统演进发展,初态和过程共同影响终态;
(4) 结构分散,即系统具有分层涌现行为;
(5) 部署分散,即组成要素地理分布。

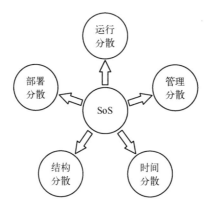

图 1-5　分散系统的五个特征

尽管分散系统的形式是分散的,但是其系统目标是明确的、凝聚的。研究分散系统时既要关注各个子系统的单独特征,又要重视子系统相互交互产生的涌现①特征。

可见,研究军用软件应将它放到其所属的分散系统中考察,同时它本身也是一个分散系统,现有分散系统的工程方法同样适用于军用软件的研制。目前,基于模型的系统工程是研究分散系统的主要方法。

模型在工程领域的应用已经有很长的历史,然而随着系统演化为分散系统,迫使系统工程师开始重新考虑系统的开发方法:通过确立模型的核心地位来帮助管理复杂度、保持一致性、保证系统开发的可追溯性,这就形成了基于模型的系统工程。与传统的"在工程中使用模型"不同,MBSE 将模型作为系统开发中的中心,强调在系统开发时,从概念设计阶段开始直到以后的生存周期各个阶段的需求、设计、分析、验证和确认等活动中始终应用一致的形式化模型[26],模型

---

① 涌现(Emergency)是指子系统形成大系统的时候,会出现在每一个子系统单独运行时都未曾出现的情况的一种现象。当研究大系统时,仅仅通过分别独立研究各子系统根本无法"线性"地认识大系统的特性。

包含了多个互补的、相互兼容的视图,这些视图可供不同的相关方使用,它们从不同的视角对系统进行抽象,忽略不相关特征,帮助人们理解它们关注的系统部分。而传统的系统工程中使用的模型可能有多个,它们在建模时基于不同的假设前提,语义也各不相同。因此,MBSE 的价值在于所有与系统相关的信息能够集中存储并配置管理于统一的模型中,这就使我们非常容易执行诸如设计变更、一致性检查、错误识别等任务。

模型的本质是对系统的一种抽象,用来简化并帮助人们认识系统。Ludewig[27]认为模型应具备三个标准:一是映射标准,即模型必须映射到某个原始对象;二是简化标准,即原始对象的属性并不一定需要全部映射到模型,而是一部分属性进行映射;三是实用标准,即模型必须有用,在某种目的下可以替代原始对象。对软件研制而言,模型的作用表现在如下几个方面:

(1) 获取并描述需求和领域知识,使其能很好地被所有相关方理解;
(2) 帮助理解对系统的设计;
(3) 生成其他有用的工作产品;
(4) 发现、组织、过滤、检查、操纵和编辑复杂系统中的信息;
(5) 经济地、易操作地向多学科领域展示复杂系统的解决方案,帮助人们掌握系统关键特性;
(6) 便于开展"基于模型的推理"[28],增强对系统的理解。

在复杂系统的生存周期中,相关方之间建立高效的沟通机制非常重要,协作的系统工程团队需要在产品的定义、设计、开发、部署、测试、使用和维护等阶段保持公共的讨论环境,以便共享产品信息,如系统关键需求、使用场景描述、外部接口、高层架构、关键技术性能指标等。MBSE 通过模型作为相关方的沟通语言,避免了在以文档为中心的系统工程(Text-Based Systems Engineering,TSE)中存在的歧义;不同的相关方都可以通过模型直接生成反映系统某方面特性的文档,并自动保持文档的完整性和一致性,而且,形式化模型保证了各种模型元素的关联性,便于开展高效的信息抽取和基丁推理的系统检验。

一般地,模型在创建时集成了多学科领域的相关方根据确定的目标而给出的各种输入,模型描述了系统中信息的结构及系统与其所处的环境之间的交互关系,表现为模型组件。这些模型组件最终被实现为各种硬件和软件组件,存储在 MBSE 仓库中。

1.3.2 模型驱动工程

1. 模型驱动工程的由来

在计算机应用领域,"模型驱动"(Model-Driven)概念在国际上的被广泛关注,主要是在对象管理组(Object Management Group,OMG)2002年提出的"模型驱动架构"(MDA)及相关的"模型驱动开发"(MDD)等概念之后发展而来。更广阔的背景,可追溯到20世纪八九十年代,各种建模技术的蓬勃发展。其时,面向对象建模最为活跃,"统一建模语言"(UML)是其中最具代表性的成果。在这一时期,尤其是1997年OMG正式采纳UML 1.1作为建模语言标准以来,软件领域无论是业界/技术开发领域还是理论/学术研究领域,大多数与软件建模有关的研究,都围绕着UML或与之相关。MDA正是在这样的背景下提出的。UML是MDA方案中的核心要件。

MDA提出的直接动因是为了解决异构中间件(Middleware)平台的互操作障碍问题,但是由它所倡导的以模型为中心进行软件开发的思想很快得到了广泛支持,迅速成为研究热点。MDA整合了OMG在建模语言、模型存储以及模型交换等方面的一系列标准,形成了一套基于模型技术的软件系统开发方法和标准体系。

这种技术与实践领域的发展,同时也推动了它背后的原理与学术研究。十多年来,除了OMG的MDA,人们对于模型在软件开发中的应用,有着更广阔的研究,对于模型与建模的重视一直在增强[29]。在这个背景之下,关于软件及相关领域的建模与模型方面的各种思想、方法也越加活跃起来。从近年的情况看,MDA极大地促进了软件领域对建模与模型的重视与研究,但它并非这些理念或技术(例如模型驱动)的源头,这也是毫无疑问的。其实,早在20世纪80年代,曾经受到广泛重视的"计算机辅助软件工程"(CASE)就在基于建模与模型的软件开发技术方面做了大量的探索。以"信息系统"为主题的数据与信息建模、概念建模等,则始终是有关建模研究方面一个重要的传统领域。

随着MDA研究热潮的迅速兴起,模型驱动的软件开发这个词语逐渐被越来越多的学者使用。此间,和模型相关的不同字眼也不断出现在不同的学术机构和社区中,除了广泛使用的"模型驱动"概念,还有基于模型(Model-Based)、面向模型(Model-Oriented)、以模型为中心(Model-Centric)、模型相关(Model-Related)、模型工程(Model-Engineering)等,但"模型驱动"似乎已经得到了更多的认同。2005年,模型驱动软件开发领域最重要的年会统一建模语言国际会议,UML Series(International Conference on the Unified Modeling Language)正式更名为模型驱动工程与系统国际会议 MoDELS(International Conference on Model Driven Engineering Languages and Systems),这开始引起了人们对模型驱动软件开发领域自身术语使用上的关注。目前,模型驱动软件开发领域较为普遍使用的术语主要是模型驱动工程(Model-Driven Engineering, MDE)。所以,MDE并不是新出现的一种特定的技术,而是软件开发领域各种围绕模型与建模技术的一种自然的聚集或综合,它的立场和层次更接近于基本的软件工程。

虽然"模型驱动工程"是在 MDA 的背景上活跃起来的一个概念,但它具有更中性的立场和更广阔、全面的范围,MDA 被看作 MDE 的一个具体和部分的实现途径。一些研究者认为,它的目标不仅是为软件开发者带来短期效率,还应当降低软件产品对变化的敏感度,提升软件寿命,从而带来长期效率的提升。与面向对象领域对比,MDE 研究者提出了"一切皆为模型"的基本原则。除了 MDA,20 世纪 80 年代的 CASE,也是 MDE 的一个重要前驱。模型驱动工程这一概念的兴起,可能体现出软件工程的理论与方法正在向一个新的阶段演进。

与其他软件开发方法相比,模型驱动开发方法的特点主要表现在该方法更加关注为不同的领域知识构造其抽象描述,即领域模型(Domain Models),基于这些代表领域概念的模型刻画软件系统,并通过自动(半自动)的层层转换完成从设计向实现的过渡,从而最终完成整个系统的开发。

模型驱动工程的优势在于,使用更接近于人的理解和认识的模型,尤其是可视化模型,有利于设计人员将注意力集中在和业务逻辑相关的信息上,而不用过早地考虑与平台相关的实现细节。尤其是在面对不同应用领域时,模型驱动方法强调使用方便灵活的领域相关建模语言(Domain-Specific Modeling Language,DSML)构造系统的模型,基于领域知识实现领域专家、设计人员、系统工程师以及架构师等不同人员之间的良好沟通。

2. 模型和模型转换

在一般意义下,模型被认为是为了帮助人们理解要创建的某个对象,而对它进行的抽象。Bézivin 和 Gerbé 将模型定义为:以目标驱动创建系统时,对系统的抽象[30],模型应能代表要创建的系统。从这些定义中能够看出,模型在帮助我们更好地理解系统,确定为达到和获得系统目标而要采取什么合理行动方面是非常有用的。读者可以参考 Muller 等的文章,里面对模型的定义、模型语言等有详细的讨论。

元模型是对一个抽象的明确定义,使用某种确定的语言进行描述。所以,元模型有时候被认为是对建模语言的定义,又被称为"建模语言的模型"。元模型定义了一类模型的结构、语义和约束。"元"体现了这种元模型可以被复用以创建多种建模语言。在 MDA 中,目前提供了两种元建模的方式:一是利用元对象设施(Meta Object Facility,MOF)中提供的机制构建全新的建模语言,又称为重量级方法;二是利用语言的扩充机制,即构造型(Stereotype)和标记值(Tagged Value)来扩展 UML 使之成为一种新的建模语言,又称为轻量级方法。

从理论上讲,模型的定义需要嵌套实现。对元模型也需要某种定义方法,这体现在元—元模型(Meta-Meta Model)的作用。MDE 中模型的概念可以用

图1-6来说明。

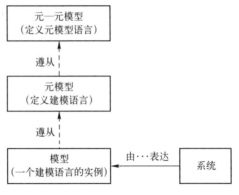

图1-6 MDE中模型的概念

MDA将软件模型分为三个大类[32],分别是计算无关模型(Computation Independent Model,CIM)、平台无关模型(Platform Independent Model,PIM)和平台相关模型(Platform Specific Model,PSM)。其中:CIM是从计算无关的角度来观察一个系统得到的视图,它不包括系统结构的具体细节,仅考虑系统要解决的业务问题,CIM又被称为领域模型,在建模过程中使用的词汇来自问题领域专家所熟悉的术语,CIM中并不包含软件建模和实现技术相关的知识;PIM描述了系统的功能和结构,但是并不包含与具体实现技术相关的细节;PSM描述了系统的实现技术以及所有实现的细节,可以被转换为具体的代码[30]。建立PIM就是使用元建模中定义的建模语言来描述一个系统的结构和功能。目前使用最广泛的建模语言是UML,当模型中没有涉及具体的实现技术时,UML模型也可视为PIM的一种。

模型转换被认为是从PIM到PSM的一种转换机制,MDA中为模型转换进行了简要的分类。但很多研究者为模型转换赋予了更为广泛的含义,即从一个源模型到数个目标模型的映射。模型转换的基本思路参见图1-7,转换时,元模型也起到重要的作用。

图1-7 MDE中的模型转换

代码生成是从软件模型(通常为 PSM)到代码的一种生成机制,通常会利用模板语言进行生成。在一些早期的 CASE 工具和可视化编程工具中,已经提供了代码生成的功能。MDA 中,代码生成被赋予了更广泛的含义,生成的代码不仅是简单的框架,还包含系统运行所需的其他功能。例如基于 Eclipse 的模型框架(Eclipse Modeling Framework,EMF)框架中提供了插件代码的生成、自动 XMI(基于可扩展标记语言的元数据交流)存取以及反射机制等。

1.3.3 用模型驱动方法实现软件开发过程

基于 MDA 的软件开发过程,可以看作是建立模型和模型转换的过程,并且模型转换在这个过程中起到了主要作用。这个过程不但涉及到不同抽象层次之间的模型,同时也涉及到相同抽象层次内的模型。我们可以将 MDE 视为一种概念上的方法论,而 MDA 是目前一种主流的 MDE 建模和模型转换实现框架。

MDA 流程是由 OMG 提出的一系列规范支撑的,它们由 OMG 及其成员共同维护并遵守,确保能够自始至终有清晰的语义及解释。主要包含以下四个规范:

(1) MOF:提供了一个元数据的管理框架以及一组元数据服务,使得模型系统和元数据驱动系统的开发和互操作成为可能。在 MOF 中提出了四层模型的概念,分别是运行时层(M0 层)、模型层(M1 层)、元模型层(M2 层)和元元模型层(M3 层)。

(2) UML:通用的建模语言,得到了主要的面向对象和构件方法的广泛支持,并且能够被应用到所有的应用领域和实现平台。

(3) XMI(基于可扩展标记语言的元数据交换):定义了 XML(可扩展标记语言)标记如何表示序列化的 MOF 模型,其目的是为了便于 UML 建模工具之间的数据和元数据交换,并在多层分布式环境中提供元数据存储机制。

(4) 公共仓库元模型(Common Warehouse Metamodel,CWM):主要目的是允许在分布式异构环境中对仓库工具、仓库平台和仓库元数据知识库进行仓库和业务智能元数据的交换。

除了以上四个规范,还有以下两个重要的子规范:

(1) 对象约束语言(Object Constraint Language,OCL):是 UML 的一个子规范。它是一种易于使用的形式化语言,其语义等同于一阶逻辑,其目的是为了描述 UML 模型中的约束。OCL 是保证模型精确性的重要手段,被广泛用于 MOF 中的四层模型中。除了描述模型约束,还可以用来定义模型转换规则。

(2) 模型的查询、视图、转换(Query/View/Transformation,QVT):是模型转换的标准。它定义了两种描述性的模型转换语言 Relations 和 Core,以及两种命令式的模型转换机制 Operational Mappings 和 Black Box。QVT 规范由多种不同的模型转换方法和语言综合而成,目前规范尚不成熟,影响力不如某些成熟的模型转换语言,且规范很少有实现。

与传统的软件开发过程类似,基于 MDA 的软件开发过程也可以分为需求分析、设计(高层设计、模型转换)、实现(代码转换)、测试和发布几个阶段,并且每个阶段都是一个迭代的过程。图 1-8 展示了基于 MDA 的软件开发过程[35]。

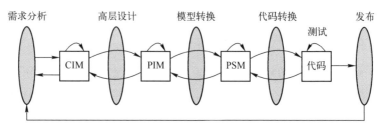

图 1-8　MDA 开发过程

从图中可以看到,需求分析阶段输出的是计算无关模型。一个 CIM 是从计算无关视角对系统进行描述的一个视图。在高层设计阶段,通过模型转换将 CIM 生成 PIM。在低层设计阶段,通过模型转换再将 PIM 生成 PSM。最后通过代码转换将 PSM 生成基于特定平台的系统实现代码,经迭代测试后就可以发布系统了。

当然,MDA 倡导的基于模型转换的开发过程有些理想化,真实的项目很少能完全按照这种开发过程完成。正如 Whittle 等指出,虽然 MDE 的思想被广泛接受,但是几乎所有成功的 MDE 项目都是采用自底向上的方法,即很少用 MDE 生成整个系统,而是在项目中合适的时候引入 MDE 并联合其他方法灵活运用。另外,MDE 的成功实践中,大多数成功实践都采用了属于本领域的"领域特定建模范式"(Domain-Specific Modeling Paradigms),而不是采用通用目的的建模语言,如 UML。他们一般会为自己熟知的较窄的专业领域开发小规模的领域特定语言(Domain-Specific Language,DSL)。而且,Whittle 等在进行了 450 份调查问卷后发现,驱动软件项目或软件开发组织采用 MDE 的主要动力并不是代码自动生成而是业务,可以由此获得整体收益。MDE 虽然不如敏捷开发方法那样收效迅速,但是它给组织带来的益处是长期稳定的。同时,此项研究还发现,深耕特定领域的软件开发组织比开发通用软件的厂商更倾向于引入 MDE[33]。

对于军用软件这种特定领域的软件应用系统,MDE 方法也受到了高度的重视。如美国国防部提出的美国国防部体系架构框架(Department of Defense Architectural Framework,DoDAF)就是在 MBSE 的思想指引下提出的一套系统化框架体系。鉴于 MDE 与领域强相关的特性,本书作者在项目实践中,针对作战软件这类重要的军用软件,开发了作战软件两阶段研制过程模型体系结构,下面进行介绍。

1.4 作战软件两阶段研制过程模型框架

作战软件是一类重要的军用软件,其最重要的特征是必须根据作战使用需求,以军事概念模型及其求解理论为指引,对作战任务调度等核心功能进行基于模型的推演和验证。之后才能开展软件工程过程,进行作战软件的工程开发。所以,作战软件的研制具有明显的两阶段特征。

1. 第一阶段:模型工程阶段(军事领域的 MDE)

在军事领域,首先对作战指挥所提出的作战使用需求(原始需求)进行论证,然后由军事专家按照已有的或自主研究的军事概念模型,对使用需求进行模型化,其结果是形成军事领域的作战数学模型,它详细描述了模型中的数学逻辑及相关算法。接着要对数学模型及相关算法进行软件编制形成相关构件,并在实验室运行验证。此时,验证系统可能是由多个构件装配在一起的复杂的验证平台,它实现了前述军事概念模型。在验证系统上,作战指挥人员进行仿真并验证其是否满足作战原始需求。

军事领域的 MDE 主要以验证军事概念模型及其相关计算逻辑是否能够满足作战原始需求,基本不用考虑如何将相关的构件在实际的软件应用平台环境中实施和使用的问题。

如图 1-9 所示,军事领域 MDE 位于图的上方,以作战使用需求论证为起点,经过军事概念建模、业务数学建模、模型工程化、模型实例化、模型演示验证等步骤。期间,许多工件①可以抽取到核心资产库中以备将来进行新的作战软件研发时使用。如作战需求项、军事概念模型、作战逻辑及相关算法构件等。

2. 第二阶段:软件工程阶段(软件工程领域的 MDE)

在软件工程领域,会在军事 MDE 进行的同时,并行启动软件工程领域的MDE,可以按照图 1-8 介绍的 MDA 开发过程进行开发。但是,正如 Whittle 等[33]指出的那样,很少用 MDE 生成整个系统,更多情况下是在需求和设计阶段较多地引入 MDE 方法(见第 2、3 章),在实现阶段部分地实现了代码的自动生成(见第 4 章)。当然,仍然有很多研制项目采用传统的软件工程过程,分成需求分析(包括系统需求分析和软件需求分析)、软件设计、软件构件实现和

---

① 工件是指在软件过程中被产生、修改和使用的信息片段,通常以某种信息载体的形式呈现,如文档和代码等。

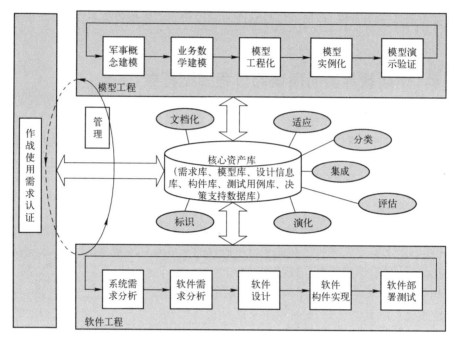

图1-9 作战软件两阶段研制过程模型框架

部署测试等阶段(如图1-9下方所示)。同理,软件工程过程也是以作战使用需求论证为起点的,具有鲜明的作战软件领域特色。所以在需求和设计建模时将会较多地参照军事领域MDE中产生的成果。而且,软件工程过程也会生成可复用工件,抽取到核心资产库中以备新项目研发复用。

以上两个阶段及其核心资产的管理需要严格的体系化管理方法进行管控,本书研究的基于遗传孵化的军用软件工程方法正是应此目的而提出的。

参考MDA中对CIM、PIM和PSM的定义,我们在两阶段过程模型中对各种活动产出的工件进行分析,并对两阶段的交互关系进行梳理。如图1-10所示,可以在两阶段研制过程模型中找到与MDA中三种平台的对应关系。

作战使用需求描述了作战指挥所组成结构、指挥关系、需要完成的特定作战任务及作战指挥流程,这些内容与任何计算技术是无关的。作战使用需求经过论证以后作为两个阶段的共同输入。在模型工程阶段,首先利用军事概念模型进行模型需求及业务梳理,这也属于计算无关模型,形成了军事需求的组成、结构、功能和流程。然后建立数学模型,此时就与计算相关了,但是与软件构件运行平台是无关的。这个活动是平台无关到平台相关的过渡,是逻辑描述到计算实现的过渡。接着,进行模型工程化处理,就要考虑在实验室环境构建运行平台的相关要求,因此属于与软件构件运行平台相关。以后进行的模型实现、集成与

第 1 章 军用软件工程概述

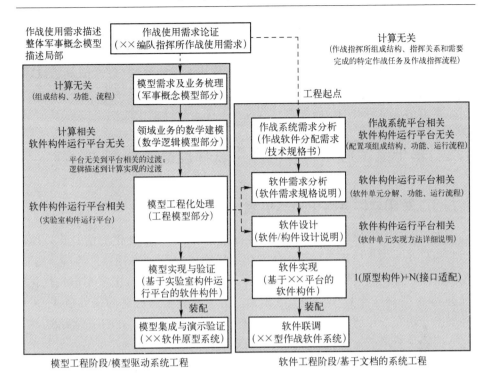

图 1-10 作战软件两阶段研制过程模型的实施示意图

演示验证都属于与软件构件运行平台相关的了。

在软件工程阶段,由作战使用需求生成的作战系统需求,要考虑到作战系统平台的相关要求,因此是与作战系统平台相关的,但是与软件构件运行平台无关,生成的软件需求分析及软件需求规格说明是与软件构件运行平台相关的。然后,对作战软件进行设计,此时要充分考虑软件单元实现方法的细节,因此是与软件构件运行平台相关的。最后进行编码实现和测试,显然这也是与软件构件运行平台相关的。

模型工程阶段的模型工程化处理活动产出的工程模型,是军事作战实验室中运行的作战数学模型算法,它包含作战领域的核心业务处理逻辑,所以会对软件工程阶段的软件需求分析和软件设计产生重大影响。同时,模型工程阶段开发的作战模型的实现构件(称其为"原型构件"),虽然运行在实验室环境下,但它实际上是作战核心逻辑的验证实现,可以对其进行工程化封装,形成软件工程阶段的软件实现。由于原型构件对实际工程平台的依赖很少,所以可以作为核心资产进行管理,这样,随后就可以方便地通过接口适配到不同的平台上。

在实践中,模型工程阶段和软件工程阶段作为两条研发主线,即并行执行又时常交叉,它们共同推进着作战软件的研制过程。如,在需求分析活动中军事概念模型的梳理往往是与软件工程阶段的作战系统需求分析一同进行的,而由军事概念模型的要求而进行的数学逻辑建模及其工程化处理(即作战算法设计)又可能与软件需求分析有关,并且是软件设计工作的重要内容。

本书第2章将对两阶段研制过程模型框架进行详细论述。

1.5 基于遗传孵化思想的军用软件产品族研制

1.5.1 军用软件族群化及其挑战

现今,军用软件规模和复杂度日益提高,我国军事智能化和信息化领域的装备型号任务逐步呈现序列化和体系化的特征,终将形成军用软件族群。然而,我国军用软件研制可借鉴的成功经验少,探索性很强。随着国家军事现代化的推进,型号研制任务多、难度大、工期紧。为了充分复用已有的研发成果,需要开展基于现有型号研制新型号、基于现有产品序列衍生新序列的工程实践,然而这方面尚没有形成适合我国实际情况的理论体系和指导方法。虽然各研制单位发展并实践了一些有利于型号软件复用的研制方法,制定了有利于提升研发效率的过程管理规范,但是,如何实现工程化背景下军用软件的大规模复用和多型号软件同步升级,是当前和今后一段时期内军用软件研制中迫切解决的难题。

1.5.2 军用软件产品族特征

军用软件,特别是武器装备类软件的典型特征是序列化、型号化[34],而且每个产品序列中的各种型号软件大同小异。所以可以以现有型号软件为基础,研制新的型号软件。

例如,图1-11所示的用于不同舰艇的作战软件,形成了一个应用于舰艇作战领域的军用软件产品族。该产品族中,不同产品序列的差异较大,而同一产品序列中的不同型号软件相似性很高。一般而言,在不同的产品序列之间,会通过各种方法形成用于不同产品过程阶段的工件。比如,作战模型、军事需求项、软件需求项、公共构件等。在同一产品序列中的不同型号软件之间更是可以通过复用机制提高新型号产品的研制效率。然而,现在常用的复用方法,除了类似作战模型这样抽象的、以军事和数学理论为基础的模型可以在模型级别得以复用外,其他软件工程领域的工件复用往往采用文档/代码复制的方式来完成。这种方式的复用很难受控,无法对复用工件进行有计划的管理机制,如形成公共资产库、升级、版本管理、维护等,也无法追踪被复用工件在个体产品中的引用或复用关系，这就带来了如下问题。

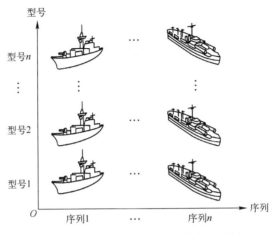

图 1-11　多序列、多型号军用软件示意图

1. 可复用工件的复用层次低、复用效率差

如前所述，基于文档/代码等工件形态的非结构化复用方法无法实现大规模复用。而且这种复用机制没有系统化的方法论指导，可控性很差，复用效率很低。而且，文件随意拷贝无法保证数据一致性，很难满足安全保密管理的需求。

2. 很难形成组织资产并进行有效利用

因为军用软件型号任务一般由多个单位参研，协同完成。若没有系统化的、统一规范的复用机制，很难在整个组织中形成核心资产库，无法进行有计划的大规模复用。而核心资产库的形成过程包括对可复用工件的识别、建模、可配置性确认、存取管理、版本控制、应用追踪、同步更新等复杂的管理活动，必须在系统方法论的指导下完成。一旦形成组织资产，就可以采用"遗传孵化"的方式在各个产品序列和型号实例中进行应用，从而实现高效的工程化复用。

3. 很难支持多型号软件同步升级，无法实现以持续升级为目标的型号软件维护

军用软件，特别是武器装备软件系统一般搭载于花费昂贵的机电系统之上，是多学科领域在产品研制、生产方面智慧的结晶。所以，武器装备都具有较长的服役期，而且在此期间要求尽可能地演化升级。软件作为装备的大脑和神经中枢，由于其本身具备"软"形态，所以承接了尽可能延长装备生命周期的重要职责。因此，大多数军用软件都具有要求不断发展、功能逐步细化和升级陪伴终生等鲜明特点。如何实现软件在装备中的持久生命力，只有实现需求变更与软件升级同步，以及新研制的功能在相关武器的软件系统中传播。而这必然要求对型号软件抽取共性形成公共资产并对其进行严格管控,探索对公共资产的复用方法和它在个体软件中的同步与传播机制。

综上,实现军用软件中的大规模复用主要包含两个关键研究内容:一是深入分析和总结军用软件需求、设计和开发阶段所使用的工程方法,对其产生的工件的特点进行归纳,梳理出可复用工件的主要属性,为形成核心资产库奠定基础;二是研究核心资产应用到个体软件上时应采取的复用机制。通过对这两方面研究内容的分析,我们发现它与生物体的遗传孵化机制有相似之处,下面介绍其基本思路。

1.5.3 遗传孵化思想的引入

在遗传学领域,生物个体会继承来自双亲的主要基因,进行优化组合并引入新的基因变化,从而变现出与父母相似但却不同的体征。通过描述以上遗传孵化过程,结合军用软件型号研制的实践可以看出,军用软件型号研制呈现出与自然界类似的"后代继承祖先的遗传特征"的性质,个体型号软件可以通过添加自身特性拥有与复用的型号软件不同的特征。这种思想在面向对象设计中也有体现,如继承、多态机制等。

在军用软件研制中,可以分析现有型号软件的各种工件,如模型、文档、代码、数据等,选取有可能在整个型号序列中作为公共研制基础的工件作为"核心资产",形成核心资产库,在新型号研制时利用核心资产库中的工件开发新型号,这样就实现了遗传孵化的思想。

军用软件在型号研制中表现出了显著的族群遗传孵化的特征。一方面,通过对已有研制成果的仔细梳理确定了可以被后继型号研制复用的核心资产,这就是来自于祖先产品的族群遗传基因;另一方面,祖先产品呈现出的某些个性化特征会被定义为父辈个性化遗传基因,这些基因会按照产品个体的具体需求继承下来。这种思路与软件产品线工程方法有很强的相似性:族群遗传基因和父辈个性化遗传基因分别代表了公共性和可变性。本书将在第 6 章对基于遗传孵化思想的软件工程方法进行详细论述。

1.6 小结

军用软件是一类特定领域的软件系统,在其研制过程中,除了引入严格的软件工程过程方法以外,需要对其各个阶段的研制方法进行深入研究。采用 MDE 原则和方法可以提高软件研制中各类参与者对问题的理解,保持软件工件数据一致性,提高软件研制效率和质量。进而通过对软件研制中生成的工件进行共性和个性分析,形成组织的核心资产库,为大规模复用奠定基础。参考生物体遗传孵化的机制为实现公共资产在型号软件个体研制中的大规模复用提供了参考,使得需求变更与软件升级同步、功能更新在多个型号软件中实现传播成为可能。

参考文献

［1］ Straeten R V D, Mens T, Baelen S V. Challenges in model-driven software engineering［C］. Models in Software Engineering, MODELS 2008, September 28, 2008 - October 3, 2008, 2009: 35-47.

［2］ Selic B. The pragmatics of model-driven development［J］. Ieee Software, 2003, 20(5): 25.

［3］ Thones J. Microservices［J］. IEEE Software, 2015, 32(1): 116 and 113-115.

［4］ Lago P, Bosman J. First international workshop on architecting with microservices［C］. 2017 IEEE International Conference on Software Architecture Workshops, ICSAW 2017, April 3, 2017 - April 7, 2017, 2017: 36-37.

［5］ Ebert C, Gallardo G, Hernantes J, et al. DevOps［J］. IEEE Software, 2016, 33(3): 94-100.

［6］ Fitzgerald B, Stol K-J. Continuous software engineering: A roadmap and agenda［J］. Journal of Systems and Software, 2017, 123: 176-189.

［7］ Bosch J. Continuous Software Engineering: An Introduction, In: Bosch J. (eds), Continuous Software Engineering, Cham. Springer International Publishing, 2014: 3-13.

［8］ 陈辞. 基于复用的军用软件构件化与生产线技术探讨［J］. 计算机与数字工程, 2014, (07): 1306-1310.

［9］ 李伟刚, 李易. 软件产品线工程: 原理与方法［M］. 北京:科学出版社, 2015.

［10］ 杨芙清. 软件工程技术发展思索［J］. 软件学报, 2005, (01): 1-7.

［11］ 胡斌. 军用软件工程与实践［M］. 北京:军事科学出版社, 2014.

［12］ 杨芙清, 梅宏, 吕建, 等. 浅论软件技术发展［J］. 电子学报, 2002, (S1): 1901-1906.

［13］ 周明德, 冯忠, 王有志, 等. 信息产业部电子工业标准化研究所. 信息技术 软件工程术语. 2006.

［14］ Martin R C. Agile Software Development: Principles, Patterns, and Practices［M］. Prentice Hall PTR, 2003: 43-46.

［15］ 刘斌. 软件验证与确认［M］. 北京:国防工业出版社, 2011.

［16］ 中国人民解放军总装备部. 军用软件研制能力成熟度模型. 北京, 2008.

［17］ 李学仁. 军用软件质量管理学［M］. 国防工业出版社, 2012.

［18］ 韦群, 龚波, 任昊利. 军用软件工程［M］. 国防工业出版社, 2010.

[19] 赵晓哲. 舰艇作战软件系统工程管理[M]. 国防工业出版社, 2009.
[20] Yoo J, Jee E, Cha S. Formal Modeling and Verification of Safety-Critical Software[J]. Ieee Software, 2009, 26(3): 42-49.
[21] 熊家军, 李强. 云计算及其军事应用[M]. 科学出版社, 2011: 40-44.
[22] Ramos A L, Ferreira J V, Barcelo J. Model-Based Systems Engineering: An Emerging Approach for Modern Systems[J]. Ieee Transactions on Systems Man And Cybernetics Part C-Applications And Reviews, 2012, 42(1): 101-111.
[23] Bezivin J, Gerbe O. Towards a precise definition of the OMG/MDA framework[M]. Los Alamitos: Ieee Computer Soc, 2001: 273-280.
[24] Whittle J, Hutchinson J, Rouncefield M. The state of practice in model-driven engineering[J]. IEEE Software, 2014, 31(3): 79-85.
[25] Jamshidi M. System of systems engineering-New challenges for the 21st century[J]. IEEE Aerospace and Electronic Systems Magazine, 2008, 23(5): 4-19.
[26] Madni A M, Sievers M. Model-based systems engineering: Motivation, current status, and research opportunities[J]. Systems Engineering, 2018, 21: 172-190.
[27] Ludewig J. Models in software engineering—An introduction[J]. Software and Systems Modelling, 2003, 1: 5-14.
[28] Frigg R, Hartmann S. Models in Science[J]. Stanford Encyclopedia of Philosophy, 2008.
[29] 徐伟. 模型驱动的城轨列车车载控制系统软件评估体系[D]. 北京:中国铁道科学研究院.
[30] Bézivin J, Gerbé O. Towards a precise definition of the OMG/MDA framework[M]. 2001: 273-280.
[31] Muller P-A, Fondement F, Baudry B, et al. Modeling modeling modeling[J]. Software & Systems Modeling, 2012, 11(3): 347-359.
[32] 王学斌. 软件工程中基于模型驱动架构的模型转换技术研究[D]. 国防科学技术大学.
[33] Whittle J, Hutchinson J, Rouncefield M. The State of Practice in Model-Driven Engineering[J]. Software, IEEE, 2014, 31: 79-85.
[34] 杨海成. 航天型号软件工程[M]. 北京:中国宇航出版社, 2011.
[35] 孙永侃,陈行军. 面向舰艇作战软件研制的仿真模型体系建设[J]. 舰船电子工程, 2020,40(12):1-4 and 10.

第 2 章 舰艇作战软件两阶段研制过程框架与作战模型研制

如 1.2.2 节所述,作战软件是一类重要的军用软件,而作战模型对作战软件研制而言具有重要意义,但是军用软件研制工程过程标准中没有引入作战模型的概念,这不利于持续提升军用软件的研制能力和质量水平。模型驱动软件工程中有模型的概念,其出发点是使用模型作为相关方的沟通语言,保证各种模型元素的关联性,避免传统以文档为中心的系统工程中存在的歧义,从而保持相关工件的完整性和一致性,军用软件研制过程中需要考虑复杂度高的作战模型有关特征,需要进行问题建模、数学求解、算法实现、原型验证等逐步解构的环节,这与传统模型驱动软件工程中以软件开发工件为核心的模型体系有较大差异。

本章以舰艇作战软件这一类典型的军用软件为例,从作战模型的分类方法入手,阐述作战模型概念的内涵,以此为基础阐述作战模型的研制方法,以及涵盖模型工程的舰艇作战软件两阶段研制过程框架,最后以编队航渡作战模型为例,详细说明模型工程阶段的具体过程。

2.1 舰艇作战软件研制中的作战模型

"研制作战软件,必须建立作战指挥模型,简称作战模型。作战模型是作战软件系统做出作战决策、指挥作战行动的核心技术手段,是综合运用所属指挥对象遂行作战任务的形式化描述,是作战指挥决策和武器控制的经验总结。作战模型研究的主要工作是,针对主要和潜在作战对象,研究其作战思想、作战方法和装备发展情况;根据兵力的主要作战任务和可能的作战样式,研究未来可以运用的战术和战法;针对舰艇所面临的未来战场环境,研究各类武器装备的协同运用和优化控制方法,且将这些战术方法进行抽象、提炼,形成规律,并用规定的形式表达出来"。这是《舰艇作战软件系统工程管理》一书[1]中有关作战模型及作战模型研究的概述,反映了对作战模型概念的认识及作战模型研制的期望,而没有阐述作战模型的具体形态,以及支持作战软件研制的具体方式。如下从模型的分类入手,对舰艇作战软件研制中的作战模型实施分类,通过分类来进一步界定和厘清作战模型的概念。

2.1.1 模型分类方法

模型作为采用数学、物理或逻辑等形式对所研究对象(系统、实体、现象、过程)进行的一种抽象描述,是对实际系统中我们感兴趣的部分进行抽象后的"影像",是对真实世界中的物体或过程的相关信息进行形式化的结果[2]。作为真实世界中的物体或过程的相关信息进行形式化的结果,模型可根据领域背景、研究对象、建模过程等多种角度对模型进行分类。如根据领域划分,应用于军事领域的模型,可统称为作战模型;根据研究对象不同,模型可分为实体模型和过程模型。具体到特定实体和过程,可予以进一步细分,如针对海上作战,实体模型有水面舰艇模型[3]、潜艇模型和航空兵模型[4]等,过程模型通常有算法模型(研究对象为问题求解的过程)、决策分析模型[5](研究对象是某一个决策过程)、业务逻辑模型[6](研究对象为特定组织的指挥信息关系、实施方法或操作规程)和效能评估模型[7](研究对象为效能评估的规程)等。根据建模过程阶段不同,模型具有不同的形态,对作战模型而言,根据其研制过程各阶段的工件特点,可分为军事概念模型[8]、数学逻辑模型、软件工程模型和计算机程序模型。

另外,模型还有其他分类方法。如根据建模方法的不同,可分为排队论模型、概率论模型和马尔科夫模型等;根据模型与研究对象的相似程度,可分为白盒模型、黑盒模型和灰盒模型等[2]。

总之,根据应用领域背景、研究对象、模型描述方法及建模过程阶段等不同,不同领域及专业人员根据需要,对模型概念所做的定义及分类,或多或少带有相应领域特征。关于模型的统一分类方法,涂序彦先生在其所著的《大系统控制论》[9]中所提出的"广义模型"概念,相对完备和全面,其从模型对象、模型粒度、模型智能和模型格式四个维度,阐述了广义模型概念的内涵,如图 2-1 所示。

根据其论述,从模型格式的维度,模型被划分为知识模型、数学模型和关系模型三类,其中:

(1) 知识模型主要用于表达关于事物的定性知识和经验知识,以便利用知识进行定性分析和逻辑推理,求解有关问题,根据模型格式可进一步分为叙述性知识模型和过程性知识模型两类。

(2) 数学模型主要用于定量地描述事物的有关动态过程和静态特征,对问题进行定量分析和数值计算,根据问题特征和所运用数学工具的不同,可进一步分为具有不同阶次不同变元维数的静态数学模型,以及时域或频域的动态数学模型。

(3) 关系模型主要用于定性或定量地描述人们或事物之间组织结构、工艺

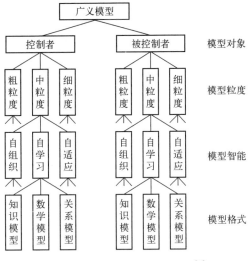

图 2-1　广义模型体系表达树[9]

流程、信息传递和时序等关系,以便进行系统的结构分析和结构综合,也称为结构模型,根据所采用建模工具的不同,可进一步分为逻辑模型和图论模型。

面向软件研制,Bézivin 等[10]将模型定义为以目标驱动方式创建系统时对系统的抽象,认为模型应能代表要创建的系统,结合文献[9]关于"在知识模型、数学模型和关系模型相结合的基础上,利用计算机软件进行集成,建立适用于实际的系统的广义模型,可以全面地(定性、定量、静态、动态)描述实际系统的结构、参数、功能和特征"的论述,可以认为模型是对特定软件系统原理实施建模的结果,根据建模目标、视角和工具等方面的不同,形成了不同类型的模型。

2.1.2　面向舰艇作战软件研制的作战模型

面向舰艇作战软件的研制,作战模型可认为是对舰艇作战软件系统原理实施建模的结果,是对战术和武器装备优化控制方法的形式化描述。作战模型可以有多种分类方法,本书从建模阶段、模型对象、模型粒度和模型功能四个维度,对作战模型实施分类,如图 2-2 所示。

其中,从工程实施的角度,完整的作战模型研制过程包括军事概念模型、作战数学(逻辑)模型、工程模型和计算机程序模型等阶段性工作产品的研制。

军事概念模型是指对军事系统中实体、行动、关系、过程、交互的抽象,是建立逻辑清晰数学模型的前提条件,是数学模型构建的基本依据,设计好坏直接决定了后续数学模型和工程模型的质量,美国国防部从仿真系统构建过程的角度,将概念模型定义为"领域人员和开发人员在仿真要做的事情上所达成的协议",

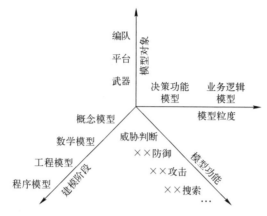

图 2-2 作战模型分类方法

在仿真领域,如何确保军事概念模型既符合军事人员的理解和建模需求,又能指导仿真模型的设计与开发,一直是军事仿真领域研究的热点和难点问题[11]。对作战软件研制而言,如何确保军事概念模型既符合军事人员的理解和建模需求,又能指导工程模型的设计与开发,同样也是作战软件研发过程中的难点问题。军事概念模型属于一类计算无关模型,对照涂序彦先生的分类方法,军事概念模型与广义模型概念框架下的知识模型类似。

作战数学(逻辑)模型是面向计算需要,运用特定数学或逻辑工具,对概念模型实施进一步抽象的结果。军事概念模型属于一类平台无关模型,此处平台的含义泛指影响到软件系统运行的操作系统、运行支撑平台、数据库及通信中间件等软件运行环境。对照涂序彦先生的分类方法,作战数学模型涵盖了广义模型概念框架下的数学模型和关系(结构)模型。

工程模型直接面向军用软件设计和工程实现的模型,是概念模型和数学模型的程序实现准备,或者说是概念模型和数学模型的近计算机语言形式表达。工程模型属于一类平台相关模型,是为了适应特定软硬件平台计算能力等需求,对数学模型实施工程化处理的结果。

计算机程序模型首先是计算机程序,称之为模型的原因是,其在健壮性和稳定性等方面不及模型物化后的作战软件构件,因为其主要用于展示验证模型的功能及性能。

从模型对象的角度,面向舰艇作战软件的研制需要,作战模型的建模对象可以是武器、平台和编队,此处平台的定义是战斗部直接投射到目标位置的装备,如枪炮、导弹等,其中信息作战武器是一种通过电磁波、网络或信息系统等信息手段对抗目标及其系统的新型武器;平台则是装载武器弹药,并在作战空间中机动的装备[12];编队则是由多个平台所组成的兵力编组,根据编组平台类型和数量等因素,可进一步区分为合成编队[13]和两栖编队[14]等类型。

从模型粒度的角度,面向舰艇作战软件的研制需要,作战模型可分为**作战指挥业务逻辑模型和作战指挥决策功能模型**两类。其中,业务逻辑模型是对作战指挥过程的描述,决策功能模型则主要对物理实体关键特征的抽象化描述。考虑到物理实体(编队、平台和装备)的层次包含关系,上级指挥所对应的决策功能模型对下级指挥所而言可能体现为具体的业务逻辑模型。

此外,根据为舰艇作战软件提供的辅助决策能力类型,作战模型可以从功能维度实施分类,如分为威胁判断模型[15]、反潜模型[16]、防空火力分配模型[17]、对潜搜索模型[18]和导弹攻击模型[19]等。

面向舰艇作战软件的研制,模型粒度和建模阶段的划分会影响到作战模型研制的全过程,如下从这两个维度入手,阐述作战模型的研制方法。

2.1.3 作战模型研制方法

1. 作战指挥业务逻辑模型的研制

作战指挥业务逻辑模型相对于一个军用软件系统来说,是一组从各个侧面反映军用软件系统组成及运行原理的各类关系描述的总称,不同研制阶段模型形态之间的关系如图2-3所示。

作战指挥业务逻辑模型的研制过程,按照从军事问题描述向计算机程序实现问题逐渐演进,也分为四类形态,分别是军事概念模型、作战数学模型、软件工程模型和计算机程序模型,其中计算机程序模型实际上就是特定类型军用软件的原型系统。如下从作战模型研制工程实施的角度,阐述作战指挥业务逻辑模型的研制过程。

1) 军事概念模型

作战指挥业务逻辑模型的军事概念模型形态是在不考虑信息系统设计实现情况下的对领域知识的抽象,或者换一个角度来说,是对待研制信息系统所涉及业务需求的阐述。根据系统描述需要,可通过组织结构、运行结构和信息结构这三个维度来阐述一个系统的业务需求,对应于建模结果,相应的可分为三类视图,分别是组织结构视图、运行过程视图和信息交互视图,相应地就产生了三类模型,分别是组织模型、过程模型和信息模型,分别阐述作战指挥过程中的指挥关系、指挥流程、作战文书及决策数据的特征。

这三类模型产品分别从三个视角出发,形成对特定军事概念及相关军事知识的初步抽象描述,在软件工程的概念体系中,这部分工作被称为需求建模阶段

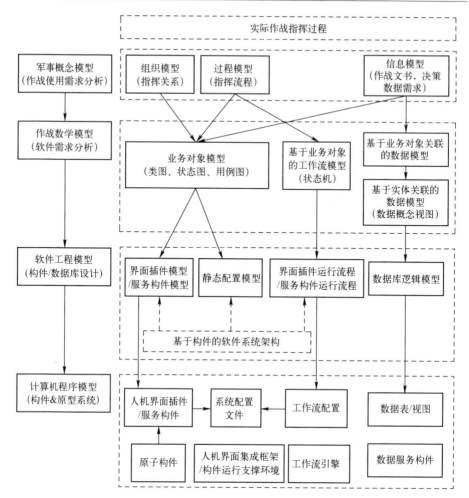

图 2-3 作战指挥业务逻辑模型研制过程演进框架

的作战使用需求模型,其工作产品对应于传统意义上的作战使用要求。这些模型产品通常使用自然语言来描述,辅以组成结构图、流程图及信息交互图。

2)作战数学模型

作战指挥业务逻辑模型的作战数学模型形态,是在不考虑信息系统实现情况下对军事概念模型的进一步形式化和可计算化抽象的结果。这一阶段的模型会进一步确定支撑作战指挥业务的信息系统的边界及支撑方式,在基于构件面向对象的软件开发方法中,这类模型通常以业务对象模型为核心,在将作战指挥业务逻辑划分为若干个业务对象的基础上,通过定义业务对象的数据集、操作集、状态集及相互关系来建立业务对象模型,然后通过定义若干业务对象之间的调用关系来确定作战指挥业务逻辑的工作流模型,最终形成阐明目标信息系统如何支持用户完成军事概念模型中的作战指挥业务的平台无关的模型形态。

其中,业务对象主要体现为业务逻辑单元,是业务领域内一个事物或活动的表达,可直观地描述现实世界中的概念和业务特征。业务对象的粒度划分相对灵活,往往对应于一个可实现的构件或者一个配置项。在软件研制工程实践中,可基于 UML 来描述业务对象的数据视图、业务对象类图、业务对象状态图和业务对象用例图。比如通过类图、状态图和用例图等方式描述业务对象模型,界定软件系统的用户类别、人机分工边界及模块划分;通过状态机描述的基于业务对象的工作流模型,界定软件系统所接受的外界输入,以及不同输入条件下软件系统的运行机制、业务对象的调用关系和状态转移过程;通过数据视图描述的基于业务对象和实体关联的数据模型,界定软件系统的数据需求。

3) 软件工程模型

作战指挥业务逻辑模型的软件工程模型形态,是在作战数学模型基础上,根据软件目标运行环境特点和技术要求,进一步设计的结果。面向基于构件的软件系统架构,软件工程模型就需要将作战数学模型所确定的系统,划分成若干构件,梳理构件之间的运行流程、信息关系和数据需求,整理出目标软件的数据模型,并根据软件目标运行平台的构件技术规范实施构件定义,然后通过配置文件沟通构件之间的组织关系。

具体而言,软件工程模型需要确定界面插件和服务构件的规划和定义,确定构件之间的静态配置方式,明确界面插件、服务构件之间的运行流程和信息关系,以及数据库逻辑模型及数据服务构件的定义。

4) 计算机程序模型

作战指挥业务逻辑模型的计算机程序模型形态是软件工程模型进一步深化设计并编码实现的结果,在工程实践中,体现为特定软件系统的原型系统,主要包括人机界面集成框架、构件运行支撑环境、工作流引擎、原子构件、人机界面插件、服务构件、系统配置文件、数据库表结构和数据服务构件等部分。

从开发层次来看,计算机程序模型的开发包括两个层次的工作,分别是系统运行支撑环境的开发和单个构件的开发,其中系统运行支撑环境往往可复用已有的构件运行平台、人机界面集成框架和工作流引擎中间件等组件,其本身是约束软件工程模型的"运行环境",只是在计算机程序模型中以实体方式呈现;另一个层次是人机界面插件、服务构件及配置文件的设计实现,这部分是在软件工程模型确定了构件的接口及功能基础上进行的具体功能点的设计编码,在开发过程管理方式上,每个构件可以单独作为一个配置项,由程序员实施设计编码并单独测试,程序组长可以对单个构件实施任务分配、管理和验收,从而提高工作效率。

2. 作战指挥决策功能模型的研制

决策是一个不断发现问题并解决问题的过程,从这个意义上讲,作战指挥决策功能模型的建模对象是"问题",是作战筹划、实时指挥与效果评估过程中指挥员所面临的问题,当这些问题相对简单时,我们可以根据以往经验或者简单的逻辑推理来做出决策,但是当问题相对复杂或者决策人员经验不足以至于需要采取技术手段才付诸实施决策时,就产生了作战辅助决策功能模型的需要。

从决策功能模型的建模任务来看,其研制应该面向未来作战指挥中面临的"决策问题"(决策点),阐明决策分析构件的原理,通常情况下,针对具体的辅助决策问题,其建模任务如求解目标、输入、输出和相关约束条件应该基本确定,然后再行建立模型描述及求解算法。

从决策功能模型的建模策略来看,大致可分为两类,分别是构建与决策分析问题同构和同态的决策功能模型。对于同构建模策略,通常从问题机理研究出发,通过对问题的结构化和定量化分析,提炼出形成建模对象相关现象因果关系的活动规律,显性描述决策规则,使模型可以在给定输入的条件下,通过运算推理,给出辅助决策建议结果。对于同态建模策略,通常从问题输入输出的定量化出发,通过模拟实际活动或问题的功能,选定不同输入参数模拟决策分析过程,经试验认为符合实际要求后,根据模拟决策给出辅助决策建议。这种建模策略中,并没有显示地表达决策规则,其隐含于模型之中,并可根据用户的决策偏好实施修正。这种建模策略有利于提高决策功能模型的智能化水平及适应用户决策偏好的能力。

从决策功能模型研制的过程来看,也可分为四个阶段,分别是军事概念模型、作战数学模型、软件工程模型和计算机程序模型的研制。

从模型概念上来看,作战指挥决策功能模型是对作战要素、过程及规律的简化反映和抽象描述,与作战指挥业务逻辑模型相比,后者的建模对象是指挥关系和指挥流程,如果以线段来示意其建模对象的话,作战模型的建模对象就是这条线段上的一个片段,如图2-4所示(图中以一个点来表示)。作战指挥业务逻辑模型为辅助决策功能模型确定了建模背景及上下文,在军事概念模型建模阶段,就设定了待解决问题的边界,后续作战数学模型、软件工程模型和计算机程序模型都是在所规定的边界内建模并实现出可运行的作战模型原型构件,最终达成基于模型来支撑作战指挥流程运行的目标。考虑到部分作战指挥决策功能模型源于不同作战指挥流程中决策支持的需要,即特定辅助决策模型所解决的问题处于线段的交点处,因此在工程实践过程中,部分决策功能模型存在复用的可能。

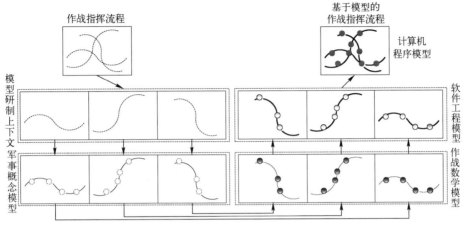

图 2-4 作战指挥决策功能模型研制阶段工件关系示意图

1) 军事概念模型

作战指挥决策模型的军事概念模型形态是以自然语言抽象概括事物本质特征的模型,是对一组特定军事行动相关的实际作战过程、作战指挥原则、战术规则、决策方法的原理描述和抽象,主要阐述作战指挥决策问题的背景上下文、问题边界及输入输出、抽象思路(主要假设)及其他相关约束,在此基础上进一步描述模型涉及的实体和过程的可能的状态、任务、行动、行为、关系、交互、事件和参数等。通过这些内容尽可能详尽地描述建模对象的特征,使得军事专业领域研究人员和决策问题建模技术人员对问题空间有一个准确一致的理解。

2) 作战数学模型

作战指挥决策模型的作战数学模型形态是采用数学方法对军事问题、作战过程、兵力和武器运用方法的一种形式化和逻辑化的抽象描述,是对作战概念模型的抽象和定量化。这里的数学模型,并不仅仅指解析方程一类的数学公式,还包括各种定量的、定性的、逻辑的,以及其他数学工具表示的模型形式。作战数学模型实际上包括两部分:一部分是问题模型的构建;另一部分是模型的求解,也就是算法设计。数学模型的复杂性包括两个方面:一方面是建模对象本身的复杂性;另一方面是模型求解的复杂性。同一个问题可以使用不同的数学工具来建立数学模型,数学工具选择得当能有效降低模型求解的难度。

3) 软件工程模型

作战指挥决策模型的软件工程模型是在充分考虑模型的目标运行环境约束

条件下,对作战数学模型实施工程化处理后的结果。对应数学模型的问题描述和求解算法两部分,其内容差异如下。

(1) 在问题描述方面,目标运行环境会影响模型的输入和输出参数。输入参数部分,需要确定与外部运行环境的交互方式,当作战数学模型中的部分输入参数在目标运行环境中无法直接获得,或者参数的稳定性和精度等其他特征不符合需要时,从而产生预处理的需要;输出参数部分,数学模型主要关注内容正确性,在软件工程模型研制阶段,则往往还需要确定输出结果的显示方式和表现形式。

(2) 在求解算法方面,数学模型阶段主要关心求解算法的复杂度和稳定性等算法指标,到了软件工程模型阶段,则需要增加防错纠错处理,同时还需要根据目标运行环境的计算处理能力和上级系统所提出的运行速度要求,对算法实施相应的工程化处理,甚至是设计新的算法。

4) 计算机程序模型

计算机程序模型是作战数学模型或作战工程模型的程序实现,在演示验证环境的支持下可演示模型功能,能直接被作战辅助决策支持系统或其他计算机程序模型所调用。作战指挥决策功能模型的计算机程序模型是军用软件构件的原型。

2.2 舰艇作战软件的两阶段研制过程框架

2.2.1 军用软件研制工程过程标准

军用软件研制工程过程标准主要包括组织级的 GJB 5000—2003/GJB 5000A—2008 系列标准[20],以及项目级的 GJB 2786—1996/GJB 2786A—2009 系列标准[21],这两类标准都是参照瀑布模型,软件研制过程主要划分为软件需求分析、软件设计(概要设计、详细设计)、编码实现与单元测试、系统集成与测试(部件集成与测试、系统集成与测试)等阶段,如图 2-5 所示。

在实际软件工程实践中,研制组织可根据工程实践需要,采用重叠式的瀑布模型、多瀑布模型或增量瀑布模型等开发过程,但其基本工程过程是一致的。

基于瀑布模型的研制过程符合一般软件的研制规范,各研制阶段任务明确、阶段产品划分清晰,便于对研制过程进行约束及管理。但是,军用作战软件往往具有参与研发人员种类多样(作战参谋、战术战法研究人员、设计人员、开发人员、测试人员、维护人员等)、领域知识复杂、研制周期要求紧迫、维护周期长等特点,再加上相关领域知识分散且处于不断创新发展之中,对领域知识的梳理和

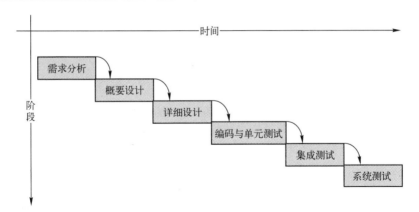

图 2-5 国军标要求的软件研制过程

维护比较困难,使得基于瀑布模型的军用软件研制过程存在难以持续满足软件研制需求的问题。

另一方面,作为军用软件的原理性工作产品,作战模型在工程实践中发挥了不可替代的作用,文献[1]对此做了较为详细的阐述,但是在软件工程过程模型相关国军标层面,却没有作战模型的位置。如 1.3.3 节所述,模型驱动的软件工程过程成为模型驱动工程的开发框架性标准,其中心思想是以模型为中心开展软件研制,模型不仅被作为规格说明和设计文档来使用,更期望成为一种能够自动转换为可运行系统的重要工件,军用软件工程实践中的作战模型也不同于模型驱动的软件工程中的模型。

为更好地满足舰艇作战软件研制过程管理需求,结合模型驱动软件工程相关方法,笔者提出了舰艇作战软件的两阶段研制过程框架,核心思想是在软件研制过程中增加作战模的研制和应用验证阶段,来进一步改善原有的软件研制过程。

2.2.2 舰艇作战软件两阶段研制过程

舰艇作战软件的两阶段研制过程框架是瀑布模型和模型驱动软件工程过程的有机结合,因为基于瀑布模型的软件工程过程,有利于严格控制军用软件研制各阶段的技术状态和质量,而基于模型驱动的软件工程过程,则能更好地体现军用软件复杂的领域特征,强调重视领域知识和经验的积累,能根据军事领域的作战模型来组织软件的工程实现。

舰艇作战软件两阶段研制过程模型的整体框架如图 2-6 所示,两阶段之间的区别和关系具体阐述如下。

(1) 模型工程阶段,以可供演示验证的原型系统为目标,建议采取模型驱动的软件设计模式,以作战模型(业务逻辑模型和决策功能模型)的研制和应用为牵引，形成并不断完善型号军用软件所参考的原型系统及其构件集，构成不同类别的军用软件研制"产品线"，形成以"需求库""模型库""数据库"和"构件库"组成的军用软件型号研制"母版"。

（2）软件工程阶段，以最终可交付的软件系统为目标，建议采用标准瀑布模型，面向特定型号批次软件研制任务，基于该软件系统所对应的"产品线"，以"母版"中相对应的原型系统及其构件集为参考，在国军标要求的军用软件工程过程指导下，形成型号软件研制所需要的软件需求规格说明、软件设计说明、软件构件和测试用例等工件，最终形成型号软件产品。

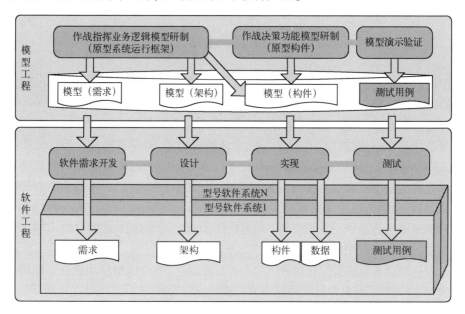

图 2-6　舰艇作战软件两阶段研制过程框架

这就意味着，在模型工程阶段，军用软件的研制是以作战模型为中心的，通过承载系统功能体系结构的业务逻辑模型和支持辅助决策的决策分析两类模型的研制，形成软件原型系统及组成构件集。其中，原型系统是按照模型工程特征来区分，而不是像在软件工程阶段一样按照装备平台来区分不同的军用软件型号。

根据领域特征，可能的原型系统联接在一起，形成一个完整的作战体系，是海军兵力作战指挥关系和作战指挥流程物化的结果，构成军用软件研制的"母版"。基于这个"母版"，一方面我们可以自顶向下地研究和优化不同层次和类型指挥节点的作战指挥分工界面和协作方式，另一方面我们可以通过裁剪和适应性修改，形成可装备部队的军用软件产品。

在上述阐述中隐含了一种假设，那就是军用软件的开发采取基于构件的开发模式,也就是型号军用软件产品的最终形态是由构件集成框架及构件集组成。构件作为承载军用软件功能的实体,沟通了模型工程过程和软件工程过程的代码实现阶段。

型号军用软件的构件来源有两个。一是在模型工程阶段,将决策功能模型的研制从军事概念模型阶段开始,经历作战数学模型和软件工程模型研制阶段,最终形成可运行的计算机程序模型,也就是构件。这一类计算机程序模型如果不依赖于特定装备型号,则可直接应用于软件工程阶段的型号软件系统,直接就是军用软件构件;如果计算机程序模型依赖于特定型号的装备,可以有一个公共的辅助决策构件原型,但是针对不同型号的武器系统,可能会有一些差别,因此这一类计算机程序模型对型号软件系统而言,只是原型构件,还需要在软件工程阶段予以适应性修改,从而成为可应用的军用软件构件。二是在软件工程阶段,通过对原型构件的进一步工程化后所形成的适用于特定装备的辅助决策构件。

根据以上分析,我们将两阶段研制过程模型进一步梳理为图 1-9 所示的框架结构。两阶段过程模型的第二个阶段命名为"软件工程",意味着型号军用软件系统的开发过程仍然遵循传统软件工程过程方法。

从提高型号软件研制效率的角度来看,模型工程阶段形成的"母版"和软件工程阶段产生的一些工件,是对军事领域知识的具体"物化"和对软件工程领域工作成果的有效"累积",它们可以被有计划地复用,以便形成军用软件研制单位研发新型号软件的基础,该"基础"根据特定单位的实践可以有不同的表现形式,笔者将之称为"核心资产"。

在两阶段研制过程的工程实践基础上,通过对"核心资产"的复用,本书提出了"基于遗传孵化思想"的军用软件研制模型(详见第 6 章),基于此模型便于推行大规模、有计划地复用核心资产的军用软件研制组织模式。笔者通过在舰艇作战软件研制中的工程实践,证明可有效发挥两阶段过程模型中两种工程过程模型的优势,同时,可有效解决推行 GJB 5000A《军用软件能力成熟度模型》过程中局部可能存在"两张皮"的问题[22]。

2.3 模型工程阶段研制实例

在军用软件作战模型研发过程中,具有领域特殊性的建模阶段为军事概念模型与数学逻辑模型。因此,在本节首先对这两种模型的建模方法进行阐述(工程模型与计算机程序模型的研发是将数学模型转化为可执行的计算机代码的过程,在此不做赘述),然后以编队航渡问题为例,阐述作战模型中关键的业务逻辑模型与决策功能模型的研制方法。

2.3.1 业务逻辑模型研制实例

1. 模型在作战指挥业务中的功能

（1）根据指定任务要求，确定水面舰艇导弹攻击的战斗航路；

（2）根据水面舰艇当前位置、航路上的规避区和解算出的预备齐射阵位要求，确定水面舰艇占领预备齐射阵位的建议航线；

（3）根据不同舰艇的建议航线，检测可能的航线冲突，并通过调整航速实施消解。

模型中的关键名词及解释如表 2-1 所列。

表 2-1 名词解释表

名词	解释
打击目标位置	导弹命中目标舰艇时，目标舰艇所处位置
舰艇速度范围	舰艇的最大、最小航行速度
巡航速度	舰艇的经济航行速度
航行规避区	舰艇航行过程中需要规避的区域，后文简称"规避区"，假设规避区已考虑了岛礁、水深、沉船等所有碍航物的信息
…	

2. 模型结构和业务逻辑

航路规划模型包含数学描述模型，以及相关子模型的业务逻辑模型。

航路规划模型的输入为打击目标位置、舰艇速度范围、巡航速度和航行规避区（下文简称"规避区"）等参数。输出为各舰艇航路关键节点。

3. 模型结构和业务逻辑

此处阐述业务逻辑模型的组成结构、运行结构和信息关系，包括对更细粒度模型的调用关系。具体而言，就是该业务逻辑可分解为哪些决策功能模型，这些决策功能模型以何种方式连接以完成整个业务逻辑模型的功能，为了完成整体功能，各决策功能模型之间的输入输出关系如何等。上述内容往往以结构图、流程图、时序图和接口信息关系表来阐述。

2.3.2 决策功能模型研制实例

1. 军事概念模型

1）假设条件

（1）各舰独立航渡，非集中航渡模式；

(2) 由导弹航路规划完成多方向攻击,无需兵力展开;
(3) 除规避区外其他区域均可航行;
(4) 不考虑转弯半径的影响,转弯半径为 0;
(5) 不考虑转弯角速度影响,角速度为 ∞;
(6) 不考虑直线加速度影响,加速度为 ∞。

2) 作战要求

(1) 最短时间到达预定阵位;
(2) 匀速直线运动;
(3) 避开规避区;
(4) 终点在预备齐射点范围内;
(5) 航路无冲突。

该决策功能模型描述结构如图 2-7 所示,模型约束条件中相关概念的关联关系如图 2-8 所示。

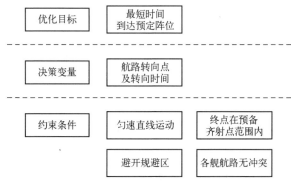

图 2-7 决策功能模型结构

2. 关键变量及基础运算关系的数学表达

1) 航路

每条舰艇的航路只记录舰艇的起始点、转向点、终止点,均称为关键节点,简称节点。一条航路是由一个关键节点组成的列表,$sailP^h$ 表示第 h 个舰艇的航路节点列表,列表顺序即为舰艇经过各节点的顺序。共有 m 个舰艇。

每个点由一个四元组组成,如第 h 个舰艇的第 i 个节点的参数为 $<x_i^h, y_i^h, t_i^h, v_i^h>, i \in Z^+$;

其中:x_i 表示第 i 个节点的横坐标,或经度;y_i 表示第 i 个节点的纵坐标,或纬度;t_i 表示第 i 个节点的节点时间,单位秒(s);v_i 表示舰艇到达第 i 个节点时的速

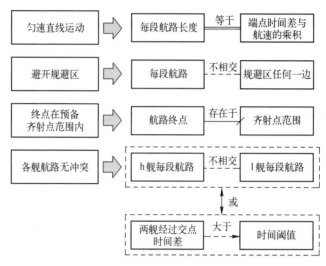

图 2-8　各约束条件中概念的关联关系

度,单位米/秒(m/s),在假设舰艇匀速直线运动时该速度也表示舰艇上一个航段的速度,即第 $i-1$ 个节点到第 i 个节点的速度。

为方便建模,设舰艇的起始节点编号为 0,终止点编号为 n^h。

2) 规避区

在航路生成过程中,会考虑多个规避区对航路的影响,因此,规避区全集是一个由各个规避区组成的列表,且每个规避区均为一个凸多边形,由一个节点列表表示,各个节点表示凸多边形的端点,共有 r 个规避区。

第 k 个规避区的第 j 个节点的参数为 $<aX_j^k, aY_j^k>$, $k,j \in Z^+$;

其中: aX_j^k 表示第 k 个规避区的第 j 个节点的横坐标; aY_j^k 表示第 k 个规避区的第 j 个节点的纵坐标。

列表中节点顺序为多边形端点逆时针方向排序(起始节点不限定),两个节点之间便组成凸多边形的一条边,为便于表述边使最后一个节点与第一个节点相同。

如图 2-9 所示,第 1 个规避区的节点列表为, $\{<aX_1^1, aY_1^1>, <aX_2^1, aY_2^1>, <aX_3^1, aY_3^1>, <aX_4^1, aY_4^1>, <aX_5^1, aY_5^1>, <aX_1^1, aY_1^1>\}$;节点 $<aX_1^1, aY_1^1>, <aX_2^1, aY_2^1>$ 即可表示点 a_1^1 和 a_2^1 之间的边,节点 $<aX_5^1, aY_5^1>, <aX_1^1, aY_1^1>$ 可表示点 a_5^1 和 a_1^1 之间的边。

3) 齐射点范围

$setP^h$ 表示舰艇 h 的齐射点范围。

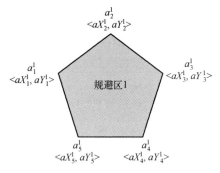

图 2-9 规避区示意图

4）两线段相交

$[\text{boolI}s,<x_s,y_s>] \leftarrow \text{IntersectPoint}(<x_a,y_a>,<x_b,y_b>,<x_c,y_c>,<x_d,y_d>)$

如图 2-10 所示，线段 ab 由点 a 与点 b 组成，线段 cd 由点 c 与点 d 组成，若线段 ab 与线段 cd 相交，则函数 IntersectPoint 的返回值 boolI$s=1$，$<x_s,y_s>$ 表示交点 s 的坐标，如下图所示；否则，boolI$s=0$，$<x_s,y_s>=\phi$。当只有一个输出变量时，函数返回 boolIs。

图 2-10 线段相交

求解线段 ab 与线段 cd 交点 s 的算法如下所示，其中 $\vec{ab}$ 表示由点 a 到点 b 的向量，$\vec{cd}$ 同理。

$$\vec{ab}=(x_b-x_a,y_b-y_a)$$
$$\vec{cd}=(x_d-x_c,y_d-y_c)$$

则线段 ab 上的点表示为 $a+w\cdot\vec{ab}=<x_a+w\cdot(x_b-x_a),y_a+w\cdot(y_b-y_a)>$，同理 cd 上的点表示为 $c+u\cdot\vec{cd}=<x_c+u\cdot(x_d-x_c),y_c+u\cdot(y_d-y_c)>$。

若直线 ab 与直线 cd 不平行（$(x_b-x_a)\cdot(y_d-y_c)\neq(y_b-y_a)\cdot(x_d-x_c)$），则对交点 s 的横纵坐标建立方程组为

$$\begin{cases}x_a+w\cdot(x_b-x_a)=x_c+u\cdot(x_d-x_c)\\ y_a+w\cdot(y_b-y_a)=y_c+u\cdot(y_d-y_c)\end{cases}$$

$$\begin{cases} w = \dfrac{(y_c-y_a)\cdot(x_d-x_c)+(y_d-y_c)\cdot(x_a-x_c)}{(y_b-y_a)\cdot(x_d-x_c)-(y_d-y_c)\cdot(x_b-x_a)} \\ u = \dfrac{(y_a-y_c)\cdot(x_b-x_a)+(y_b-y_a)\cdot(x_c-x_a)}{(y_d-y_c)\cdot(x_b-x_a)-(y_b-y_a)\cdot(x_d-x_c)} \end{cases}$$

若线段 ab 与线段 cd 相交,则 $0 \leqslant w \leqslant 1 \wedge 0 \leqslant u \leqslant 1$。

由于问题中的规避区均为封闭单连通区域,所以可以通过判断每段航路是否与规避区的边存在交点的方式,来表示避开规避区约束。如图 2-11 所示,航段 (h_2-h_3) 与规避区 1 的边 $(a_1^1-a_2^1)$ 存在交点 s_1,所以可以判断航段 (h_2-h_3) 违反避开规避区的约束条件。同理,航段 (h_1-h_2) 不违反约束。因此,若最终航路生成方案中各舰任何一段航路均不与规避区存在交点,则说明所有航路满足避开规避区约束。

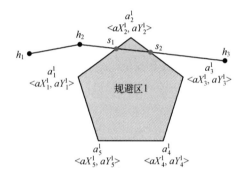

图 2-11 基于线段交叉的规避区约束表示方法

5) 航路交点时间

假如舰艇某一航段为 cd,点 s 为该航段与其他舰艇某一航段的交点。由前文可知,假设舰艇在某一航段上均为匀速直线运动,则交点 s 的通过时间与线段 cs 的距离成正比,所以点 s 与线段 cd 构成的三角形比例关系如图 2-12 所示。

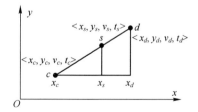

图 2-12 舰艇通过交点 s 的时间

则舰艇通过该航段交点 s 的时间 t_s 的计算公式如下：

$$\frac{(t_s-t_c)\cdot v_d}{(t_d-t_c)\cdot v_s}=\frac{x_s-x_c}{x_d-x_c}, v_s=v_d$$

$$t_s=t_c+\frac{x_s-x_c}{x_d-x_c}\cdot(t_d-t_c)$$

3. 决策功能模型形式化表述

通过以上概念分析及数学符号，编队水面舰艇兵力航路生成的决策功能模型如下所示。

优化目标：最短时间到达预定阵位

$$\min\max_i t_i^h, \forall h;$$

决策变量：航路转向点及转向时间

$$<x_i^h, y_i^h, t_i^h, v_i^h>, i\in Z^+。$$

约束条件：

（1）匀速直线运动：

$$(t_i^h-t_{i-1}^h)\cdot v_i^h=\sqrt{(x_i^h-x_{i-1}^h)^2+(y_i^h-y_{i-1}^h)^2}, i>0, i\in\text{sailP}^h, \forall h;$$

（2）避开规避区：每块规避区均为单连通凸多边形，所以只要航路航段与规避区的边无交点，即可判断航路没进入规避区；

$$\text{IntersectPoint}(<x_{i-1}^h, y_{i-1}^h>, <x_i^h, y_i^h>, <aX_{j-1}^k, aY_{j-1}^k>, <aX_j^k, aY_j^k>)=0,$$
$$i>0, j>1, i\in\text{sailP}^h, \forall h, k$$

（3）终点在齐射点范围内：

$$n^h=\max i, i\in\text{sailP}^h, \forall h;$$
$$<x_{n^h}^h, y_{n^h}^h>\in\text{setP}^h, \forall h;$$

（4）各舰航路无冲突：

$$\begin{cases}\text{boolIs}_{i,q}^{h,l}\cdot(|ta_{i,q}^{h,l}-tb_{i,q}^{h,l}|-T)\geqslant 0\\ [\text{boolIs}_{i,q}^{h,l}, <x\text{P}s_{i,q}^{h,l}, y\text{P}s_{i,q}^{h,l}>]=\text{IntersectPoint}(<x_{i-1}^h, y_{i-1}^h>, <x_i^h, y_i^h>, <x_{q-1}^l, y_{q-1}^l>, <x_q^l, y_q^l>)\\ ta_{i,q}^{h,l}=t_{i-1}^h+\frac{x\text{P}s_{i,q}^{h,l}-x_{i-1}^h}{x_i^h-x_{i-1}^h}\cdot(t_i^h-t_{i-1}^h)\\ tb_{i,q}^{h,l}=t_{q-1}^l+\frac{x\text{P}s_{i,q}^{h,l}-x_{q-1}^l}{x_q^l-x_{q-1}^l}\cdot(t_q^l-t_{q-1}^l)\\ i>0, q>0, i\in\text{sailP}^h, q\in\text{sailP}^l, \forall h<l\end{cases}$$

（5）决策变量取值范围：

$$t_0^h=0, \forall h;$$

$$x_i^h, y_i^h, t_i^h \in \mathbf{R}, v_i^h \geq 0, i \in \text{sailP}^h, \forall h$$
$$h, l \in \{1, \cdots, m\}; k \in \{1, \cdots, r\}; v_i^h \geq 0$$

2.4 小结

本章结合军用软件特点及其研制要求,以舰艇作战软件这类典型的军用软件为案例,阐述了作战模型是作战软件具备辅助决策能力的源头。面向现役作战软件辅助决策能力提升的改进技术储备,核心就是提高作战模型的质量水平。但是作战模型在国军标相关软件过程标准中并未有特别阐述,而且作战模型单独存在并没有实际意义,无法独立提供辅助决策能力,其形态、粒度及体系结构受限于作战软件的辅助决策模式和体系结构,辅助决策模式和软件体系结构具有典型的时代特征,会随着人的认知水平及信息技术的发展而不断演化。

为了适应作战模型的研制需求,本章提出模型驱动的作战软件两阶段研制过程模型。系统地梳理了作战模型的领域概念,分析了军用软件工程中所使用作战模型的形态及其与通用建模理论术语中相关概念的关系,并基于两阶段过程模型这个大的框架,阐述了作战模型的类别与使用时机,从而相对清晰地甄别出了不同专业领域人员在谈到作战模型这个概念时所可能产生的二义性,是讨论作战模型描述技术规范的概念框架。

在实践中,两阶段过程模型中的模型工程阶段和软件工程阶段作为两条研发主线,即并行执行又时常交叉,它们共同推进着作战软件的研制过程。所以,本书后面的章节将对两阶段模型方法综合起来论述,详细内容见第3、4章。

参考文献

[1] 赵晓哲. 舰艇作战软件系统工程管理[M]. 北京:国防工业出版社,2009.
[2] 齐欢,王小平. 系统建模与仿真[M]. 北京:清华大学出版社,2004.
[3] 孙晏涛. 水面舰艇运动仿真模型研究[J]. 舰船电子工程,2011(06):124-127.
[4] 梁向阳,郭孝文,等. 浮标阵搜潜建模仿真与潜艇逃逸结果分析[J]. 电光与控制,2019,26(02):57-60,83.
[5] 严建钢,郑保华,等. 防空火力分配问题的蚁群算法模型[J]. 火力与指挥控制,2008,33(8):91-93.
[6] 程京,马冬青,等. 业务受理系统中业务逻辑模型的研究与实现[J]. 计算技术与自动化,2006,25(3):67-69.
[7] 彭绍雄,王海涛,邹强. 潜空导弹武器系统作战效能评估模型[J]. 系统工程理论与实践,2015,35(1):267-272.

[8] 曹裕华,江敬灼,蔡游飞. 军事概念模型及其建模方法[J]. 军事运筹与系统工程,2003(4):8-13.
[9] 涂序彦,王枞,郭燕慧. 大系统控制论[M]. 北京:北京邮电大学出版社,2005.
[10] Bézivin J, Gerbé O. Towards a precise definition of the OMG/MDA framework[C]. 2001.
[11] 鞠儒生,许霄,王松,等. 一种新的军事概念建模方法[J]. 系统工程与电子技术,2017(8):1751-1756.
[12] 谭东风,等. 武器装备系统概论[M]. 北京:科学出版社,2015.
[13] 曹鹏,候博,谭健. 海军合成编队反舰体系作战能力涌现性分析[J]. 兵工自动化,2013(07):71-74.
[14] 孟一鸣,黄炳越,周智超,等. 基于云理论的两栖编队作战能力评估[J]. 舰船科学技术,2012(4):111-115.
[15] 李进军,丛蓉,熊吉光. 舰艇编队对空中目标的威胁程度判断模型[J]. 火力与指挥控制(07):31-35.
[16] 丛红日,肖明强,李韬,等. 大型舰艇编队反潜模型研究[J]. 舰船电子工程,2012,32(5):40-42.
[17] 姚晓白,赵晓哲. 基于辅助决策系统舰炮防空火力分配模型[J]. 火力与指挥控制,2005,30(4):10-13.
[18] 王在刚,赵晓哲. 直升机"分割扇面法"搜潜时的吊点位置分析[J]. 军事运筹与系统工程(2):22-26,32.
[19] 郭锐,赵晓哲,陈银君. 水面舰艇导弹攻击作战过程仿真研究[J]. 系统仿真学报(10):136-137,140.
[20] 何新贵. GJB 5000《军用软件能力成熟度模型》实施指南[M]. 北京:国防工业出版社,2004.
[21] 程新宇,郑军. 基于GJB2786A-2009的军用软件质量评价技术研究[J]. 航空标准化与质量,2015(03):11-14.
[22] 胡未琼. 推行GJB 5000A《军用软件能力成熟度模型》中的"两张皮"问题分析及改进[J]. 质量与可靠性,2017(3).

第3章 军用软件多视图需求分析方法

对于诸如军用软件这种大型复杂软件系统的开发,不可避免地涉及众多项目相关人员,由于各自背景、知识和职责等的不同,不同项目相关人员对目标软件系统可能具有不同的看法和要求。通常,这些看法和要求可能是不全面、不完整的,甚至可能相互矛盾。此外,对于分布式系统或涉及复杂问题领域的系统,由于各项目相关人员在地理上可能分布于各处,而且可能仅关注整个问题的某个局部,常以并行的方式提出他们各自的看法和要求[1]。为确保最终开发的软件系统能完整地满足各方面用户的要求,必须在系统开发的早期采用有效的方法来全面地获取不同用户的需求,防止用户重要需求信息的遗漏,同时还必须对不同用户的需求进行系统的检查和分析,发现并协调其中可能存在的不一致,最终形成完整和一致的需求规格说明。采用视图(Viewpoint)的方式获取和组织不同用户的需求,并根据视图间的关系分析和处理需求的一致性问题,可以确保用户需求的完整性和一致性。视图的引入体现了关注点分离的思想[2]。一方面在正式获取用户的具体需求之前,通过明确地标识与系统相关的各个视图,减少了某些重要需求被遗漏的可能性;另一方面,每个视图只关心自己感兴趣的内容,不需考虑其他因素的影响,降低了具体需求获取和描述的难度。此外,基于视图的形式能够增强需求一致性检查的能力。多视图方法在软件工程,特别是需求工程领域得到了深入的研究,许多不同的基于多视图的具体方法被提出,并且有些被运用到复杂的实际工程项目中,如美国国防部体系结构框架(DoDAF)就是一种典型的多视图方法。

本章讨论军用软件的多视图需求分析方法。由于军用软件运行于复杂的环境中,构成体系(SoS),所以首先从系统需求角度论述多视图需求分析方法。介绍 DoDAF2.0 多视图划分方法,结合 DoDAF2.0 讨论军用软件需求分析流程,并论述需求建模方法和多视图需求描述规约。最后,介绍我们研制的一款军用软件需求开发工具。

3.1 军用软件多视图需求分析与需求建模

软件需求分析是开展软件工程过程的第一个阶段,需求分析过程及其所形成的需求规格说明的质量直接影响着后续软件工程过程的各个阶段。就现代软件工程方法而言,需求分析活动不再仅限于软件开发的最初阶段,它已贯穿于软件开发的整个生命周期,直接关系到软件项目的成败。

软件系统与其运行的环境有紧密关系。所以考虑需求应首先站在大系统的角度,从不同的角度定义不同项目涉众所关注的相关问题。传统软件需求的层次划分可以满足需求的多视图需要,一般来讲,传统软件需求可以包括3个不同的层次,即业务需求、用户需求、功能和非功能性需求。业务需求反映了组织机构或客户对系统、产品高层次的目标要求,它们在项目目标与范围文档中予以说明;用户需求描述了用户在使用软件时,系统必须完成的任务,它在用例文档中予以说明;功能需求定义了开发人员必须实现的软件功能,使得用户能完成他们的任务,从而满足了业务需求,非功能需求是作为功能需求的补充,用于描述软件系统展现给用户的行为和执行的操作等,包括软件系统必须遵从的标准、规范和合约,外部界面的具体细节,性能要求,设计或实现的约束条件及质量属性等,它们在软件需求规格说明中进行说明。

军用软件是一种特殊领域的软件系统,其需求开发同样具有多视图的特点。军用软件需求开发经历了四个阶段,分别是原始需求、作战使用需求、系统需求和软件需求的开发,各阶段需求建模和分析方法及描述内容各不相同。从需求开发的关注点来讲,以武器装备为例,基于DoDAF2.0的武器装备体系需求开发,其关注点包括使命任务分析、作战需求分析、能力需求分析以及系统需求分析,各关注点相互分离,从不同角度对需求进行了建模。

多视图是一种全面分析问题的方法,特别适合军用软件这种复杂系统的需求分析。例如,我们在第2章介绍的作战软件两阶段模型框架中,在模型工程阶段,由军事专家建立的军事概念模型,就是对作战软件在实现军事目标的驱动下进行的一种视图分析方法。而软件工程阶段由软件专家建立的软件需求模型,是站在软件系统的视角进行的视图分析。当然,军用软件作为一类特定领域的软件系统,它的多视图分析又具有独特性。国内外的研究机构在该领域也开发了一些有影响力的分析方法。下面,我们分别介绍美国国防部提出的DoDAF框架和我们对多视图方法的一些认识。3.1.2节介绍作者团队开发的一种体系需求建模方法,它也是在多视图分析思想下研发的一种适合军用软件的需求开发方法。

3.1.1 DoDAF2.0多视图划分

美国国防部(DOD)从1991年开始,相继研究、制定并颁布了《C^4ISR体系结构框架》和各种体系结构通用参考资源,以统一已有的各种体系结构设计工作。

目前，美国的 C^4ISR 体系结构框架已经制定了多个版本，并仍在修订中。纵观美军 C^4ISR 体系结构框架的发展过程，经历了试用阶段、改进阶段和完善阶段，如图 3-1 所示。美国国防部体系结构框架（DoDAF[3]）以美军 C^4ISR 体系结构框架为基础，经过长期的标准化、模型化和体系化过程，逐步成为美军联合能力集成与开发系统的需求开发标准，目前已经发展到 2.0 版本，真正实现了支持网络化作战能力开发的规范，代表了目前体系结构研究的最新成果。

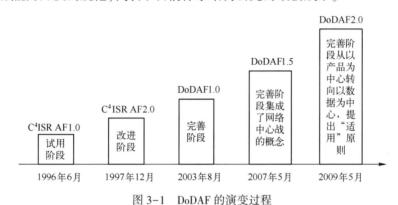

图 3-1 DoDAF 的演变过程

DoDAF1.5 体系结构框架定义了一组标准视图，从不同角度描述军事信息系统的体系结构，包括全视图（AV）、作战视图（OV）、系统视图（SV）和技术视图（TV）。

全视图（AV）是体系结构描述的顶层概貌，提供有关体系结构描述的总体信息，诸如体系结构描述的范围和背景。全视图包括 2 个视图产品，即概述和摘要信息（AV-1）、综合词典（AV-2），其具体设计说明如表 3-1 所列。

表 3-1 全视图产品及相关说明

产品	名称	说明
AV-1	概述和摘要信息	产品概览及其概要信息
AV-2	综合词典	在综合词典中，包含对产品体系架构中涉及的模型元素和关键概念的定义、定义来源、所应用的视图名称等

作战视图（OV）是任务和行动、作战要素以及完成或支持军事作战所要求的信息流的一种描述，其规定了信息交换的类型、交换频度、信息交换支持何种任务和行动，以及详细的足以与特定互操作要求相适应的信息交换特性，对应于作战编成、规模、指挥流程、作战流程、保障流程、业务处理等作战需求[4]。作战视图对应的产品及设计这些产品的说明如表 3-2 所列。

表 3-2 作战视图产品及相关说明

产品	名称	说明
OV-1	作战概念图	作战概念的高层图形/文本描述。在一定的作战场景中,描述为实现某项或多项作战任务,各作战节点间的相关关系。包含所有作战任务的高级作战概念图、特定作战任务的作战概念图等两类 OV-1 视图
OV-2	作战节点关联性描述	根据作战任务和作战活动,描述各节点之间的详细信息接口和信息要素
OV-3	作战信息交换矩阵	节点间交换的信息及其相关属性
OV-4	组织机构关系图	执行任务过程中,相关组织机构之间的关系,包含指挥控制等级体系以及作战协同结构
OV-5	作战活动模型	包含顶级作战活动模型和具体作战活动模型。具体 OV-5 简要描述为实现某一作战活动目标的相关作战节点、节点的具体活动、活动的输入输出、以及各节点之间的信息交互关系;顶级 OV-5 包含所有的作战活动以及相互关系
OV-6a	作战规则模型	用于描述作战活动的三个产品中的一个——确定限制作战的业务规则
OV-6b	作战状态转变描述	用于描述作战活动的三个产品中的一个——确定业务过程对事件的响应
OV-6c	作战事件轨迹描述	用于描述作战活动的三个产品中的一个——确定事件的时间顺序。该视图的横轴按照信息交互节点依次展开,纵轴按照时间顺序,描述了所有任务、所有阶段、所有信息交互节点间的所有交互消息
OV-7	逻辑数据模型	以统一建模语言(UML)方框图形式表现。OV-7 中标识出的信息元素与 OV-5 中识别出来的信息元素保持一致。在 OV-5 中定义的信息元素成为 OV-7 对信息元素进行分类的基础

系统视图(SV)用于确定完成规定任务所需的相关系统及其相互关系,反映作战需求所要求的相关能力和指标,它把作战视图传递来的信息需求转换成所需的系统能力,通过系统已有能力与所需能力间的比对,确定是否需要研制新的系统[4]。系统视图对应的产品及设计这些产品的说明如表 3-3 所列。

表 3-3 系统视图产品及相关说明

产品	名称	说明
SV-1	系统接口描述	SV-1 视图包含两个层级,第一层级为任务级 SV-1 视图,反映的是本节点与其他信息交互节点之间的信息接口关系;第二层级为本节点内部 SV-1 视图,反映的是本节点内部各分系统之间的接口关系

续表

产品	名称	说明
SV-2	系统通信描述	对每一个与本节点有信息交互关系的节点,给出一张系统通信接口图,描述本节点与该节点之间的所有通信链路以及各通信链路的具体环节
SV-3	系统-服务矩阵	描述系统和服务之间的关系
SV-4a	系统功能描述	以作战活动(OV-5)为线索,描述在每个作战活动执行过程中,各相关系统需要执行的功能以及这些系统功能产生的信息流。SV-4a 初步在作战活动和系统功能之间建立起联系
SV-4b	服务功能描述	服务执行的功能以及服务功能间的服务数据流
SV-5a	作战活动至系统功能的轨迹矩阵	对SV-4a分析结果的矩阵化,从而使读者可以更加清晰地理解系统功能对作战活动的支撑关系
SV-5b	作战活动至系统的轨迹矩阵	系统与作战活动的映射关系
SV-5c	作战活动至服务的轨迹矩阵	服务与作战活动的映射关系
SV-6	系统数据交换矩阵	即系统间交换数据的字典,对每一个数据元素,按照系统数据交换标识号、数据格式、所遵循的标准、精度、传输类型(如广播、点到点等)、发送周期、触发事件等项分别进行描述
SV-7	系统和服务的性能参数矩阵	系统和服务中各数据元素的性能特征
SV-8	系统演进描述	按照增量方式描述,使系统向提高效率的方向演进
SV-9	系统技术预测	在未来既定的时限内,可预测的、将会影响体系架构开发的新兴技术和软硬件产品
SV-10a	系统规则模型	确定系统设计/执行对系统功能造成较大影响的约束条件
SV-10b	系统状态转变描述	确定系统对事件的响应
SV-10c	系统事件轨迹描述	按照作战活动的时间顺序,确定各系统/功能之间进行交互(即事件)的时序关系
SV-11	物理数据模型	逻辑数据模型的物理体现,如消息格式、文件结构、物理机制等

技术视图(TV)用于定义接口标准并规定控制系统内部或系统之间相互依赖关系的最小规则,以及按照作战视图的要求选定相应的标准和原则[4]。技术视图对应的产品及设计这些产品的说明如表3-4所列。

表3-4 技术视图产品及相关说明

产品	名称	说明
TV-1	技术标准集	描述既定体系架构中,系统视图中数据元素的标准列表
TV-2	技术标准预告	预计产品将来实施的新兴技术标准

简单来讲,作战视图描述的是需要装备体系完成哪些作战任务,需要哪些作战角色,各作战角色完成各项作战任务是如何传递信息的;系统视图则是描述装备体系如何实现作战任务,需要哪些系统功能去支持各项作战任务的完成,以及各项系统功能如何进行数据交换从而完成某项作战任务;技术视图则确定装备体系所要遵从的原则,应用的技术以及系统研制过程中必须遵守的规则和标准,为装备体系的互操作提供基础。每一类视图对应由一系列不同的体系结构产品来构成,这些体系结构产品的形成分别对应作战体系结构、系统体系结构、技术体系结构的建模。

与DoDAF1.5相比,DoDAF2.0有一些新的变化,其变化主要表现在:DoDAF2.0从以产品为中心转向以数据为中心;严格区分了体系结构模型和视图、视角的概念(模型是体系结构产品中的视图模板,不含体系结构数据;视图是模型+体系结构数据;视角是多个体系结构视图);提出了"适用"原则(即与特定的项目或使命目标一致的体系结构描述)以及将三大视图(作战、系统和技术)转变为多个特定的视角等[5]。

DoDAF2.0将原来的全视图(AV)、作战视图(OV)、系统视图(SV)、技术视图(TV)转变为全景视角(AV)、作战视角(OV)、系统视角(SV)、能力视角(CV)、服务视角(SvcV)、数据视角(DIV)、项目视角(PV)和标准视角(StdV),并给出了相应的52个描述模型,如图3-2所示。

能力视角	作战视角	系统视角	服务视角
CV-1 构想模型	OV-1 顶层作战概念图	SV-1 系统接口表述模型	SreV-1 服务接口表述模型
CV-2 能力分类模型			
CV-3 能力实现时段模型	OV-2 作战资源流表述模型	SV-2 系统资源流表述模型	SreV-2 服务资源流表述模型
CV-4 能力依赖关系模型	OV-3 作战资源流矩阵	SV-3 系统—系统矩阵	SreV-3a 服务—系统矩阵 SreV-3b 服务—服务矩阵
CV-5 能力与机构发展映射模型	OV-4 组织关系图	SV-4 系统功能模型	SreV-4 服务功能模型
CV-6 能力与作战活动映射模型	OV-5a 作战活动分解树 OV-5b 作战活动模型	SV-5a 系统功能与作战活动跟踪矩阵 SV-5b 系统与作战活动跟踪矩阵	SreV-5 服务与作战活动跟踪矩阵
CV-7 能力与服务映射模型			
		SV-6 系统资源流矩阵	SreV-6 服务资源流矩阵
		SV-7 系统度量矩阵	SreV-7 服务度量矩阵
		SV-8 系统演变表述模型	SreV-8 服务演变表述模型
		SV-9 系统技术和技能预测	SreV-9 服务技术与技能预测
	OV-6a 作战规则模型 OV-6b 作战状态转换模型 OV-6c 作战事件跟踪模型	SV-10a 系统规则模型 SV-10b 系统状态转换模型 SV-10c 系统事件跟踪模型	SreV-10a 服务规则模型 SreV-10b 服务状态转换模型 SreV-10c 服务事件跟踪模型
全景视角	标准视角	项目视角	数据视角
AV-1 综述和概要信息模型 AV-2 综合词典	StdV-1 标准概要模型 StdV-2 标准预测模型	PV-1 项目与机构关系模型 PV-2 项目实现时段模型 PV-3 项目与能力映射模型	DIV-1 概念数据模型 DIV-2 逻辑数据模型 DIV-3 物理数据模型

图3-2 DoDAF2.0的核心——8个视角与52个模型

DoDAF体系框架作为装备需求分析的标准已经得到较为广泛的认可。自美军发布 C⁴ISR 体系结构框架 1.0 版以后,其他各国也高度重视并纷纷投入到体系结构的相关研究中,并逐渐形成了自己的体系结构框架。挪威陆军司令部以美 C⁴ISR 体系结构框架为基础,提出了一个初步体系结构框架(Minimal Architecture for CCIS,MACCIS),澳大利亚国防军也提出了自己的国防部体系结构框架(Defense Architecture Framework,DAF)。另外,英国和北约也结合美军体系结构框架,分别针对自身特点开发英国国防部体系架构框架(The MOD Architectural Framework,MODAF)以及北约体系架构框架(The NATO Architectural Framework,NAF),NAF3.0 为北约及其成员国开发和描述体系结构提供了一系列规则、指南和产品,以确保所开发的体系结构能够进行比较和集成。DoDAF2.0 提供了一种规范化描述体系结构的方法,其定义的体系结构产品构成了体系结构设计的基本语法规则,为体系和复杂大系统的理解、比较、集成、互操作提供了共同的架构基础,是军用软件需求分析和体系结构设计的指南。

3.1.2 面向关注点分离的军用软件需求分析过程

DoDAF 框架从使命任务、作战需求、能力需求、系统需求等多个关注点对军用软件需求提出了要求。在军用软件体系需求分析过程中,如图 3-3 所示,其关注点集中在如何实现作战需求向军用软件系统需求的映射。

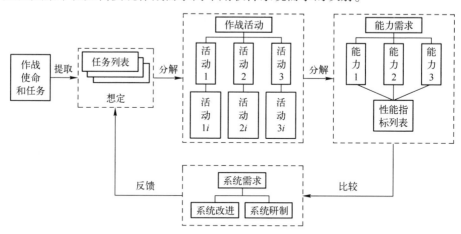

图 3-3 军用软件体系需求分析过程

结合 DoDAF2.0 中"适用"原则,将军用软件体系需求分析的关注点进行分离,从作战视角、能力视角和系统视角对军用软件体系的作战需求、能力需求和系统需求进行分析与建模,从而建立起军用软件体系需求相关模型[5]。基于 DoDAF2.0 的军用软件体系需求分析的基本流程如图 3-4 所示。

第3章 军用软件多视图需求分析方法 57

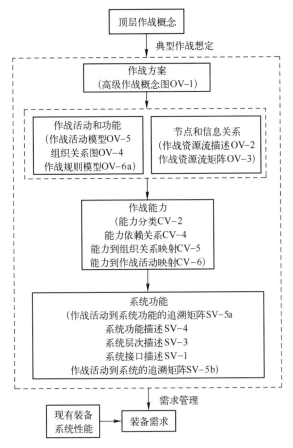

图 3-4 基于 DoDAF2.0 的军用软件体系需求分析基本流程

1. 作战需求分析与建模

作战需求分析是根据军用软件可能的使命与作战任务,综合考虑作战的样式、对象以及规模等因素,分析其为了满足作战任务要求而进行的作战活动以及相关条件和标准。作战需求分析的输入是使命任务分解得到的任务清单,输出的是作战活动、作战节点以及作战信息。

作战需求分析的步骤如下。

(1) 根据军用软件体系的使命任务分析,拟定若干典型的作战想定。

(2) 分析在这个作战想定中每种装备的作战活动,同时构建作战节点,根据作战使命分解得到的作战任务,每一个作战节点完成一个作战任务,所有的作战任务结合在一起完成作战使命。作战节点具有层次性,但并不一定与作战任务的层次结构一一对应;作战节点还可以相互嵌套,一个作战节点可以执行不同类型的任务。实践中,构建作战节点是一个自顶向下分解和自底向上聚合相结合的过程,最终构建出适当层次的符合指挥员作战指挥需求的作战节点。

(3) 确定在某个作战节点由某个作战角色执行某个作战活动或某项作战任务。

作战需求描述的实质是将使命转换成作战行动、任务和活动,并将任务或活动与其执行者联系和对应起来,从而得出军用软件的作战信息交换关系和信息格式,表述军事信息系统支持的作战职能和逻辑要求。作战活动以及信息交互通过 DoDAF 2.0 中的作战视角来描述,描述的内容包括军用软件要完成的作战任务,完成这些作战任务的过程中需要执行的作战活动,执行作战活动的作战节点,各作战节点为完成作战活动需要交互的作战信息等。对作战视角中各个产品的建模和描述可采用可视化体系结构建模工具进行,作战需求的具体建模步骤如下。

(1) 通过分析作战的背景、样式和方案,构建军用软件的高级作战概念图(OV-1),OV-1 可采用例图或者任务想定图进行描述。

(2) 根据作战节点的连接关系确定军用软件的作战资源流描述(OV-2),OV-2 可采用类图进行描述。

(3) 根据上述过程中的作战活动建立作战活动分解树(OV-5a)和作战活动模型(OV-5b),OV-5b 描述了作战活动的属性,包括具体的作战活动、输入输出的信息、执行的作战节点等;利用 OV-5b 描述的作战活动分解树对作战活动进行分解时,要把握分解至能够满足作战需求的层次为止,OV-5a 可采用类图进行描述,而 OV-5b 可采用活动图描述。

(4) 以军队编制体制和作战指挥体制为基础,构建执行作战任务的组织关系图(OV-4),OV-4 包括了组织、组织中角色以及系统的描述,其中组织、角色和系统影响作战节点的选择,组织关系的分类和组成关系是作战节点分解的基础,OV-4 可采用类图描述。

(5) 根据相关作战节点之间的信息交互的内容设计作战资源流矩阵(OV-3),OV-3 可采用表格或矩阵描述。

(6) 根据作战规则,建立作战规则模型(OV-6a)、状态转移描述(OV-6b)和事件追踪描述(OV-6c),OV-6b 可采用状态图描述,OV-6c 可采用顺序图描述。

以上 6 个步骤构成一个闭环,需要不断循环迭代,将作战任务、作战节点、作战活动及其相互关系紧密联系在一起,通过上层的作战任务分解可以得到下层作战活动,下层的作战活动反过来完善上层的作战任务,通过不断迭代,最终得到比较完整的作战需求描述[5]。

2. 作战能力需求分析与建模

作战能力需求分析是指为完成作战使命任务,对军用软件应具有的作战能力进行描述。作战能力需求分析的内容主要包括能力的表述、完成任务所需能力的结构、作战行动、支持资源、效果标准、影响因素及其之间的相互作用等内容。能力需求分析采用由具体到抽象、由微观到宏观的思路,其具体的步骤如下[5]。

(1) 根据军用软件的作战需求,分析军用软件对应的能力需求;

(2) 将任务描述对应到用能力指标描述,其关键是得到任务到能力指标的映射关系,任务是对装备在能力上的约束以及需求,当任务明确后,任务到能力的映射就是任务指标到能力指标的转换,任务指标到能力指标可以是"一对一"或者"一对多"的映射。

能力需求建模是军用软件需求分析的关键内容,对于既定作战使命和活动,它利用一组模型描述与完成作战使命和活动相关的能力需求,可以通过对DoDAF2.0中的能力视角中的视图进行裁剪后来进行描述。能力需求描述的内容及具体建模步骤如下。

(1) 根据高级作战概念图(OV-1)和作战活动模型(OV-5)得到能力分类(CV-2),它描述了能力的列表及层次结构,规范了体系结构描述中引用到的所有能力。

(2) 通过能力分类(CV-2)与能力逻辑分组得到能力依赖关系(CV-4),它描述了能力的依赖关系,是CV-2的补充,CV-2和CV-4可采用类图进行描述。

(3) 通过作战任务的组织关系图(OV-4)分析能力到组织关系的映射(CV-5)。

(4) 通过对作战活动模型(OV-5)的分析,得到能力到作战活动的映射(CV-6),CV-6描述了所需能力与这些能力所支持的作战行动之间的映射。

(5) 为了说明能力需求的有效性,通过能力阶段划分(CV-3)来描述在不同的时间点或特定时间段内计划达到的能力,CV-3、CV-6和CV-5可采用表格或矩阵进行描述。

3. 系统需求分析与建模

系统需求分析通过作战视图、系统视图产品,重点描述军用软件的系统组成、系统功能以及信息交互关系,以能力需求分析确定的能力差距为依据,通过综合分析找出各种可能弥补能力差距的系统方案。

经过对作战需求和能力需求的分析,可以把作战需求和能力需求映射到软件系统上,最终形成军用软件的需求。系统需求分析步骤如下[5]。

(1) 根据作战活动(OV-5)设计作战活动到系统功能的追溯矩阵(SV-5a),SV-5a紧紧围绕作战活动需求,寻找能够支持这些作战活动的系统功能,SV-5a可采用表格或矩阵描述。

(2) 根据作战活动及相关属性,分析执行这些作战活动所要求的系统功能,根据系统功能的关系建立系统功能描述(SV-4),SV-4描述了完成相应作战活动所需的系统功能组成以及系统功能之间的数据流关系,SV-4可采用活动图描述。

(3) 对系统功能集中的系统进行功能分配,建立系统节点、系统及其相互关系,设计系统层次结构图(SV-3)及系统接口描述(SV-1)。

(4) 根据能力分类(CV-2)、能力依赖关系(CV-4)以及功能描述(SV-4)、系统层次结构图(SV-3)、系统接口描述(SV-1)描述系统反向到能力的映射(SV-5b),SV-5b可采用表格或矩阵进行描述,其横轴是每一项能力所需要完成的作战活动,纵轴是每一个系统所执行的系统功能,矩阵可以反映系统对能力支持的状态,进而可以分析出能力差距与能力冗余,即现有系统能否满足能力的需求,每一项能力是否有系统来支持,如果某(几)项能力没有相应的系统支持,则需要研制或选择相应的系统加入到军用软件中,在对系统进行研制或选择时,其优先级可依据系统的技术成熟度、可支持性、技术风险以及对能力需求的满足程度等因素确定。SV-3提供军用软件与其组成分系统之间的层次结构关系;SV-1反映系统与系统之间发生的信息交换关系,信息交换关系的确定主要依据作战活动,SV-1和SV-3可采用类图描述。

军用软件需求分析经过以上步骤后,可以确定针对军用软件的使命任务,其需要哪些系统功能、对应哪些系统以及这些系统包含在哪些系统节点中,并可以构建系统节点、系统功能和系统的映射关系,在此基础上分析装备的能力差距与冗余。

3.1.3 军用软件需求建模

本节在3.1.2节给出的面向关注点分离的军用软件需求分析思路的基础上,进一步抽象出需求开发包含的视角模型,并给出基于模型的需求开发过程和开发方法。

1. 视角模型

从作战、能力、信息、系统、标准等多个视角对软件需求和系统需求进行开发。如图3-5所示,作战视角从作战运用的角度对作战流程、作战节点交互、组织机构、作战规则等进行建模,说明作战中的使用需求。能力视角对从面向能力的角度对体系的能力构想、能力分解、能力活动映射、能力效果要求等进行描述,提出体系的能力需求。信息视角对体系内不同装备之间要交互的信息进行分类、描述信息关系、信息属性,并基于信息生命周期模型说明不同信息之间的加工转换流程,提出体系的信息使用需求。系统视角对系统组成、系统与活动映射、系统信息交互、系统功能、系统性能、系统规则等进行描述,说明体系的系统逻辑与功能架构。标准视角对体系在作战过程、信息交互、系统逻辑等方面要遵循或需要制定的标准进行汇总描述。全视角对开展软件和系统需求开发的目的背景、愿景主题、概念术语等进行总体描述。

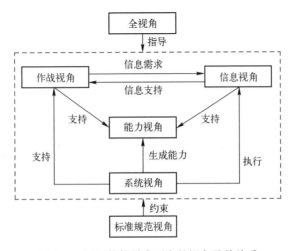

图 3-5 军用软件需求开发的视角及其关系

2. 需求模型开发过程

我们将需求模型的开发分成基于活动、面向能力的体系需求开发过程和面向信息生命周期的系统需求开发过程(如图 3-6 所示),包含以下具体步骤。

1) 使命任务分析

使命任务分析主要是针对未来的作战使命和任务,结合作战环境分析,采用通用的使命任务分析方法,明确体系的使命任务的特点和要求,提出体系的能力目标。

2) 描述作战活动流程

对任务和执行任务所需的作战活动进行分解,建立作战活动流程模型,并针对得到的作战活动提出执行的效果需求。这里的作战活动是执行任务的通用活

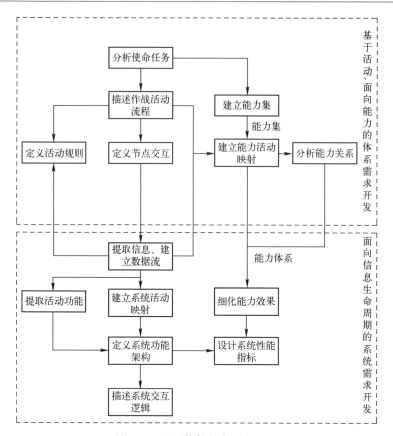

图 3-6 军用软件需求开发过程

动,主要从功能域分析作战活动的执行过程。

3)建立体系能力集

基于使命任务要求,梳理体系能力目标,通过去重合并后,形成体系能力集。

4)建立能力活动映射

基于梳理的作战活动和信息活动,分别建立能力与作战活动之间的映射,说明能力由哪些作战活动或信息活动支撑。

5)分析能力关系

根据作战活动流程/信息活动过程及能力活动映射关系,分析并建立能力之间的关联关系,形成能力体系。

6)提取信息分类及关系

根据建立的作战活动流程模型,分析支持作战活动执行的数据/信息、信息分类、信息关系,梳理形成信息分类体系。

7) 建立数据流

在信息分析的基础上,根据作战活动过程模型,分析数据/信息之间的加工转换关系,梳理并建立数据流模型,明确数据/信息之间的转换需求。

8) 提取活动功能

根据信息活动流程,分析信息活动的信息输入输出,通过建立信息之间的转换关系,提取信息活动的功能,形成功能集。

9) 细化能力效果

基于能力与信息活动的映射关系,细化能力在每个信息活动下的具体效果要求,可依据体系发展演化的目标,设计多个阶段的能力效果要求。

10) 定义系统功能架构

根据信息活动的功能要求,提出对应信息活动的系统功能需求,建立信息活动与系统功能的映射关系,进而形成能力与系统功能的关系。

11) 描述系统交互逻辑

根据系统和信息活动之间的映射关系,依据信息活动流程,推导梳理系统之间的信息交互逻辑。

12) 设计系统性能指标

根据细化的能力效果和系统与活动之间的映射关系,提出对应系统的性能要求,进而形成能力与系统功能的关联。

3. 基于活动、面向能力的体系作战需求开发方法

基于活动、面向能力的体系需求开发方法首先要基于作战任务分析作战流程,然后基于作战流程提取作战节点交互关系,梳理体系的作战能力要求,并将能力和作战活动进行映射关联,从而说明活动对具体体系能力的支撑关系。因此,作战需求的开发需要作战任务、作战流程、节点交互、作战能力、能力活动映射等模型。

1) 作战任务模型

模型定义:作战任务模型对体系需要完成的作战任务进行描述并分类细化。

模型描述:使用表格对作战任务模型进行描述,可按照一级任务、二级任务、三级任务逐级进行细化,直至分解到最后一级即作战活动,示例如表 3-5 所列。

表 3-5 作战任务模型示例

一级任务	描述	二级任务	描述	三级任务	描述	...
全任务	阐述时间约束、环境要求、对手情况、信息需求等	任务 1	...	任务 1.1		...
				任务 1.2		
				...		
				任务 1.m		
		任务 2	...	任务 2.1		...
				任务 2.2		
				...		
				任务 2.m		
		...	...			
		任务 n	...	任务 n.1		...
				任务 n.2		
				...		
				任务 n.m		

2）作战流程模型

模型定义：作战流程模型是面向任务设计作战或业务领域未来作战/业务执行的具体活动流程。

模型描述：作战流程模型描述作战任务的组成,任务执行流程、资源交互等。可以采用简单的分层任务模型对使命任务进行分解,也可以采用包含活动间信息流输入/输出关系的过程图来描述,有时也可以采用 UML 活动图等方法进行描述。其中,分层任务图以树状结构图列出了所有任务,使用者可以快速查看活动的组成及从属关系。根据分层任务图中任务间的关系,完善信息细节,可以得到相应的过程图。过程图关注的是任务间的执行流程。设计时,可根据体系结构目的选择合适的图形,但建议在描述时,有机结合这两种图。描述示例如图 3-7 所示。

3）节点交互模型

模型定义：节点交互模型描述完成作战任务的作战单元及其相互关系,通过一系列相互作用的作战节点以及之间交换的信息来描述作战需求。

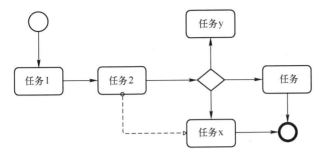

图 3-7　作战流程模型模型示例

模型描述:节点交互模型用图形和文字描述用户所关心的作战节点、需求线以及作战信息交换集。作战节点既包括该体系结构内的作战节点,也包括不属于该体系结构范围但与其相关的外部节点,且应涵盖作战任务中的重要作战节点。其中,外部作战节点并非严格地属于本体系结构范畴,但作为本体系结构内部作战节点的重要信源,或为重要信宿。模型中的每个作战节点应归属于组织机构模型中的某个组织机构。在描述作战节点时,应尽量避免把实际的物理设施作为作战节点,而应根据作战任务建立逻辑作战节点。

需求线说明了作战节点间存在信息交互关系。在设计需求线时,用箭头表示信息流向,并用简要文字对其命名。需求线上可用文字给出节点之间需要交换的信息以及对所交换信息的要求,但不需说明如何实现信息交换。需求线与信息交换间的关系是多对多的关系,即一条需求线上可存在多条信息交换,一条信息交换可在多条需求线上出现。在设计需求线时,除了给出本体系结构内部作战节点间的需求线,还应给出与外部作战节点间的需求线。在表示外部作战节点以及与外部作战节点间的需求线时,应与内部作战节点及内部作战节点间的需求线有所区别。同时,宜给出每个作战节点完成的作战活动,且与作战流程中的作战活动一致。根据需要,可用不同层次的多张图来设计节点交互模型。模型模板如图 3-8 所示。

4) 组织机构模型

模型定义:机构组成模型对组织机构的组成结构进行描述,可以为具体存在的组织和角色,也可以是逻辑的组织角色。

模型描述:使用分类树或表格对机构的组成关系进行描述,如图 3-9 所示。

5) 作战能力模型

模型定义:能力分解架构确定了能力的分类法,并经过迭代形成了能力的分类树。

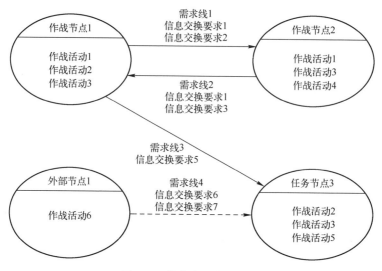

图 3-8 节点交互模型示例

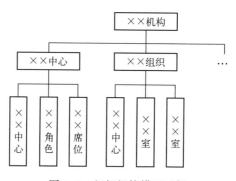

图 3-9 组织机构模型示例

模型描述:能力分解架构确定了能力的分类法,并经过迭代形成了能力的分类树。能力架构模型是一个树状的能力分类结构,如图 3-10 所示。

6) 能力活动映射模型

模型定义:能力活动关联确定了能力与行为活动的关系,描述了能力通常由哪些活动实现。

模型描述:该模型的目的是把能力与活动关联起来,不进行新的能力项和活动项的添加。能力与活动关联的表示也可以用表格或矩阵的方式,如表 3-6 所列。

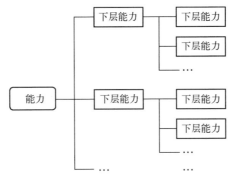

图 3-10 能力模型示例

表 3-6 能力活动映射模型示例

能力名称	活动	
	名称	描述
××能力	××活动	××××××××××
	××活动	××××××××××
	××活动	××××××××××
	...	
××能力	××活动	××××××××××
	××活动	××××××××××
	...	

4. 面向信息生命周期的系统需求开发方法

面向信息生命周期的系统需求开发方法基于作战需求,梳理作战需求中涉及的数据和信息,即对数据/信息进行分类,并梳理数据/信息之间转换关系,从而梳理出数据流过程,并设计相关的软件系统来支持和实现这些数据/信息的转换,从而进一步推导出软件系统功能的非功能需求。因此,系统需求开发需要信息分类、信息活动、系统组成、系统活动映射、系统功能、系统性能等模型。

1) 信息分类模型

模型定义:信息分类模型以列表的方式描述信息架构中的信息及其分类,是信息活动过程模型中行动输入信息和输出信息的分类汇总。

模型描述:信息分类模型使用表格的方式对信息的分类(通常分为三个层级)及每个分类包含的信息(包括名称、标识、描述)进行描述,如表 3-7 所列。通常采用一个信息分类模型对所有的信息分类进行描述,但如果信息过多,可依据领域、专业等进行区分,构建多个信息分类模型,每个模型描述一部分信息分类及其包含的信息。

表 3-7 信息分类模型示例

信息分类				信息		
一级	二级	三级	…	名称	标识	描述

2）系统组成模型

模型定义：系统组成模型描述了支持信息活动的系统元素及其组成结构。

模型描述：系统组成模型通常可以由树状分解结构表示，如图 3-11 所示。系统是为实现某个功能或功能集而组织起来的构件集合，系统可包含子系统或系统组件。系统组件是系统的组成部分，作为系统的功能模块，系统组件体现为物理零部件、软件构件和软件服务等形式。

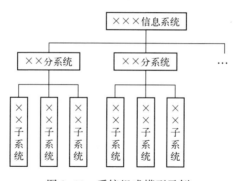

图 3-11 系统组成模型示例

根据系统组成元素是否属于体系结构的边界内，可以将其划分为内部系统组成元素和外部系统组成元素。内部系统组成元素是体系结构内部的元素，外部系统组成元素不属于体系结构但与体系结构内的系统组成元素存在交互关系。

3）系统活动映射模型

模型定义：系统与活动映射模型用于建立信息系统对活动的支撑关系，实现系统需求和体系作战需求的对准。

模型描述：模型使用矩阵对系统和活动之间的映射关系进行描述如表 3-8 所列。

表 3-8 系统活动映射模型示例

系统＼活动	活动 1	活动 2	…	活动 m
××系统	√	√	…	
××系统	√	√	…	
…	…			
××系统			…	
××系统			…	√

4）系统信息交互模型

模型定义：系统信息交换模型确定系统之间数据交换及其特征和要求，其焦点是系统数据流和系统数据内容。

模型描述：模型一般以表格的形式确定了与"谁"交换、"如何交换"，作为系统设计人员和研制人员设计与研制的详细依据，如表 3-9 所列。

表 3-9 系统信息交互模型示例

产生信息的系统	接受信息的系统	系统信息交换内容	数据交换格式	数据传输标准	密　级
××系统	××系统	××数据	XML/数据服务	《××标准》	××
	×××系统	××数据	××格式	××标准	××
××系统	×××系统	××数据	××格式	××标准	××

5）系统功能模型

模型定义：系统功能模型关注于系统需要"做什么"，即系统需要有哪些功能。由于系统活动映射模型建立了系统和信息活动的映射，因此，模型中的初始功能应基于活动功能生成，并在此基础上进行细化完善。

模型描述：模型可采用树状图表示系统功能的分解关系，如图 3-12 所示。图中描述了系统功能之间的包含关系。

6）系统性能模型

模型定义：系统性能模型描述了每个系统、系统接口或系统功能在某一段时间内的现有性能参数以及在未来某个特定时间段上预计的或要求的性能参数。

模型描述：模型以表格的形式来阐释各项性能参数，如表 3-10 所列，主要对所关注的系统性能及其性能阈值进行描述。系统属性既包括系统族群、集成系统等综合系统属性，也包括仅具备单一功能系统的属性，以及构成系统的软/

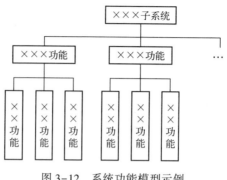

图 3-12 系统功能模型示例

硬件的属性。例如,描述系统软/硬件的性能参数有可维护性、系统初始化时间、平均故障时间等。

表 3-10 系统性能模型示例

系统名称	性能名称	要求	约束范围
×××子系统	××信息存储时间	单条数据存在时间不大于5秒	数据存储活动
××系统	信息转换时延	不大于××秒	××功能、××功能

将特性按硬件元素和软件元素分别列出,硬件元素性能特性包括可维护性、可用性、系统初始化时间、体系结构数据传输速率、程序重启时间等;软件元素性能特性包括体系结构的数据能力(如吞吐量、输入类型)、操作员响应时间、可用性、有效性、软件失败的平均时间、有组织的培训等。

3.2 军用软件需求的多视图描述

从军用软件需求开发阶段来讲,军用软件需求开发经历了四个阶段,分别是原始需求、使用需求、系统需求和软件需求。对不同阶段的需求内容进行规范,是军用软件需求开发标准化的基础。

原始需求是用户或相关利益方提出的有关系统建设和发展的一系列建议,对相关系统提出的问题和修改建议或系统使用的研究论证报告,是对系统构件所需要满足和具有的条件或能力文档化的描述。原始需求主要包括问题和建议、研究报告、用户需求调研需求三类。使用需求是为解决业务问题或达到系统目标所需要的条件,为满足一个协约、标准、规格或其他正式制定的文档、系统或系统构件所需要满足和具有的条件或能力,它是一种反映上述条件或能力的文档化的描述。系统需求是系统为完成特定的任务或功能等,在一定时期和范围内,应该具有的属性、功能、能力或相应条件的规范性要求。软件需求是软件产品为实现特定的功能和性能等,在一定时期和范围内,应该具有的属性、功能、能力或相应条件的规范性要求。

系统分析人员收集到用户需求之后,需要对收集到的用户需求进行规范化的需求描述。重点来讲,需求描述的过程就是对原始需求进行建模形成系统需求和软件需求的过程。

3.2.1 需求描述原则

为了保证军用软件需求的质量,军用软件需求描述需要遵循一定的原则,主要体现在对军用软件需求描述的一致性、真实性、层次性、简明性、可实现性、易理解、重用性、易用性等约束上。

1. 一致性原则

一致性原则要求以规范、明确的描述方式,使指挥人员、系统分析人员和技术人员对需求描述方法和规范达成共识,才能消除对需求分析认识的不一致,从根本上解决系统建设与指挥人员要求脱节的问题。

2. 真实性原则

原始需求要使用权威来源的知识表述抽象问题空间的结构、运行机制和各要素间的关系;按作战条令条例和相关法规的规定,描述需求中的业务活动需求、业务流程需求、指挥关系需求和信息关系需求等;用目标系统实际的环境条件来表述需求中的条件需求。

3. 层次性原则

不同层次指挥系统和辅助决策软件对原始需求要求的层次和力粒度不同,需求开发过程中应根据开发目标,把握好需求的层次,合理抽象与描述相应层次上辅助决策活动,逐层分解,直至明确作战指挥的基本需求单元。

4. 简明性原则

需求的简明性是指需求本身结构和组成的简单清晰程度。主要体现在两个方面:一是在满足实用、可信、可靠、唯一辨识的前提下,原始需求要尽可能简明;二是子需求之间除运行所必须的信息联系外,相互耦合信息要最少化,结构要尽可能清晰。

5. 可实现性原则

建立军用软件需求的根本目的就是开发满足作战指挥需要的应用软件,为此需要在原始需求的基础上,根据需求应用环境的限制条件,充分考虑目标系统的软硬件资源对需求的支撑能力,选择工程上可获得的入口条件对原始需求进一步精化处理,形成实用的作战软件需求。

6. 易理解原则

军用软件需求是将作战指挥的军事问题转化为软件工程技术实现问题的关键环节,是军事问题专家与工程技术人员交互的最后阶段,应尽量用规范的形式、简洁的语言和定量的指标来描述软件需求,以便于软件工程技术人员更好地理解需求,准确实现需求预定功能。

7. 重用性原则

军用软件需求的重用性是指需求适用于其他军用指挥信息系统应用的程度,达到对需求不进行修改即可直接重用,或对需求稍加修改后即可应用于其他军用指挥信息系统。

8. 易用性原则

军用软件需求的易用性是指需求容易被系统设计人员和软件开发人员的程度。需求表达要易于被用户理解,需求要求的入口条件要符合系统运行的环境和技术条件,需求要求的数据要易于获取,需求要易于移植到其他运算环境中等。

3.2.2 需求描述内容及方法

对需求内容规范化描述有助于需求质量的提高,是保障需求高效正确开发的前提,为后续软件设计提供依据,为软件测试提供测试准则和验收标准。

1. 原始需求描述内容

1) 部队问题和建议描述

描述海军各级机关和部队等用户在使用指挥信息系统或作战软件系统过程中,根据作战原则、使用习惯和部队作战训练的需求等方面,从模型、操作、界面、数据、程序和支撑能力等方面提出的问题和建议。

2) 用户调研信息描述

描述针对特定的目标、调研对象和调研内容,通过调研和实地访问、调查问卷、面谈、建模等方式,获取用户业务工作的标准、规范、制度、报表等相关文档的描述。

3) 作战使用需求描述

对各类相关科研人员和装备研制人员在参与指挥信息系统或作战软件系统设计、建设和使用过程中,研究或论证的相关报告等文档的描述。

2. 使用需求描述内容

1) 作战任务和行动描述

作战任务和行动描述主要是描述系统在作战中被赋予的使命任务及相关要求,按条目列出系统为完成使命需要执行的任务和活动,任务之间、活动之间以及任务和活动之间的时需关系、制约关系等应描述清楚。建议使用剖面图等形式配合文字进行描述。

2) 作战指挥体制描述

描述为完成系统作战任务所应采取的指挥体系、指挥编组、隶属关系及各级指挥所应承担的主要工作,在此基础上进一步描述本级指挥所战位组成、战位编组、隶属关系、协同关系,以及各指挥展位应该承担的主要工作。建议使用组织结构图、关系图等形式配合文字表格进行描述。

3) 作战指挥业务描述

作战指挥业务描述指根据作战使命要求和作战活动的需求,分析业务单元完成使命需要执行的作战指挥活动,建立指挥活动之间的约束关系、作战指挥活动序列和业务规则需求,具体包括以下几个方面。

(1) 业务活动需求描述。按所要执行的军事业务和作战任务分别描述指挥人员的指挥业务流程和信息交互流程,具体描述指挥业务流程中各阶段业务活动的执行方式、层次分解关系及活动之间的信息交互关系。建议采用流程图、时序图、信息流图等形式配合文字表格进行描述。

(2) 业务单元需求描述。描述系统任务的业务单元需求,包括业务单元的层次分解关系、业务单元执行的业务活动以及业务单元之间完成的信息交换。建议采用结构图、信息流图等形式配合文字进行描述。

(3) 业务时序需求描述。描述在各种特定业务场景下,指挥人员操作业务单元的活动时序及信息交换。建议采用时序图、剖面图、信息流图配合文字进行描述。

(4) 业务规则需求描述。逐条描述业务单元在执行业务活动时必须遵循的业务规则,特别说明不能或不需要再分解的活动。

4) 作战指挥信息交互描述

根据作战使命要求和作战活动需求,描述业务单元完成使命需要执行的作战指挥活动,作战节点、台位之间、决策功能之间的信息交换关系和具体要求,具体包括以下几个方面。

(1) 信息组织需求描述。说明对业务单元间以及业务活动间交换信息逻辑结构的要求,包括信息名称、属性或特征以及它们之间的相互关系等内容。

（2）信息交换需求描述。说明业务活动或业务单元之间交换的信息元素及其要求。信息元素是信息交换的具体内容，多个信息交换中可以交换相同的信息元素。信息交换需求主要描述信息交换的细节，确定谁与谁交换信息、为什么交换信息、如何交换信息。

（3）信息分布需求描述。说明完成作战/业务活动所需的信息资源以及相互关系，信息资源的组织与分布，信息访问的方式以及共享机制等方面的要求。

3. 系统需求描述内容

1）系统运行状态和方式描述

描述系统运行的不同工作状态和方式。

2）系统功能需求描述

描述系统应具有的功能，以及各功能之间的序列关系。

3）系统结构需求描述

说明对辅助决策系统功能执行位置的要求，主要描述系统功能需求中的功能如何被分配到系统节点、战位上，根据系统功能到系统节点、战位分配关系的要求从而形成了对系统结构的要求以及系统之间的数据交换要求，其主要内容包括系统实体的层次分解关系、系统实体被分配的功能以及系统节点、战位之间的数据交换关系。

4）系统时序需求描述

描述对系统节点、战位执行系统功能在时间上的要求，主要描述在各种特定的作战场景下，各系统节点、战位之间事件交换的时间顺序以及系统功能执行的顺序。

5）系统性能需求描述

描述为支持各项作战活动的完成而对各个子辅助决策系统提出战术技术指标需求，主要描述各子系统在性能、安全性、可靠性、可用性等方面的指标需求。此部分内容详细描述本 CSCI 所要在完成预定功能时与该功能有关的定量或定性要求，如响应时间、容量、精度、优先级别、连续运行需求、运行的偏差等。

6）其他需求描述

描述除功能、性能外的其他能力需求，通过描述，最大程度上消除未来设计开发中的二义性，减少未来需求提出单位和开发单位之间的过多交互，因此应将其他与能力有关，又不便于归入功能、性能需求部分的内容都归入到其他需求中。

使用需求与系统需求的分析方法及建模过程与基于 DoDAF2.0 的多视图需

求开发过程相对应,通过作战视角、能力视角、系统视角的建模与分析可以完成使用需求、系统需求的建模分析,具体步骤及方法见 3.2.3 节,此处不再赘述。

4. 软件需求描述内容

1) 软件功能需求描述

描述软件应具有的功能,以及各功能之间的序列关系。

2) 软件外部接口需求描述

描述系统与外部的数据接口关系,这种接口既可以是自动的数据(文件)输入、输出接口,也可能是人工的数据接口(例如菜单、对话框等)。

以接口图的形式画出系统软件与外部的接口关系。以表格的形式描述外部接口数据,主要包括接口编号、接口标识、发送方、接收方、传输方式、数据要求和其他要求等。

3) 软件内部接口需求描述

描述软件内部接口的需求,包括接口关系和接口数据需求,主要是描述内部各模块(下层 CSC)之间的接口关系。

以接口图的形式画出系统软件与外部的接口关系。以表格的形式描述外部接口数据,主要包括接口编号、接口标识、发送方、接收方、传输方式、数据要求和其他要求等。

4) 软件内部数据需求描述

描述软件内部数据的需求,注意此处的内部数据需求与上面内部接口数据的区别,这里的内部数据需求指的是软件在运行过程中所需的非外部输入和输出的数据,包括对临时数据、内部数据库和数据文件的需求。主要包括数据项、单位、值域、精度、分辨率、所属数据包、来源/去向等。

5) 软件非功能性需求描述

软件非功能性需求描述主要包括适应性需求描述、安全性需求描述、保密性需求描述、计算机资源需求描述(包括计算机硬件需求、计算机软件需求、计算机通信需求)等。此外,影响软件质量因素,诸如功能性、可靠性、易用性、效率、维护性、可移植性等其他属性的定性或定量要求,设计和实现等方面的具体约束等也要进行具体的描述。

为了形成以上软件需求描述内容,需要采用系统化的软件需求分析方法对使用需求和系统需求进行分析。在软件需求分析领域,已经有成熟的理论方法,不再对此进行赘述。

3.3 军用软件需求开发工具简介

根据前述军用软件需求建模方法,我们研制了一套用于军用软件需求开发的可视化工具系统,它支持 DoDAF2.0 核心视角和模型,并且能够与 UML 建模工具集成,实现从作战使用需求到软件需求的开发。

3.3.1 工具设计思想

军用软件需求开发工具采用以数据为中心的设计思想、图形化建模框架(Graphical Modeling Framework,GMF)框架和 Eclipse 插件式软件开发技术,以更好地实现数据化体系需求资产的形成和未来软件系统功能的灵活扩展。

1) 以数据为中心的设计

采用的核心设计思想是基于元模型的理念,将军用软件需求设计成果形成为数据化的设计资产,而不是模型产品式的设计资产,由于采用多视角多模型的设计理论,不用视角模型之间存在着密切的关联关系,而这种关系主要体系在不同视角模型相同数据的一致性,保证了整个体系结构数据的一致性。同时,数据化的体系需求资产也能更好地支撑数据模型的检查分析和仿真验证。

2) GMF 框架

采用的核心技术是 GMF 框架,该框架提供了以简单的方式构建图形化建模程序的能力,能够很好地支撑建模图符、模型存储的灵活定制,并提供了强大的了建模支撑功能。能够让开发人员快速开发出满足特定应用需求的可视化设计工具。

3) Eclipse 插件式软件开发技术

采用基于 Eclipse 对外开放定义的 API 接口,允许利用 API 接口开发相应的插件程序,实现对现有系统的功能进行灵活扩展,同时,提供了完善的插件管理机制,确保各种插件能够被正确加载和协同工作。利用插件机制能够有效提高系统的可扩展性,可轻易实现许多针对特定用户的定制化功能,例如,针对特定对象的体系结构设计功能,具有特殊展现方式的可视化展示插件等。

3.3.2 工具总体架构设计

军用软件需求开发工具的总体架构如图 3-13 所示,该架构将软件系统划分为应用部件层、功能插件层、建模支撑层、框架层和数据层五个层次。

第 3 章 军用软件多视图需求分析方法

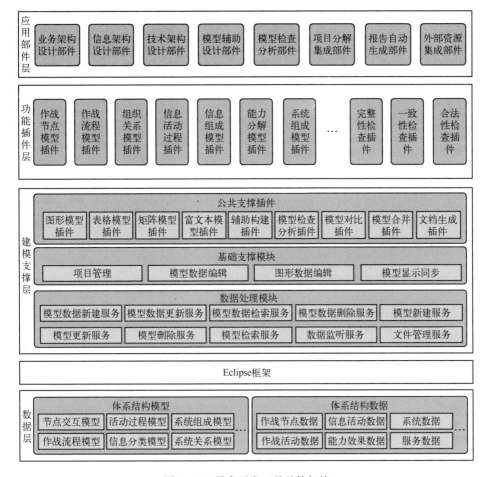

图 3-13 需求开发工具总体架构

（1）数据层。该层主要提供各种产品模型(如节点交互模型、作战流程模型、系统组成模型等)和数据(如作战节点数据、作战活动数据、信息活动数据、能力效果数据等)的持久化存储。

（2）框架层。该层主要是基于 Eclipse 框架对上面几层的模块、插件和部件进行集成，形成用户可用的需求开发工具。

（3）建模支撑层。该层提供了最基础的支撑功能，分为数据处理模块、基础支撑模块和公共插件模块三部分。其中：数据处理模块主要针对模型对象或模型数据对象，提供模型和模型数据的管理接口，支持模型对象或模型数据对象的增、删、改、查等操作；基础支撑模块提供模型编辑、项目管理等基本编辑服务，该层服务接收来自可视化交互提交的命令，将命令进行解析形成对模型数据 1 次或多次调用(如删除父活动请求应转化为删除父活动对象和子活动对象);公共插件模块提供了一系列用于直接支持体系结构建模的插件模块,包括图形模型插件、表格模型插件、矩阵模型插件、富文本模型插件、辅助构建插件、模型检查分析插件、模型对比插件、模型合并插件、文档生成插件等。

(4) 功能插件层。该层基于建模支撑层,特别是公共支撑插件,提供了面向具体应用功能的插件,如针对作战节点进行可视化设计的作战节点模型插件,针对模型完整性检查分析的插件,这些插件可直接面向用户进行使用。

(5) 应用部件层。该层基于建模支撑层和应用插件层,针对用户的具体使用需求,对插件进行打包,形成可为用户独立部署使用的部件,包括业务架构设计部件、信息架构设计部件、技术架构设计部件、模型辅助设计部件、模型检查分析部件、项目分解集成部件、报告自动生成部件、外部资源集成部件。多个部件可以基于Eclipse框架进行集成部署。

3.3.3 工具功能特点

军用软件需求开发工具是自主研发的软件工具,人机界面友好,易学易用,工具主界面如图 3-14 所示。使用该工具可以全面提升军用软件需求和系统需求论证分析能力。主要特点和优势如下。

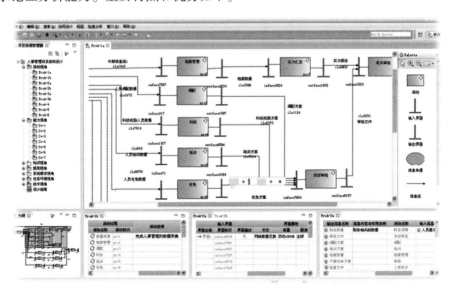

图 3-14 需求开发工具主界面

(1) 标准化:支持 Inf-ProA 框架和 DoDAF2.0 框架标准的核心视角和模型,支持从军用软件需求至体系需求的数据化、可视化论证开发。

(2) 数据化:支持以数据为中心的建模思想,便于数据的共享和集成以及多人协同的需求开发。

(3) 智能化:提供多种多类的智能辅助设计能力,便于用户快速高效构建所需的模型。

(4) 可验证:支撑模型自动化验证分析,可有效帮助用户发现设计模型中的缺陷,提高模型设计质量。

(5) 可集成:支持与其他系统(如术语管理系统、信息体系管理系统)的集成,能够有效利用外部数据资源。

(6) 可定制:能够基于用户需要,对体系结构框架方法进行裁剪,选择需要的视角和模型。

3.4 小结

军用软件是一种特殊领域的软件系统,其需求开发具有明显的多视图的特点。如 DoDAF2.0 框架中,就采用了关注点分离的多视图建模方法,其关注点包括使命任务分析、作战需求分析、能力需求分析以及系统需求分析,各关注点相互分离,从不同角度对需求进行了建模。我们结合 DoDAF2.0 中"适用"的原则,将军用软件需求分析的关注点进行分离,从作战视角、能力视角和系统视角对军用软件的作战需求、能力需求和系统需求进行分析与建模,讨论了军用软件需求开发的四个阶段中需求描述的方法。软件需求除了要将原始需求、使用需求和系统需求映射到软件本身的功能和非功能方面,还要关注软件内部的数据处理和行为特性,这可以使用经典的软件需求分析方法进行分析。最后,介绍了作者所在科研团队研制的军用软件需求开发可视化工具系统,它支持 DoDAF2.0 核心视角和模型,并且能够与 UML 建模工具集成,实现从作战使用需求到软件需求的开发。

参考文献

[1] Lee, Bwmeta. Element. IEEE Recommended Practice for Software Requirements Specifications [J]. IEEE Std 830-1998, 1998:1-40.

[2] Nuseibeh B. To Be and Not to Be: On Managing Inconsistency in Software Development[C]. International Workshop on Software Specification & Design, 1996.

[3] DoD Architecture Framework Version 2.0 Volume 2: Architectural Data and Models. DoD Deputy Chief Information Officer, 2009.

[4] 王立民,付勇,李强,等. 基于DoDAF的武器装备体系需求分析方法[J]. 计算机工程与设计,2009,30(22):5266-5268.

[5] 赵新爽,彭志明,陈忠宽. 基于DoDAF 2.0的武器装备体系需求分析[J]. 空军预警学院学报,2013,(5):370-373.

第4章　基于微核模式的军用软件设计方法

微核模式通过微核实现了软件应用模块与底层构件运行环境的隔离,通过MVP模式实现了军事数学模型和算法的分离,这对复用工件形成核心资产十分有利,使得软件层次清晰、维护方便,提高了军用软件质量。

4.1　军用软件架构模式

软件架构[1]设计致力于在设计阶段对软件系统高层结构的复杂性进行建模,其产出工件是软件设计阶段的核心工作产品。软件架构包括软件全局组织与控制结构、构件间的交互关系(如通信、同步和数据交换协议等)、设计元素间的功能分配、物理分布、设计元素集成、伸缩性和性能、设计选择等。软件架构设计是软件研制从需求到实现的过渡。现在的新认识是软件架构不仅是设计阶段关注的重要内容,而且它应对整个软件开发生命周期提供支持。

军用软件是一类复杂的软件系统,如上一章所述,建立了多视角的需求模型,因此必须针对不同视角中的不同视图进行设计,研究设计工件之间的关系和形成的结构。而且,考虑到军事概念模型在军用软件中的重要地位,必须在设计时充分考虑它们对软件架构的要求。

4.1.1　软件架构设计概述

任何一个软件系统都有结构,在系统开发过程中的分析设计阶段,通过考察系统的结构,可以对系统的开发和实现提供良好的基础。系统的结构关注构成软件系统的构件有哪些及它们的连接关系,不关注构件的实现细节。对于软件架构,目前没有一种标准的定义,但普遍认为它是软件系统结构、行为以及属性的高级抽象,是由构成系统的元素的描述、这些元素之间的关系、元素集成的模式以及这些模式之间的约束组成[2]。

软件架构具有如下特点。

1. 相关者众多

软件系统有众多利益相关者,如所有者、使用者、开发者、维护人员等。这些利益相关者对软件系统都有各自的关注点,如何平衡这些关注点以及展示这些关注点是如何得到满足的也是软件设计的一部分[3]。这意味着软件架构必须在不同利益相关者之间保持协调。

2. 关注点分离

关注点分离是降低系统结构复杂性的重要手段。不同利益相关者的关注点可以通过在软件架构文档中从不同角度体现在对架构的建模和描述中,其实这也是对软件需求的分析直至设计的演化(参见第 3 章有关多视图需求分析的内容)。

3. 质量驱动

经典的软件设计方法以功能需求以及系统之间的数据流为基础展开,但最新的研究显示软件系统的架构与其质量属性密切相关,比如容错性、兼容性、可扩展性、可靠性、可维护性、可用性、安全性等。利益相关者通常也关注这些质量属性的需求,它们被称为非功能性需求、额外功能需求、系统质量需求或约束等。

4. 存在多种设计范型

按照软件系统的领域特征,软件架构可以有各种设计风格。这些设计风格久而久之形成了人们普遍采用的一些最佳模式,称为架构模式。常用的架构模式有面向对象架构、客户端/服务器架构、面向服务架构(SOA)、基于构件的架构、并发和实时软件架构以及微服务架构等。

关于软件架构的研究主要包含以下几方面内容。

(1)软件架构模式的研究。根据软件的适用领域和实现技术的发展,研究组成软件的基本元素,如构件、连接器、接口等,以及这些组成元素之间的关系和组织原则等。例如,由于互联网应用的兴起以及云计算技术的发展而提出的微服务架构[4],是近年来软件架构领域的研究热点。

(2)软件架构描述方法研究。用形式化或半形式化的方式来描述一个特定的软件架构,通常表现为某种架构描述语言(Architecture Decription Language,ADL)。

(3)软件架构模型的多视图表示法研究。软件架构从不同的角度看,可以有不同的描述方法,因此可以得到同一个系统的多个不同视图,这些视图的组合可以用来描述一个软件架构的模型[3]。考虑到软件需求模型也经常采用多视图描述方法,所以多视图的架构设计能够很好地与之对应。但是,由于需求阶段和设计阶段的工作关注点不同,所有软件架构的多视图表示与需求一般不存在一一对应关系。

对软件架构多视图的关注在软件架构研究领域越来越多。多视图提供了另外一种描述软件架构的途径,系统的每一个不同视图反映了一组系统相关人员所关注的系统的特定方面[3]。多视图体现了软件架构的关注点分离的特点,它与架构描述语言相结合,描述系统的体系结构,具有易于理解、方便相关人员交流、有利于系统质量属性的评估和一致性的检测等诸多优点。目前学术界已经提出了多个多视图的方案,典型的有 Hofmeister 提出的 4 视图模型[5](模块视图、概念视图、代码视图、执行视图)、卡耐基梅隆大学软件工程研究所提出的多视图模型[2](模块视图、分配视图、构件和连接器视图),以及经典的 4+1 模型[6](逻辑视图、开发视图、进程视图、物理视图加上统一的场景)等。目前对软件架构模型的描述,随着对软件架构研究的逐步深入,受到了比较多的关注,且相对成熟。但是在很多架构描述语言和多视图方案被提出来的同时,会导致认知和使用上的混乱。因此,现在的一个研究热点是从元模型层面探讨一种统一的架构描述方式,同时软件架构不断演化和发展会导致新的问题出现,对软件架构模型的描述也将一直会是软件架构领域的研究热点。

4.1.2 基于 MA-MVP 模式的军用软件架构

模式是解决某一类问题的方法论,从特定的"问题—解决"方案中进行抽象并提炼出公共要素就可以形成模式。对软件的设计实现而言,模式分成三种类型,分别是架构模式、设计模式和惯用法[7],每一种类型都由具有相似规模或抽象程度的模式组成。

软件架构为软件系统提供了一个结构、行为和属性的高级抽象,架构模式表示软件系统的基本结构化组织图式,提供一套与定义的子系统、子系统的功能及用于组织它们之间关系的规则和指南,是开发一个软件系统时的基本设计决策,该设计决策直接决定了软件系统的可维护性等质量特性[8]。软件架构设计的本质是解决系统应该划分成什么样的模块(划分耦合单位),一旦能清晰地划分出模块了,其代码耦合就有了基本的范围,模块本身是提示程序员理解系统的基本单位;在划分耦合单位的基础上,接下来就是规范不同模块之间的耦合形式,规范耦合的形式有多种,诸如直接调用、事件响应、消息队列等,这些形式提供了代码耦合的不同特征,各有优劣。围绕耦合单位的划分方法和耦合形式的规范选择,就形成了不同种类的软件系统架构。

基于上述架构设计约束,我们以作战软件为案例,在充分研究和实践作战软件的基础上,开发了基于微核—模型/视图/调度(MA-MVP)模式的军用软件架构。在阐述该架构之前,首先简单描述 MA 和 MVP 模式的特点。

1. 微核(MA)模式

阐述微核模式首先需要介绍分层模式,因为分层模式是架构中最基本的模式[9],也是事实上的标准架构,这种架构将软件分为若干层,每一层都有清晰的功能定位和分工,层与层之间通过接口通信,其基本的设计指南如下。

(1)每个模块必须属于某个层次(第N层),为第N+1层(上层)服务;同时委派任务给第N-1层的模块。

(2)任何模块都不得逆层次调用:属于第N层的模块,不得调用(耦合)第N+1层及以上层次的模块。

(3)任何模块都不得跨层调用:属于第N层的模块,不能调用第N-2层及以下层次的模块。

分层模式的抽象层次很高,实际上属于模式的模式,在此基础上,人们在软件工程实践过程中根据不同应用的特点,特化出了不同类别的架构模式,微核模式就是其中的一种,其结构如图4-1所示。

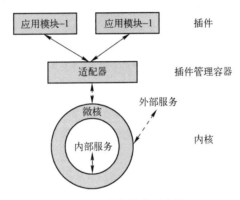

图4-1 微核模式示意图

此模式主要特点是把最下层定义成"微核",同时把各个模块的交互规定为"运行时的事件",这样就将分层模式中的多层简化为三层,或者说是三个类型的层次,这三个类型的层次分别是微核、适配器和应用模块,或者称之为内核、插件管理容器和插件,使得每个应用模块在实际上成为整个系统的"插件",从而能够提供非常好的模块独立性。该模式基本的设计指南如下。

(1)基本服务封装到微核:主要包含各应用功能模块都会用到的功能。

(2)基本服务包含内部服务和外部服务两类,内部服务提供系统通用的功能,如通信、日志等;外部服务则负责整合不同应用模块。

(3)应用模块通过微核通信:这是该模式最核心的部分,通过选定基于事件的耦合规范,微核事实上成为一个基于"事件"的运行时交互系统,基于事件来沟通各个不同的模块。

(4)外部服务和应用模块的差别,在于是否通过一个适配器来和微核耦合。

适配器能让应用程序模块根据需要更换不同的微核,从而增强应用功能的可移植性。

2. 模型—视图—调度(MVP)模式

MVP 模式是模型—视图—控制器(Model-View-Controller,MVC)模式的变种,因此在引入 MVP 模式之前,先简要介绍 MVC 模式。

MVC 架构模式[10]是一种非常经典的软件架构模式,在人机界面框架和人机界面设计思路中扮演着非常重要的角色,基本的思路是将一个交互式应用程序划分为模型(Model)、视图(View)和控制(Controller)三部分,通过这种划分,将表现数据的界面代码(视图)和处理数据的业务逻辑代码(模型)分开,每部分各自处理自己的任务。具体而言,模型部分持有所有的数据、状态和程序逻辑;视图向用户呈现模型的状态与数据;控制器以事件触发方式处理用户输入,在解析之后反馈给模型,具体过程如图 4-2 所示。

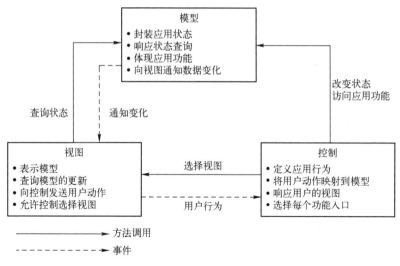

图 4-2 MVC 模式图解

这个架构模式的主要特点是数据处理、输入输出控制以及数据表示分离开来,将"经常变化"的业务规则(位于 Controller)和相对稳定的业务逻辑(位于 Model)分离开,View 层处理显示逻辑,Controller 处理流程控制逻辑,Model 则封装了问题的核心数据、逻辑和功能的计算关系,同时在 Model 层采用接口方式实现。通过这种划分,应用软件系统可较好地应对将来不断变化的业务需求,解决系统模型的稳定性与应用界面需求的多样性之间的矛盾,提高模型组件复用度的同时,不同部分不必卷入彼此的数据模型和方法中,程序结构变得相对清晰而灵活。

该模式得到广泛应用,不足之处在于 View 过于依赖于 Model,使得 View 很复杂且难以复用。从实际工程实践来看,用户界面是容易变化的,且是多样的,一样的数据会有各种不同的显示方式,同时业务逻辑也是比较容易变化的。为了使应用程序具有较大的弹性,我们期望将 UI、逻辑(UI 的逻辑和业务逻辑)和数据隔离开来,解除 View 与 Model 的耦合,有效降低 View 的复杂性,提高可扩展性、代码可复用性和可测性,在 MVC 的基础上发展出了 MVP(Model-View-Presenter)模式[11],其主要结构及运行流程如图 4-3 所示。

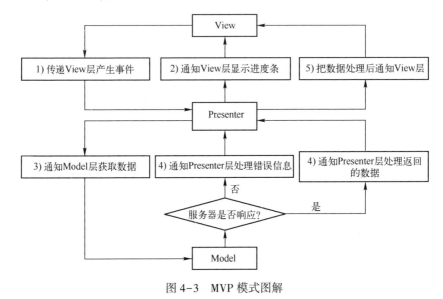

图 4-3　MVP 模式图解

该模式不同层次的职责划分如下。

M(Model)代表的是将会显示在 View(UI)中的数据,区别于 MVC 架构中的 Model,在这里不仅仅只是数据模型,还负责对数据的存取操作,例如对数据库的读写,网络数据的请求等,严格意义上来说,它指的是检索或控制一个 Model 的业务逻辑层。

V(View)是显示来自 Model 的数据并且将用户指令(Events)传送到 Presenter 以便作用于那些数据的一个接口,View 与 Model 无法直接进行交互,通过 Presenter 将 View 与 Model 进行隔离,使得 View 和 Model 之间不存在耦合,同时也将业务逻辑从 View 中抽离。View 通常含有 Presenter 的引用,Presenter 层从 Model 获得数据,进行适当处理后交由 View 层进行显示。

P(Presenter)是连接 View 层与 Model 层的桥梁并对业务逻辑进行处理,扮演的是"中间人"的作用(就如 MVC 中的 Controller),且 Presenter 同时引用 View 和 Model。相比 MVC 模式中的 Controller,Presenter 担当更多的任务,其负责处理 I/O 事件,执行相应的逻辑,并将这些逻辑映射到 Model 的接口中以驱动 Model 的运行。

在模块划分的基础上,MVP 模式各模块之间的耦合规范是 Model 和 View 使用 Observer 模式进行沟通;而 Presenter 和 View 则使用 Mediator 模式进行通信;Presenter 操作 Model 则使用 Command 模式来进行。

该模式具有如下特点:

(1) 把业务逻辑抽离到 Presenter 层中,View 层专注于 UI 的处理;
(2) 分离显示逻辑与业务逻辑,达到解耦的目的;
(3) Presenter 被抽象成接口,可以根据 Presenter 的实现方式进行自动测试。

总之,对于作战软件而言,如果采用 MVP 模式,在确定接口的条件下,M 则可以独立升级,甚至在没有数学模型支撑的情况下,依然可以让整个系统运行起来,而一旦模型研制有突破或者改进,可以较容易地替代模型,甚至可以选择使用不同的作战模型。

3. 基于 MA-MVP 模式的作战软件架构

基于 MA-MVP 模式的作战软件架构主要是综合微核模式和 MVP 模式的特点,结合作战软件的特点所设计的架构,如图 4-4 所示。

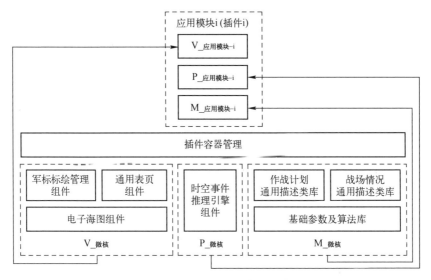

图 4-4 基于 MA-MVP 的作战软件架构

该架构主要具有如下特点。

（1）整体架构遵循 MA 模式，分为微核、插件适配器和插件三个层次，其中的插件对应于作战软件特定的应用功能模块，如情况判断、方案制定等应用功能模块，通过插件适配器实现即插即用，不同部件可单独升级维护。

（2）通过微核实现了作战软件应用模块与指挥信息系统构件运行环境的隔离，从而提高了作战软件应用模块的复用性。

（3）微核及插件内部的模块划分都遵循 MVP 模式。微核层集成各应用功能模块所需要使用到的公共组件，包括显示部分的电子海图、军标标绘和通用表页组件；调度层主要包括时空事件推理引擎组件；模型层包括战场情况通用描述类库、作战计划通用描述类库和基础算法库等。通过这种结构，不同应用模块的人机交互操作、决策问题、决策解算结果及流程控制约束都归结于时空事件，在时空事件推理引擎的调度下实现时空事件的融合推理。

（4）通过微核的 MVP 结构划分，规范了作战软件应用模块内部的 View 和 Model 的接口，遵循相应规范的作战软件应用模块才能基于微核实现集成，这就使得各应用模块的人机界面和模型可以分开维护。从作战软件应用模块的视角来看，其内部结构划分及运行机制如图 4-5 所示。

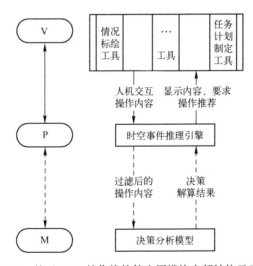

图 4-5　基于 MVP 的作战软件应用模块内部结构示意图

（5）通过微核的 M 层和 P 层，从数据表示和存储的层次打通了不同作战软件应用模块之间的界限，从而有利于弱化模块概念，真正支持全流程的作战辅助决策活动。

4.1.3 基于微核模式的军用型号软件设计方法

实现系统化的复用是提升软件质量和提高软件生产率的重要途径[12]。微核模式是一种实现系统化的软件复用方法。可以按照不同的关注点,抽象出软件中能够反应各类问题公共解的方案,并将之分类以便复用[13]。可以将这些公共的解决方案封装成"微核",随后通过适配器将微核引入不同的应用中。应注意,微核的重要特征是其具有"公共性",往往需要仔细地进行领域分析、软件技术选型和软件技术的构件化封装,才能得到合适的微核,这并不是一件容易的事,需要具有丰富领域知识和软件技术技能的专家长期系统地工作才能建立起有助于明显提升软件开发效率的"微核"库。

微核形成了软件研制组织的公共资产,为构建软件产品个体提供了良好的基础。微核主要来源于如下两类软件研制活动。

(1)通过领域分析,获得与软件要解决的领域问题相关的共性知识,由这些共性知识而形成的工件构成了微核。如第 2 章所述,在两阶段研制过程模型中,模型工程阶段形成的"母版"是抽取出微核的主要源头之一。在该阶段进行军事模型构建和算法求解,可以形成面向某种军事问题的通用算法构件,然后以其作为微核,通过适配器并配置合适的支持数据,就可以应对特定的型号软件研制需求,用于特定的型号软件产品开发。

(2)通过软件工程的视角,对形成的工作产品(工件)进行复用性评估,并抽取具有软件工程技术共性的工件作为微核。在两阶段研制过程模型中,软件工程阶段开展的系统性、有计划的复用活动,是抽取出微核的另一个主要源头。软件产品线工程方法是实现这一活动的有效方法,将在后继章节中介绍这种方法。

基于微核模式进行军用型号软件设计的原理请参考图 4-6,由模型工程阶段形成的母版和软件工程阶段形成的可复用工件抽取生成"微核库",也就是软件研制组织的公共资产库,通过适配服务对微核进行封装和配置,与根据软件研制需求开发的新研工件一起,参与构建出特定的军用型号软件个体产品。

另外,这种基于微核模式的设计思想,也可以用于解决军用软件的演化问题,通过适配器屏蔽了变化了的应用环境,使得重要的公共资产(核心资产)不必随软件演化而变化,保持了其复用性。在 6.5 节将详细讨论这个问题。

进一步地,我们从这种基于微核模式的军用软件设计和开发方法中抽取出军用软件族群中遗传孵化的特征模式,建立了军用软件产品族群的遗传孵化模型,将在第 6 章中详细介绍。

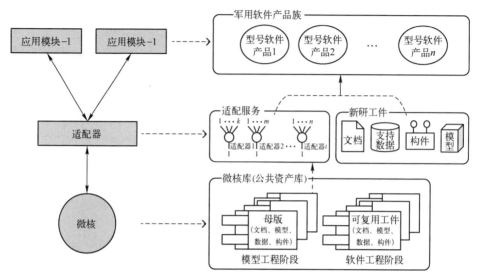

图 4-6　基于微核模式的军用型号软件设计示意图

4.2　军用软件的架构设计方法

　　未来的辅助决策与作战筹划系统,需要具备快速、可重组、分布式的特性,才能有效地完成对目标的高效探测、识别、打击和评估等任务。在任务执行的过程中,根据复杂任务需求进行快速的资源分配、调度和组合。这些需求要求作战指挥系统是基于分布式工作流进行设计。

　　软件架构在不断发展扩大、平台化,与此同时,业务多样性、复杂化也伴随相生。在这个过程中不可避免地出现诸多矛盾与挑战。如何在软件平台化和业务多样性两者间取舍,是软件工程技术中的重要研究课题。其总体思想就是利用架构或者平台,同时解决很多通用的问题,节约成本,提升效率,让设计人员不至于疲于奔命;而为了达到不同的功能也就是所谓的个性化,则是通过平台上有针对性设计的业务层来实现。这样,既满足了功能的个性化需求,又通过平台的通用化,极大地节约了综合成本。

　　由于开发和调试上的优势,传统软件基于单块、垂直模式开发。随着业务的发展、功能的扩充、系统的迭代,整个应用变得越来越臃肿,内部的模块很难在其他新构建的垂直应用中复用,所有的基础服务都需要重新搭建,成本很高,而这大部分工作属于重复建设。面向服务架构(SOA)将原本互相耦合的系统功能抽取出来,拆分成一个个独立的小系统,而这些小系统是可复用的,一定程度上避免了重复建设,随之衍生的服务治理、监控等一整套分布式的运维和管理系统,为分布式系统的稳定运行保驾护航。

另外,一些相对来说非常独立又非常基础的问题,被抽取出来成为中间件。由于第一代平台已经无法继续很好地支持业务的多样性,集中式架构逐步向分布式架构演变。尺度效应在分布式架构下的大型的软件工程领域同样适用,随着业务域的扩展以及工程规模的扩大,代码的规模会越来越大,管理和维护成本越来越高。在 all in one 的集中式应用架构时代,通过 SOA 的架构升级解决了代码管理与团队合作间的难题,在深度 SOA 的分布式时代,解决巨无霸应用的工程维护难题的主要手段之一是将业务拆分为更小更细的微服务。

如今在微服务 Docker 化的思潮之下,发布一个服务的成本越来越低,系统的独立性越来越强,但系统间的远程调用会越来越多,所需要的机器规模越来越大,机器成本不是线性而是指数级别增长。

我们采用微服务的思想来解决作战指挥业务对系统功能按需组合、工具化需求,采用构件按需服务化的方式来解决大量微服务带来的系统性能整体下降的问题。

构件技术提高了软件模块的重用率,并加强了软件模块的扩展性,而 SOA 作为一种松散耦合的架构,可以对业务需求的变更做出更快的响应,也能屏蔽构件之间的异构性。采用面向服务的工具化构件技术能够很好地满足作战指挥系统支持即插即用、按需组合的功能需求,提高模型的可重用性与互操作性,为解决作战指挥业务流程编排的通用性、灵活性问题提供了一种有效的方法。

为了同时满足构件灵活性与系统整体性能要求,宜于采用小粒度构件,按需服务化的方法。即采用以下原则步骤。

(1) 构件建模:定义构件体系结构,以及其语义、语法以及组装机制。

(2) 构件开发:采用构件与传输协议分离、接口与实现语言分离的原则,使得构件开发关注于功能的实现。

(3) 构件服务化:为构件设计服务化容器,并设计实现服务的通信协议解析,服务注册与查找。

系统架构设计理念如图 4-7 所示。

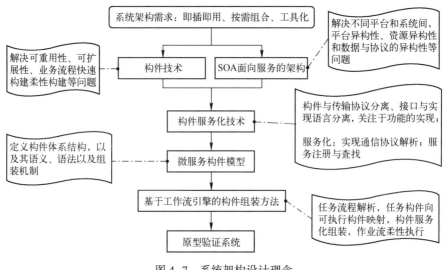

图 4-7 系统架构设计理念

4.2.1 软件架构的技术生态系统

系统架构开发核心思想如下：

（1）参考最新主流分布式架构，特别是微服务架构；

（2）利用小粒度构件技术解决可重用性、可扩展性、业务流程快速构建柔性构建等问题；

（3）利用SOA解决不同平台和系统间，平台异构性、资源异构性和数据与协议的异构性等问题；

（4）新开发的构件采用统一的结构模式，历史遗留构件通过微服务架构进行改造并加以利用；

（5）每个计算节点部署一个通信协调代理，开发多种执行引擎，适用于不同服务化类型的构件或者执行模式（流处理、批处理、跨节点迭代处理）。

原型系统参考目前主流的分布式体系架构，针对作战指挥控制系统对开放式架构、人机交互、服务化构件、流程柔性、计算性能、协同通信等重点特性要求，做针对性设计，初步设计原型系统的技术生态如图4-8所示。原型系统采用开源系统组件与自主技术相结合的开发路线，便于将来逐步用自主开发代替第三方开源系统。

平台系统以分布式组件方式搭建，方便解耦合，便于维护和替换部分组件。分布式应用程序协调服务选择开源软件ZooKeeper，它能够为分布式应用提供一致性服务，主要功能包括配置维护、域名服务、分布式同步、组服务等。分布式资

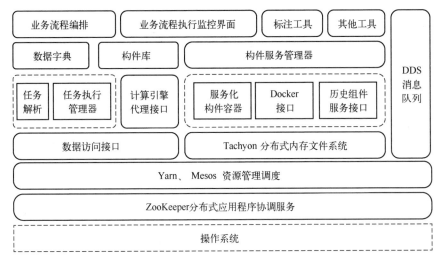

图 4-8 系统架构技术生态图

源管理选用 Yarn 或者 Mesos,用于为上层应用提供统一的资源管理和调度。

可选择 Tachyon 分布式内存文件系统来改善系统性能,使得上层系统的设计不用考虑内存存储问题,也可以把 Tachyon 配置成本机模式,用于一个计算节点内进程间的内存共享,这样分布式内存通过其他组件或者分布式消息队列来实现,也可以针对不同的作业类型采用不同的分布式内存模式,具体选择方式通过性能评估后再决定。

服务化构件可能有三种方式:

(1) 新开发的构件,具有统一的接口,通过统一设计的服务化容器来实现构件的服务化;

(2) Docker 容器,易于服务化;

(3) 历史遗留组件,需要有针对性的单独服务化。

构件服务化后可以通过远程访问的方式请求服务,也可以通过在每个计算节点部署一个代理程序(计算引擎代理接口),通过代理程序来进行适配,由于作战指挥系统中涉及的计算模式多样,将来还需要提供流程柔性等功能,通过代理程序可以方便系统改造。当然也可以采取复杂模式,针对不同作业类型采用不同的运行模式,未来还可以通过虚拟通信的方式来解决。

此外,分布式消息队列采用开源中间件 OpenDDS。构件服务管理器,提供类似 SOA 架构中的服务注册查找功能,由于我们的服务化构件可能有多重模式,需要进行额外设计,因此这里称呼为构件服务管理器。数据字典提供各种命名服务,为了简化,甚至各种规则库暂时也归类为数据字典。构件库主要包括可以执行的功能代码,构件服务管理器从这里提取相关信息或数据。

4.2.2 分布式架构的服务协调技术

大型分布式系统,包含了各种各样的业务、架构框架以及底层支持,离不开各种分布式服务的协调作业,集群化带来的高可用、高可靠性。在分布式环境下,一个系统可能会依赖各种各样的系统,也会被各种各样的系统所依赖,极大影响了系统维护与扩展。这种复杂的依赖关系,高耦合度的分布式架构已经逐渐不能满足快速发展的计算机系统的需求。将一个硬件或软件组织部署在位于不同网络的计算机上,并通过消息传递进行通信和协调的分布式系统解决了由于系统规模增大带来的问题。

ZooKeeper 是一个开放源码的分布式应用程序协调服务,是 Google Chubby 的开源实现。在分布式集群中,消息是各种数据的载体,主要通过消息队列、发送进程来实现批量发送。同样的,在 ZooKeeper 集群中,消息也是最基本的交互单元,不仅能够完成集群内的相关操作,同时能够通过消息队列、分发进程将消息向外传递。ZooKeeper 的设计目标是将那些复杂且容易出错的分布式一致性服务封装起来,构成一个高效可靠的元语集,并以一系列简单易用的接口提供给用户使用。

在 ZooKeeper 集群中主要由领导者、跟随者、观察者以及学习者组成。其中,领导者与其他 Server 不同,只负责进行投票的发起和决议,不接收 Client 的请求;跟随者的工作在于接收客户端发来的请求并将处理结果返回给客户端,同时,参与领导者发起的投票;而观察者用于接收客户端连接,同时将请求转发给领导者,但不参与投票,只参与领导者状态的同步过程。学习者是与领导者进行状态同步的服务器,上述跟随者和观察者都是学习者。ZooKeeper 的系统模型图如图 4-9 所示。

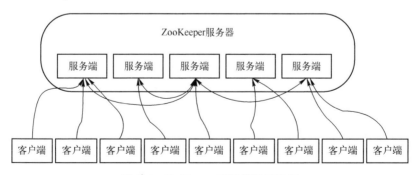

图 4-9 ZooKeeper 系统模型示意图

在 ZooKeeper 中主要的通信方式是原子广播,通过原子广播,保证了集群中服务器之间的同步。Zab 协议是 ZooKeeper 中实现原子广播所使用的协议,在 Zab 协议中存在两种模式,分别是恢复模式和广播模式。当服务启动或者在领导者崩溃后,根据 Zab 协议规定集群中的机器进入了恢复模式,当选举出领导者,且大多数服务器完成与领导者的状态同步后,集群中的机器就完成了恢复模式。恢复模式中状态同步保证了领导者和其他服务器具有相同的系统状态。

当集群中大多数的跟随者完成了与领导者状态的同步,集群中便开始消息的广播,即进入广播状态。若此时有一个新的服务器需要加入到 ZooKeeper 集群中,它会在恢复模式下启动,找到集群中的领导者服务器,并在完成与领导者状态同步后,参与到消息广播中。若领导者崩溃或者失去了大多数跟随者的支持,ZooKeeper 服务才会脱离广播状态。

4.2.3 分布式架构的资源调度技术

常见的资源主要是 CPU、内存、网络资源、磁盘 I/O。主要概念模型有 3 类:资源组织模型、调度策略和任务组织模型。不同的资源管理平台主要就是这三点不同。主流的分布式系统中,对于资源管理都采用动态资源划分来取代静态资源划分。它有如下好处:

(1) 集群资源利用率高;

(2) 增加数据共享能力,可以多种计算框架公用一份分布式存储数据。

主流的分布式资源调度管理框架有 YARN 和 Mesos。

Apache Hadoop 生态系统在持续的发展,除了 MapReduce 外还支持多种框架。YARN 的引入赋予了 Hadoop 集群运行非 MapReduce 任务的能力,而且还使其具备很多其他的优势,包括更好的拓展性、更高的集群使用率等。

YARN 的引入增加了一些新的服务。其中 Resource Manager 作为资源调度器,是集群资源的唯一仲裁者。用户应用程序通过 Application Master 组件请求所需资源,与 Resource Manager 协商,从而在集群中创建执行任务的 Container 实例。在 Hadoop2.0 中,MapReduce 作为 YARN 下的一种应用框架,YARN 对现有的 MapReduce 任务实现了完全的兼容。YARN 的基本思想是将 JobTracker 的两个主要功能:资源管理和作业调度拆分为两个独立的模块。其中一个模块是控制集群全部资源的 Resource Manager,另外一个模块是每个作业对应一个的 Application Master。这两个模块组成了全新的集群调度系统。YARN 的核心模块如图 4-10 所示。

Resource Manager 负责为集群中所有应用程序分配资源,为了适用不同的策略,Resource Manager 有一个可插拔的调度器组件来应用不同的调度算法,例如,

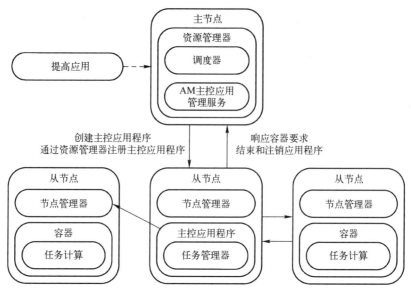

图 4-10　YARN 核心模块示意图

有些是注重容量,有些是注重公平调度。该组件负责为运行中的各个应用分配资源,分配时要考虑到容量、队列及其他因素的制约。该组件是一个纯粹的调度器,实现不同的调度策略,将应用程序的监控和状态跟踪交给 RM 来处理,也就是不负责失败 Task 的重启工作。

YARN 中一个重要的新概念是 Application Master。Application Master 实际上是特定框架的一个实例,负责与 Resource Manager 协商资源,并和 Node Manager 协同工作来执行任务并监控 Containers 与他们的资源消耗。Application Master 的设计使 YARN 更有开放性:将应用框架相关的逻辑都转移到 Application Master,使系统变得通用,从而可以支持如 MapReduce、MPI 和图计算等多种框架。

这些特性是下列几项关键设计决策的结果:将所有的复杂性尽可能的交给 Application Master,同时提供足够的功能给应用框架的开发者,使其具有足够的灵活性和能力;因为 Application Master 本质上还是用户端代码,因此 Application Master 不是一个特权服务,YARN 系统(Resource Manager 和 Node Manager)必须保护自己免受错误的或者恶意的 Application Master 影响,并拥有所有的资源授权。

Node Manager 是所有 Work Node 的从属进程,负责启动应用程序的 Container,监控它们的资源使用情况,并且报告给 Resource Manager。每个应用程序的 Application Master 负责向 Scheduler 申请所需的 Container，跟踪应用程序的状态，以及监控它们的进度。从系统的角度讲，Application Master 也是以一个普通 Container 的身份运行的。

YARN 的 Resource Manager 组件是一个纯粹的调度器，它根据应用程序的资源请求严格限制系统的可用资源。在保证容量、公平性及服务等级的前提下，优化集群资源利用率，即让所有资源都被充分利用。

Mesos 是另外一个主流开源分布式集群管理调度框架，为了优化资源利用率，Mesos 在各种框架之间动态地共享资源。Mesos 在多种不同类型的工作之间共享机器(或节点)的可用资源，如图 4-11 所示。

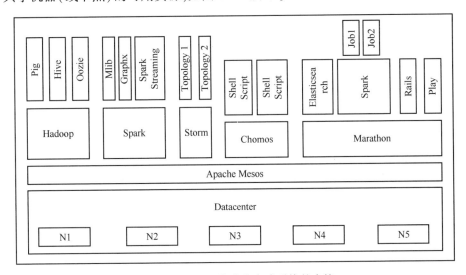

图 4-11　Mesos 作为分布式系统的内核

Mesos 作为分布式系统的内核，可以提供全部节点的资源分布情况的统一视图，其功效相当于单台物理主机上的系统内核，并且 Mesos 能够完美地对多节点的资源进行访问。Mesos 提供了帮助构建分布式应用程序的核心程序，其核心组件是可伸缩的两级调度程序。Mesos API 允许访问各种不同的应用程序，而无需向 Mesos 核心程序提供特定的领域信息。开发人员很容易且高效地编写数据中的大规模分布式应用程序。而正是 Mesos 关注于操作系统内核，所以不会遇到中央调度器天然的问题。

Mesos 调度系统是一种拥有双层调度器的系统架构。第一层，Mesos 决定给哪一种计算框架分配资源；第二层，系统中的各个框架接收到资源后，运行自己的调度算法来决定给那种作业分配对应的资源。Mesos 主要由 Mesos-master、

Mesos-slave、Framework 和 Executor 四部分组成,如图 4-12 所示。

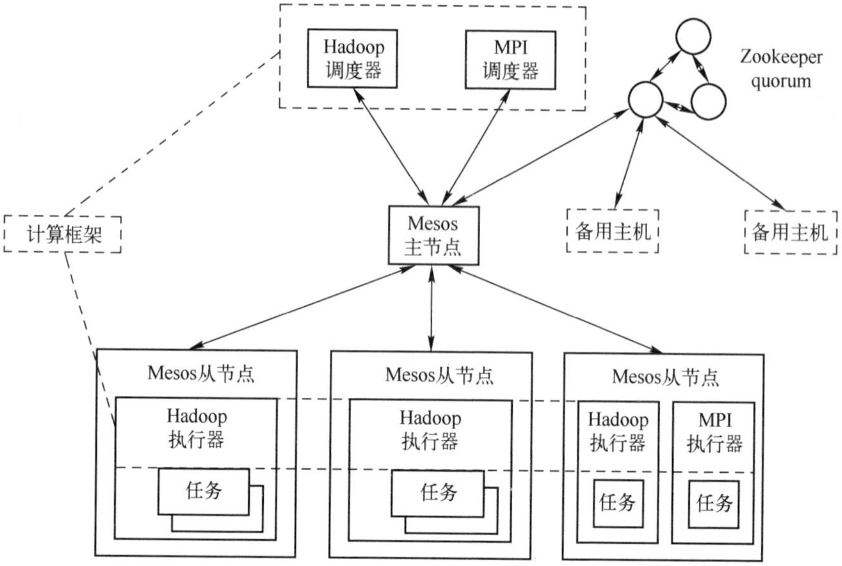

图 4-12　Mesos 系统架构

整体看,Mesos 还是典型的 Master-Slave 架构,由一个 Master 进程管理在每个集群 Slave 节点上运行的从属守护程序,以及在这个节点上运行任务的框架。Framework 资源获得情况由 Master 负责并支配,然后每个 Framework 根据内部 Scheduler 决定选择被提供的资源。一旦 Master 提供的资源被 Framework 选择了以后,Master 就将任务调度到节点上并运行。通过这样的方式,框架之间达到了资源隔离,因此,任意节点上都可以运行多种不同类型的任务。

(1) Master 是 Mesos 系统架构的中央核心,它的主要功能是对任务的生命周期进行管理,以及给其他的框架进行资源的合理分配。统一管理注册到 Mesos 的各个 Slave 和 Framework,并将集群中的可用资源根据某种策略分配给各个框架。通常来说,Mesos 系统中仅有一个处于 Active 状态的 Master,但是当集群内含有好几个处于守护状态的 Master 时,就必须由 Zookeeper 保证其高可用性。Zookeeper 会通过分布式主选举协议选出一个 Master,其他 Slave 则处在待命模式。Mesos 通过 Resource Offer 的形式将集群中可用的资源提供给 Slave 上的框架,如果框架接受 Master 的资源邀约,则该框架就会启动相关的任务。

(2) Slave。在 Mesos 集群中,实际执行计算任务的节点是 Mesos slave,其职责是在已存在的资源上进行框架分配的任务。除此之外,Slave 还必须对进行中的任务进行一定的隔离,每个任务能否正确地获取既定的资源量由隔离机制来确定。Mesos 可以用资源以及属性来描述 Slave 上资源的状态。Slave 任务运行中所要消耗的元素是资源,而 Slave 的其他相关信息则通过属性来描述。Slave 上的任务不会将这些属性消耗掉,所以以上的属性实际上在每一次向框架 Offer 时都会被传递,由各个框架实现对这些属性的解析和利用。

(3) Executor 即执行器。它是框架的组成之一,并且在 Slave 上执行,其主要功能要对容器内的任务进行管理,为了实现任务之间的隔离,通常不定量地将任务置于不同的容器内。执行任务的方式有两种:一是一个 Executor 对应一个任务;二是在多进程的场景下一个 Executor 对应于多个任务。

(4) Framework 主要由执行器和框架调度器构成。一般来说,多个任务将会放在一个框架内,并且任务消耗提供的资源。因此,Mesos 的注册表中必须有相关的注册表信息,才会获得 Mesos 集群的调度和管理。执行器考虑的是任务如何进行并操控,而框架调度器则需要考虑本框架以内的所有的任务的资源如何进行分配调度。除此之外,执行器与调度器之间可以进行相互通信,这些功能由 Mesos 的 API 提供。

(5) 其他服务。在上述的 4 个组件的作用下,Mesos 集群得以很好地发挥自己的功能,但是仍然不够,Mesos 仍然需要部分附属服务来协助运行。虽然其他服务并不是 Mesos 本身自带的功能组件,也不是框架必须,但是这对于更好地管理 Mesos 集群来说是非常重要的,包括共享文件系统、服务编排、运维服务等服务。

4.2.4 分布式内存管理技术

当系统规模增大的时候,大量的微服务会极大的降低系统整体性能。需要设计一种构件服务化容器,对具有统一接口的构件,按需服务化。如果两个直接连接通信的构件部署在同一个计算节点,在服务化时,直接组合在一起,采用共享内存的方式进行通信,而不通过平台提供的消息中间件。虽然这种模式会增加系统的复杂性,但能够极大地提供系统性能。为了维护方便和增加系统灵活性,共享内存采用 Tachyon 分布式内存管理系统。

2012 年 12 月,Tachyon 诞生于 UC Berkeley 的 AMPLab。Tachyon 是一个基于分布式的内存文件系统,拥有高性能和容错能力,提供在集群里以访问内存的速度访问存在于 Tachyon 系统里的文件。Tachyon 是一种中间件,它架构在底层的分布式文件存储和上层的各种计算框架之间。其主要职责是提高效率、减少内存冗余和 GC(Garbage Collection)时间。主要作用是通过将那些暂时不需要存储到物理文件系统里的文件存储到 Tachyon 的分布式内存文件系统中,从而达到在分布式系统中共享内存的目的,使应用效率得到提高。

Tachyon 系统的基本架构如图 4-13 所示,主要由 Master、Worker、Client,以及底层存储系统(Underlayer Storage System)四个部分组成。

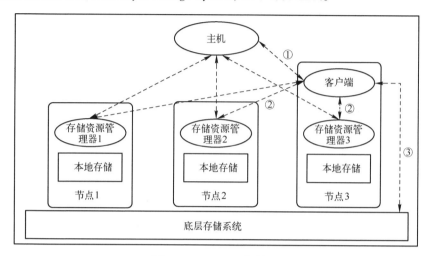

图 4-13 Tachyon 架构图

(1) Tachyon Master 主要负责两类信息的管理。首先,所有数据文件的元数据信息都记录在 Tachyon Master 中,包括所有 Tachyon NameSpace 的组织结构、文件和数据块等基本信息。其次,Tachyon Master 监控整个 Tachyon 系统的状态,包括系统的内存存储容量使用状况以及 Tachyon Worker 的实时运行状态等。

(2) Tachyon Worker 则负责本地节点上存储资源的管理,主要包括内存、SSD 和 HDD 等。Tachyon 中的全部数据文件都被划分为一个一个的数据块,Tachyon Worker 中的文件以块为单位。同时,Tachyon Worker 还要定时向 Master 发送心跳(Heartbeat)信息以报告其本身的状态信息。

(3) Tachyon Client 是应用层访问 Tachyon 数据的入口。访问过程包括以下步骤:①Client 端向 Master 查询所需数据文件的基本状态信息,包括文件位置和数据块大小等;②Client 端首先尝试从本地 Worker 节点中读取相对应的数据块,若本地没有 Worker 节点或者数据块不存在于本地 Worker 中,则尝试从相对空闲远程 Worker 中来读取数据块;③如果数据文件还没有被缓存到 Tachyon 中,则 Client 就会从底层的存储系统中来读取对应数据文件。此外,Client 会向所有已经建立连接的 Master 和 Worker 定期发送心跳信息以表明其仍处于连接状态当中,连接中断后,Master 和 Worker 会收回对应 Client 的数据空间。

(4) Tachyon 既可以通过底层存储系统来备份数据,也可以通过底层存储系统来缓存数据。上层应用使用 Client 时既能访问 Tachyon 中的数据,也能直接访问底层存储系统中的数据文件。当前,Tachyon 已实现对 HDFS、GlusterFS、Amazon S3、OpenStack Swift 以及本地文件系统等底层存储系统的支持,并且能较容易地支持现有其他存储系统。

4.2.5 数据分发技术

分布式系统需要可靠、高效、实时的数据分发服务(DDS)。在 DDS 标准发布以前,由于缺乏一种互操作性标准,使得随着信息交互规模的变大以及交互类型的复杂化,不同地域、不同平台之间的数据交互变得尤为复杂,无法满足系统的发展需求。此外,对于实时性要求比较高的系统,更是难以满足。对象管理组织(OMG)从 2000 年开始构建一种新的互操作标准,并在 2004 年 12 月制定出第一个数据分发服务标准,该规范明确定义了一种实现框架和用户访问接口,以及多达 22 种 QoS 策略来满足不同用户的需求和提高系统灵活性。该规范将 DDS 标准划分成数据本地重构层(Data Local Reconstruction Layer,DLRL)和以数据为中心的发布—订阅层(Data-Centric Publish-Subscribe,DCPS)。DDS 的基础和核心即为 DCPS 层,它主要实现的功能是将合适的信息有效发送到合适的接收者。而创建在 DCPS 之上的 DLRL 层,它主要实现的功能是抽象 DCPS 层所提供的服务,同时与底层服务保持一种互为映射的关系,职责在于把简单的服务集成到应用层。DDS 层次结构如图 4-14 所示。

图 4-14　DDS 层次结构图

作为 OMG 数据分发服务的一种开源实现的 OpenDDS,谨遵实时系统 1.2 版本的 DDS 规范和实时公布/订阅互操作性通信协议 2.1 版本的 DDS-RTPS 规范。OpenDDS 由 OCI(Object Computing Inc)公司设计和维护,可从 OpenDDS 的社区门户中寻求到帮助。

OpenDDS 是用 C++语言针对对象管理组织关于实时系统数据分发服务规范的开源实现。虽然 C++语言是 OpenDDS 所采用的实现语言,但它同时也提供 JAVA 和 JMS 这两者开发的接口,所以,对于 OpenDDS 的使用并不是仅限于 C++语言的。

OpenDDS 的建构基础为自适应通信环境（Adaptive Communication Environment，ACE。它是一套基于 C++语言的开源网络可开发库），自适应通信环境作为实现跨平台以及可移植性的保障。此外，为了给自身提供 DCPS 信息仓库，OpenDDS 还运用了 TAO（The ACE ORB，是基于 ACE 基础上的 CORBA 实现框架）所具有的 IDL 编译器等功能。

为了实现让参与者在分布式应用程序中有效地分发数据的目的，DDS 规定了一个不是特定于 CORBA 的服务。这个规范界定了两种具体的模型：平台无关模型（PIM）以及将 PIM 映射到 CORBA IDL 实现的平台相关模型（PSM）。此服务又被分为以数据为中心的发布/订阅（DCPS）层以及可选的数据本地重构（DLRL）层两层接口。DCPS 层通过透析与数据主题、发布者以及与订阅者相关的 QoS 约束条件，把发布者提供的数据传递给数据订阅者。DLRL 层应允远程局部对象以访问本地数据类似的方式进行分布式数据的共享。其中，DLRL 层是以 DCPS 为基础的。OpenDDS 现在所实现的 DCPS 层致力于遵循 OMG DDS v1.2 规范，并没有涉及 DLRL 功能的具体实现。图 4-15 所示是 OpenDDS DCPS 实体关系图。

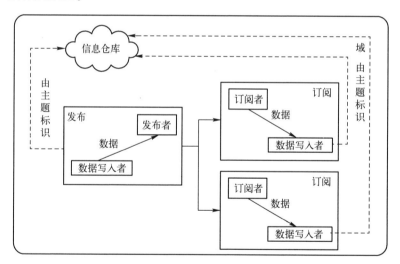

图 4-15　OpenDDS DCPS 实体关系图

与 DDS 标准中相同的是 OpenDDS 有域、域参与者、发布者、订阅者、数据写入者、数据读取者，主题等实体，同样各实体之间需要通过主题来匹配。与 DDS 标准中不同的是，OpenDDS 除了提供 RTPS 协议的点对点发现方式外，还提供了基于信息仓库的匹配方式，该方式为集中式的发现方式。

4.2.6 系统运行部署模式

军用软件的分布式部署方式如图 4-16 所示,整个系统以组件的方式挂接在一个分布式支撑平台上,计算机节点大致分为三种类型:一是客户端,用于业务编排、任务提交和计算结果、监控显示;二是服务控制节点,用于服务注册管理、数据字典、业务解析与调度执行等;三是子任务执行节点,用于具体计算。当然,由于整个系统是一个面向服务的架构,系统组件可以以任意方式部署。

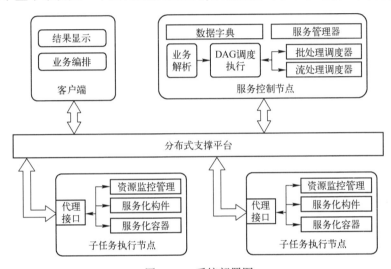

图 4-16 系统部署图

作业执行引擎根据不同流程类型,或者流程子类型选择不同的调度器,不同的调度器可以有不同的通信模式来构成不同的分布式执行框架。结果显示可以根据需要动态投射到不同的计算节点和 UI 窗口。

4.3 军用软件构件化设计方法

军用软件作为特定领域的软件系统,其显著的特征之一是需要处理特别复杂的业务逻辑,如控制复杂的武器装备运作、指挥调度多区域多兵种协同作战、规划多种战略物资的后勤补给方案等。一般都需要开发算法帮助指战员完成这些军事任务,这些算法在构件中封装。从软件架构角度来看,分布式架构中的基本软件单元就是构件。需要定义构件的技术规范,并采用合适的方法将这些构件组装成完整的系统。本节详细论述一种面向服务的构件技术规范,并以作战软件为例,介绍一种基于本体的作战软件核心构件组装发现方法。

4.3.1 面向服务的构件技术规范

构件技术提高了软件模块的重用率,并加强了软件模块的扩展性,而 SOA 作为一种松散耦合的架构,可以对业务需求的变更做出更快的响应,也能屏蔽构件之间的异构性。采用面向服务的工具化构件技术能够很好地满足作战指挥系统支持即插即用、按需组合的功能需求,提高模型的可重用性与互操作性,为解决作战指挥业务流程编排的通用性、灵活性问题提供了一种有效的方法。

为了同时满足构件灵活性与系统整体性能要求,本节对采用小粒度构件,按需服务化的方法进行介绍。可采用以下原则步骤。

(1) 构件建模:定义构件体系结构,以及其语义、语法以及组装机制。

(2) 构件开发:采用构件与传输协议分离、接口与实现语言分离的原则,使得构件开发关注于功能的实现。

(3) 构件服务化:为构件设计服务化容器,并设计实现服务的通信协议解析,服务注册与查找。

1. 构件技术规范设计思路

作战软件构件必须遵循一个统一的互操作协议和标准,有规范化的输入输出接口定义,能够通过组合实现不同的作战指挥流程功能需求。即构件必须满足可组合性、可重用性、互操作性等基本特性。

为了满足上述需求,设计构件技术规范时,本书从基于本体的作战软件信息模型、即插即用按需组合工具化构件需求和面向服务开放平台的接口规范中去提取构件应具备的相关能力需求、层次逻辑、运行时以及动态监控和性能需求。在此基础上,抽象出面向整个构件体系为满足构件语用层次上的互操作,所应具备的形式化描述方法,对其静态结构、动态行为、语境约束等要素进行描述和表示。最终制定构件模型描述规范,以及构件生成工具,以统一、规范、可扩展的形式生成构件模型数据或文件。构件技术规范设计思路如图 4-17 所示。

2. 构件模型

构件是指具有独立能力的软件部件,可以通过接口访问它的能力,构件可通过构件模型进行描述。在构件集成平台中,构件指遵循构件开发接口规范和构件集成规范的具有独立功能的应用程序,具有以下接口,如图 4-18 所示,构件接口包含构件的输入信息接口、功能接口和运行时管理接口。

构件的初始化接口,被构件集成框架调用。通过配置,构件集成框架通过初始化接口把构件的身份标识传入构件,同时构件可在初始化函数里执行自己的资源初始化操作[14]。

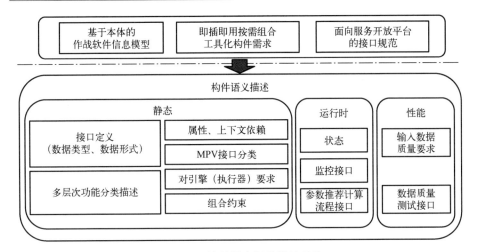

图 4-17　构件技术规范设计思路

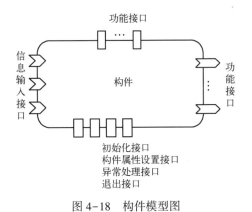

图 4-18　构件模型图

构件属性设置是把构件需要的配置参数通过此接口传入构件,实现构件的配置参数设置。

异常处理接口是构件运行出现不同级别的异常时,构件集成框架能捕获异常并调用此接口让构件做相应处理。

退出接口是构件集成框架退出时调用构件的接口,构件在此接口进行资源释放等操作。

构件集成框架通过对初始化接口、构件属性设置接口、异常处理接口和退出接口等的调用,实现对构件从创建到消亡的整个生命周期过程的运行管理。

构件的输入信息接口是指构件对接收的输入信息进行处理的接口,构件的输入信息接口可以是一个或多个或没有。

构件的功能接口是指构件可以用来被其他构件所共享、使用的功能接口,构件的功能接口可以是一个或多个或没有。

当然,构件不仅提供这些接口给构件集成框架调用,而且自己也要调用操作系统技术封装统一 API、消息中间件的接口实现对操作系统环境信息的访问和使用以及消息的发送。

一般会把一个相对独立的业务应用划分为一个构件,对此构件的初始化、可配置参数、输入输出信息进行设计,然后根据构件开发接口规范进行构件的开发。从对应用业务的划分,到业务构件的开发和集成,是划分整个系统结构、分解应用的过程,且这样分解出来的构件易于升级和测试。

3. 构件接口约束

根据基于构件集成平台下的构件模型,开发人员应该提供具有如图 4-19 所示的接口规范的动态接口库。

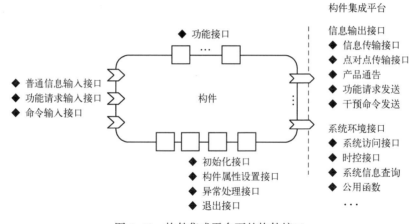

图 4-19　构件集成平台下的构件接口

构件集成平台在集成业务构件后,可以通过接口访问它的服务,构件的封装遵循构件的模型规范。另一种方式是客户端式集成,业务构件有着自己的框架程序(exe),业务构件不再需要提供以上六个规范接口,而是通过调用构件集成平台提供的接口来加入整个系统的管理。业务构件必须要调用构件集成平台提供的两个接口,即初始化接口和消息响应处理函数。除了以上所述构件所要提供的规范接口和必须调用的集成平台接口外,构件可调用构件集成平台提供的无操作平台区分的信息传输接口、操作系统环境信息和操作接口等。

4. 服务化容器

本书通过介绍一种构件服务化容器实现构件服务化,构件实现了面向服务架构中的服务功能。服务容器支持多种不同方式实现的构件,如 Java 构件实现、Spring 构件实现、逻辑构件实现等。构件是业务功能的基本元素,提供了对单个服务的封装,以接口的形式提供服务,隐藏了实现细节。

本书对根据服务化构件架构设计的一组规范,包括构件装配模型、客户端与实现模型、绑定模型、策略框架等规范进行介绍,描述了用于使用面向服务的体系结构(SOA)来构建应用程序和系统的模型。它的基本理念是业务功能以构件服务来描述,能够通过将这些构件服务进行组装以提高新的业务;在组装过程中,可能需要开发一些服务,也可能从已有的业务功能中抽取出服务进行重用。服务化容器为构件服务组合和服务构件的创建提供了模型,可以方便地将构件化的服务暴露为不同的调用协议,实现 SOA 应用中对业务模块间服务整合的功能。

5. 装配规范

在装配规范中,构件是提供服务的基本单元,按照其粒度大小又可分为构件、组合构件和域,其他如接口服务、引用和属性、连线等都是辅助性元素。这些辅助元素为构件与外部数据传输、对外提供服务和引用外部资源,将各个构件组成粒度更大的组合构件,三个不同的构件分别对应系统三个不同的层面,即构件对应实现层、组合构件对应服务层和域对应业务层。构件图如图 4-20 所示。

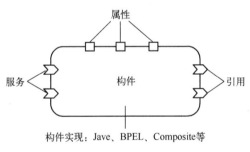

图 4-20 服务化构件图

1) Component(构件)

(1) 服务(Services)是将服务构件的业务功能以服务的形式暴露出来,使用者可以通过多种形式的访问协议进行调用,如 Web Services、RMI、SessionBean 等。一个构件可以提供多个服务。

(2) 引用(Reference)是本构件的实现所依赖的由其他构件提供的服务。

(3) 实现(Implementation)是构件服务功能的具体实现,构件服务化容器支持多种构件实现方式,如 Java、C++、Python、BPEL 等。实现的配置通过 ComponentType 来定义。

(4) 属性(Properties)是一些影响业务功能的数据值,一个构件可以有多个属性,通过设置属性值对实现进行配置。

2) 组合构件(Composite)

构件服务化容器装配(Assembly)模型定义了如何将一个构件包装为服务,如何将小粒度的构件组装成大粒度的构件。图 4-21 显示了构件装配模型,组合构件 A(Composite)作为构件的容器对构件进行包装和组织,通过不同的绑定方式提供了多种调用方式。构件 A 通过连接引用了构件 B,从而形成了组合构件 A。构件 A 的服务接口被提升(Promote)为组合构件 A 的服务接口,可以绑定 Web Services、JMS 等协议供访问。构件 B 的引用被提升被组合构件 A 的引用。构件 A 的一个属性和构件 B 的一个属性被提供为组合构件 A 的属性。组合构件像构件一样,也可以有服务、属性和引用,通过将构件的服务和引用提升为组合构件的服务和引用,将构件的属性升级为组合构件的属性的关系升为属性设置。组合构件中有接口、绑定、连线、提升、装配等概念。服务化容器装配组合构件如图 4-21 所示。

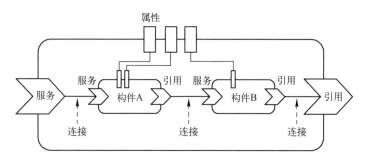

图 4-21　构件组合以及通过装配实现服务化

(1) 接口(Interface)定义了服务对外提供的功能范围,描述了服务所包含的操作及操作的参数。构件服务化容器支持 Java 接口、WSDL 的 PortType 两种类型。

(2) 绑定(Binding)定义了服务生产和消费的方式,以及访问服务所采用的协议。绑定分为服务绑定和引用绑定,绑定方式包括 Web Services、JMS、RMI、EJB 等。

(3) 连线(Wire)是在一个服务化容器内部,连接原构件的引用到目标构件的服务。

(4)提升(Promote)是组合构件中可以把构件的服务通过Promote的方式进行重新包装,添加外部用户的访问方式。同时组合构件引用是对一个或多个构件的一个或多个引用的提升,所有的构件引用共享相同的配置。

(5)装配(Assembly)是将一组具有业务上相互联系的构件组织到一个组合构件(Composite)中,在这个组合构件中定义构件的服务、引用关系、构件的实现等。

3)系统域(Domain)

Domain是由一个或多个子系统(Composite)组成,如图4-22所示,在构件服务化容器域装配图示例中,构件服务化容器域由3个组合构件构成。组合构件X提升了组合构件Y中构件A的服务接口;组合构件Y中构件B被提升为组合构件Z的引用;构件A由组合构件A实现;构件B由组合构件B实现。构件服务化容器域如图4-22所示。

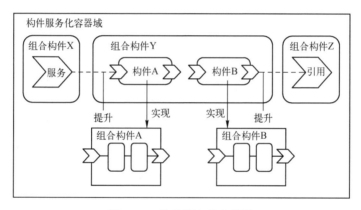

图4-22 构件服务化容器域

6. 构件服务化容器的特点

构件服务化容器作为把IT资产变为可重用服务的一种SOA技术规范,包括服务构件实现规范、绑定规范、装配规范,通过对服务之间的引用关系、调用关系,服务构件的接口风格、装配形式等按照服务的思想和大家的共识进行规范,提供了一种统一的构件调用模型、构件实现模型、构件装配模型,从而使得系统可以把不同的功能模块通过服务构建的标准化而统一地封装起来和被调用访问。构件服务化容器的主要特点如下。

(1)构件服务化容器提供了统一的调用方式,可以把不同类型的服务,如POJO、EJB、BPEL、JMS、Web服务等通过统一的接口来封装调用。

(2)构件服务化容器还提供了一个基于构件的构件模型,支持多种实现技术和不同的通信协议,如 Webservices、JMS、JSON 等。

(3) 构件服务化容器隔离了业务逻辑和具体技术实现,使得开发者能集中处理业务逻辑而非技术细节,极大提高了业务逻辑的灵活度。

WSDL 在应用之间提高了连接性和可互操作性,但是 WSDL 只关注服务接口,不含服务依赖其他服务以及服务和它的依赖之间采取什么策略配置的任何信息。单独通过 WSDL 很难实现服务之间的组合调用。构件服务化容器不但定义了一个服务构件模型,同时定义了一个服务组装模型。服务模型提供了比 WSDL 更多的功能,它允许服务开发者不只是定义服务的接口而且还可以定义这个服务和其他服务的依赖关系,以及这些交互(事务、安全及可靠传输)之间的策略,还有服务所有可能提供的配置功能。

4.3.2 基于本体描述的作战软件核心构件发现技术

基于信息系统的体系作战涉及的作战力量种类繁多、作战样式复杂多变,表现出大规模、分布式、跨平台、虚实混合的特点。在实现体系作战的指挥控制过程中,需要不同类型的作战软件构件通过组合的方法来实现不同的复杂功能,同时满足作战软件的灵活性、时效性和快捷性等性能需求。而不同的作战软件构件涉及到不同的研究或应用领域,往往由不同的领域专家和开发人员进行实现。并且由于环境的差异,业务编排时使用的同一个逻辑构件在实例化时可能会映射成不同的可执行构件。

这些因素对设计建立的构件体系满足完整性和正确性带来极大的困难。本书介绍的方法从准备建设的和已有的本体模型中抽取构件层次化信息,从历史指挥信息流程或映射后的可执行序列中提取流程要素信息,最后通过实体—关系—事件—属性信息提取,利用前面步骤提取出来的层次化要素和流程要素生成决策分析计算构件需求库和多分辨层次化作战软件业务逻辑构件需求库,指导建立整个完整构件体系模型。具体过程如图 4-23 所示。

1. 利用本体库提取层次化要素信息

本体技术具备规范化、可重用、形式化的特点,能够促进作战计划数据、信息、知识的一致性理解与智能化处理。经过这些年的军事信息化建设,已经产生了许多可借鉴的作战指挥、行动、仿真等本体模型库。

一个本体模型库可以用一个树结构体表示,称之为本体树。本体树 OT 是一个二元组 (C,R),其中 C 为本体概念的集合,R 为本体概念间的直接继承关系的集合,若概念 C_1 直接或间接继承自 C_2,则表示为 $C_1 \rightarrow C_2$。本体概念即为服务输入输出参数的语义。本体库可表示为一棵以本体概念为节点,以概念间的直

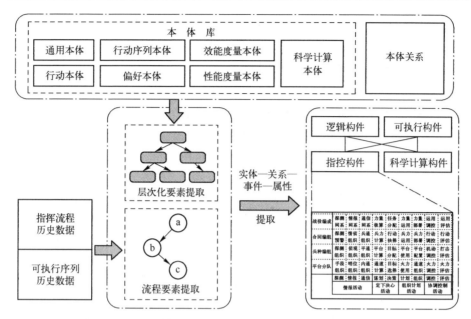

图 4-23　基于本体库和指挥流程历史数据的构件体系设计过程

接继承关系为边的树。本体树中的子类本体对象可以赋值给父类对象,反之不行。

表示业务的本体可以映射到作战软件流程中的一个或多个逻辑构件,或者映射成一个或多个可执行构件。本书介绍的算法从已经存在的本体库模型中提取本体的层次、分辨率信息,进而确立构件体系的层次化多分辨信息。

本算法的核心是基于规划图的服务自动组合算法。该自动组合算法接受一个本体库 OT、一个服务库 W、一个用户请求 req 和一个常数 K 作为输入,最后输出能满足用户请求的前 K 个 QoS 最优的组合服务。最坏情况下,该算法需要经历三个阶段:一个正向搜索阶段(Forward Search),一个最优 QoS 计算阶段(Calculate Optimal Local QoS)和一个逆向搜索阶段(Backward Search)。在正向搜索阶段,算法根据用户的请求生成一个规划图。如果该规划图不包含虚服务 end,则说明当前问题无解,直接返回空集而无须再进行后两个阶段的操作,但是如果规划图包含 end,算法则通过计算得到组合服务的最优 QoS 并借助规划图反向构造 QoS 最优的前 K 个组合服务。

2. 利用指挥流程历史数据提取流程要素信息

本体与构件并不是一一对应的关系,特别是作战软件业务逻辑流程分解后的可执行构件序列,以及决策分析计算构件与本体库中的本体映射关系更加复杂。因此有必要参考指挥流程历史数据,以及可执行序列历史数据,从中提取流程要素信息,补充构件体系的流程和可执行性信息。

3. 属性—关系—事件—属性提取

这里使用的本体库和历史数据来源于多个异构的数据源,从这些作战软件相关的数据源中能够提取足够多的构件体系设计所需要的各种信息。然而,由于信息来源众多,许多信息相互重叠包含,甚至存在偏差,还需要从这些信息中凝练出一致的、完整的实体—关系—事件—属性信息,才能够进行后续的构件体系设计。

在基于规则的实体关系抽取研究中,利用关系字典能够明显地提升关系识别效果[15]。在作战软件领域,已有的规则库、知识库通常围绕业务建立,针对可执行序列和决策分析计算的关系字典极度缺乏。并且,在以往研究中,关系字典往往由人工构建,效率较低。

本书介绍的方法为一种基于弱监督的关系抽取技术。基于弱监督的关系抽取通常需要关系知识库的支持,由于本体库或作战软件业务流程历史数据都是结构化或半结构化数据,易于利用结构体内部字段中提取的信息内容作为关系知识的来源,对其所指示的主题实体进行自动关系标注。然后结合关系特征选择得到关系特征向量,经过相应的机器学习模型训练后可得到关系分类器,理论上这些关系分类器具备的关系识别性能应高于关系知识库,能够从文本中发现更多的关系实例。因此,这种方法在能够丰富抽取出的关系类型的同时,可以极大减少实体关系抽取过程中的人工干预。

在关系知识库构建环节,不仅仅依赖结构化数据中相关字段的基本数据,而且从内容过滤、同义词项合并等角度对其内容进行加工、整合,得到质量更高、更灵活的关系元组;在主题实体关系自动标注环节,可以利用一种基于词义相似度的关系自动标注方法,以提高关系标注的灵活性和准确率。

根据弱监督关系抽取的基本思路,重点步骤是关系分类器的模型训练。结合上述关键环节,采用的训练流程大致如下:从本体库和作战软件业务逻辑流程历史数据中获取原始文档;对文档进行相应的预处理后,提取每个主题实体中各个字段的信息内容,并生成知识库;利用知识库对对应主题实体进行关系标注,并根据选择的目标关系类型、关系特征向量构建方法得到训练数据;训练数据经过训练模型处理后得到关系分类器,最后就能够利用这些关系分类器从本体库和作战软件业务逻辑流程历史数据抽取出关系实例。具体过程如图 4-24 所示。

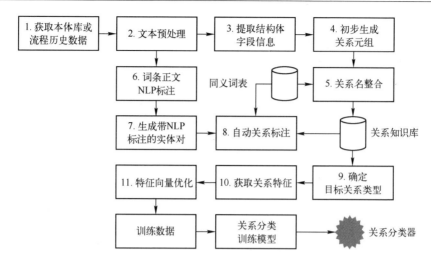

图 4-24　基于弱监督的实体关系抽取方法的训练过程

4.4　小结

军用软件设计的特点主要表现在两个方面。

（1）从架构上来讲必须能够适应模型工程与软件工程两阶段过程模型,而且由于其处理复杂军事业务,对软件质量指标提出了更高要求。MA-MVP 架构模式通过微核实现了软件应用模块与底层构件运行环境的隔离,通过 MVP 模式实现了军事数学模型和算法的分离,这对复用工件形成核心资产十分有利。使得软件层次清晰,维护方便,提高了军用软件质量。(2)本节从未来军用软件需支持构件即插即用的有关需求出发,对面向服务的工具化构件的技术规范设计思路、构件模型、构件接口约束、服务化溶剂、装配规范和构件服务化容器等问题进行了讨论分析。同时,针对如何基于本体描述实现作战软件核心构件发现的问题,对利用本休库提取层次化要素信息,利用指挥流程历史数据提取流程要素信息,"属性—关系—事件—属性"的提取等技术问题进行了介绍。

参考文献

［1］　Shaw M,Garlan D. Software architecture:perspectives on an emerging discipline［M］. Prentice-Hall,Inc.,1996:242.

［2］　Clements P,Garlan D,Bass L,et al. Documenting Software Architectures:Views and Beyond［J］. Pearson Schweiz Ag,2010:740-741.

[3] 罗位超. 基于构件的软件体系结构可靠性建模支持[D]. 上海交通大学,2014.

[4] Di Francesco P. Architecting microservices[C]. 2017 IEEE International Conference on Software Architecture Workshops,ICSAW 2017,April 3,2017 – April 7,2017:224-229.

[5] Hofmeister C,Nord R,Soni D. Applied software architecture[M]. Boston,MA,USA Addison-Wesley,2000.

[6] Kruchten P. Architecture blueprints—the “4+1”view model of software architecture[C]. Tutorial proceedings on TRI – Ada '91:Ada's role in global markets:solutions for a changing complex world,1995:540-555.

[7] 陈月霞. 浅谈软件的体系结构与模式[J]. 科技风,(19):264.

[8] Pahl C,Jamshidi P. Software architecture for the cloud a roadmap towards control-theoretic, model-based cloud architecture[C]. 9th European Conference on Software Architecture,ECSA 2015,September 7,2015 – September 11,2015,2015:212-220.

[9] Bass L,Clements P,Kazman R. Software architecture in practice[M]. Pearson Education India,2003.

[10] Gamma E,Helm R,Johnson R,et al. Design patterns:elements of reusable object-oriented software[M]. Addison-Wesley Longman Publishing Co. ,Inc. ,1995.

[11] Yang Z,Yanjing L. An architecture and implement model for Model – View – Presenter pattern[C]. 2010 3rd International Conference on Computer Science and Information Technology,2010:532-536.

[12] Prieto-Diaz R. Status Report:Software Reusability[J]. IEEE Software,1993,10(3):61-66.

[13] Prieto-Diaz R,Freeman P. Classifying Software for Reusability[J]. IEEE Software,1987,4(1):6-16.

[14] 黎茂林. 基于构件技术的电子信息系统软件集成平台的设计与实现[D]. 南京理工大学,2012.

[15] 郭喜跃. 面向开放领域文本的实体关系抽取[D]. 华中师范大学,2016.

第 5 章 基于构件化开发方法的军用软件实现

软件产业发展至今,那种基于代码的巨大的单体应用已经成为过去,软件开发者可以非常自由灵活地选择开发技术和开发工具去创建软件产品,这得益于面向对象开发方法(Object Oriented Programing,OOP)的发展和成熟。在 OOP 之前,传统的开发方法很少考虑诸如模块化、低耦合、信息隐藏、封装性等问题,这就造成每个软件几乎都是从头开发。OOP 的进一步发展是基于构件的软件开发方法[1](Component-Based Software Development,CBSD)的提出,CBSD 将面向对象的思想贯穿到整个软件开发过程中:在软件开发的每个环节都需要构思如何复用以前开发出的构件,如何把即将开发的构件复用到以后的新项目中。

构件化已成为当前软件开发中事实上的规范,得到了各种技术的支持,如微软的.NET、Java EJB、Web 服务、开放服务网关协议(Open Service Gateway Initiative,OSGi)、互联网通信引擎(Internet Communications Engine,ICE)、服务构件架构(Service Component Architecture,SCA)等。军用软件作为一类 SoS 系统,采用构件化开发方式是必然要求。本章将介绍构件开发的基本原理及我们研究并在实践中得到良好应用的一些方法。

5.1 基于构件的软件开发方法概述

CBSD 是构建软件产品的高效方法,通过将软件系统分解为构件,可以达到较高的可用性、可扩展性和可维护性。用 CBSD 方式开发出的软件系统由一组构件构成,相互连接并互操作,每个构件的功能是软件业务逻辑的一部分。构件是一个能够自动部署、独立自治(Self-Contained)的软件单元,它实现了某种业务功能并提供了高级别的软件复用。有些构件以通用目的而开发,而另一些构件则对特定应用高度定制[2]。

5.1.1 构件的概念及基于构件的软件过程

构件是独立自治的软件功能单元,它一般由一组相关的类、文件构成,可以将它们装配在一起形成一个软件应用,构件之间可以相互通信。构件通过接口或类似的机制来发布其对外提供的功能,并声明其调用方式。通过构件来开发软件系统,首先需要选择合适构件,然后将它们装配在一起形成完整的应用。因此,通过调整选取的构件和它们的装配顺序,可以对软件系统进行定制化,提高了软件的灵活性。

针对一个应用领域开发的构件可能非常多,这就需要一个系统化的构件分类体制,以便对构件进行查找或检索。将构件放置于一个仓库中进行管理,对应用开发者按照用户需求查找构件并将其组装形成软件非常重要。图 5-1 表示了 CBSE 开发过程。

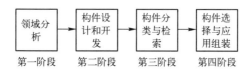

图 5-1　基于构件的软件开发过程

在构件设计和开发阶段,使用的主流方法是面向对象方法,此时需要解决的核心问题是,将对象组合成构件所采用的标准是什么。构件开发者需要重点考虑在相应业务领域中,应用开发者使用构件装配成应用时的需求。这包括如下几个方面。

1. 构件应能提供的功能

构件应能独立地实现特定的业务目标,应具有良好的内聚力。这就需要对构件中所包含的对象进行合理布置,使它们能够彼此协同完成此业务目标。一般地,尽量使用主流的设计模式,可以大大增强构件内部设计的合理性。

2. 构件需要使用的外部服务

在设计构件时,应注意降低其与其他构件的耦合性。较低的耦合性有助于提高构件的组装效率,从而大大提高构件的复用性。但是,应注意在构件自有功能和它依赖其他构件提供的功能之间保持平衡。总原则是:构件应尽量设计成可以独立完成特定功能,仅将其他构件作为输入的数据源或功能调用的触发器。

3. 构件的粒度

构件的粒度表示构件的大小。构件大小是一个抽象的概念,没有统一的定义。一般认为,一个构件中包含的对象越多,每个对象中包含的方法数量和参数的复杂度越高,该构件的粒度就越大。基于分离关注点、提高内聚力的设计原则,即使构件的粒度设计得较大,也需要保持构件接口中功能尽量单一。

在 CBSE 中开发软件面临的一个挑战是在构建应用时如何发现合适的构

件。为了方便之后检索和装配构件,需要对构件进行分类和编码[3]。许多学者指出需要一个知识库或仓库来对构件进行分类管理[1]。构件的分类方法有很多,较为典型的是从业务视角和软件架构视角进行的分类。

1. 按照构件的业务领域分类

这种分类方法主要用于对解决特定领域的业务问题的功能构件进行分类。比如,按照军用软件解决的不同军事问题,可以划分为作战任务筹划构件、军需物资调度构件、战场态势推演构件等。

2. 按照构件在软件系统中起到的作用进行分类

按照软件的分层架构和模块化要求,对构件进行分类。如图 5-2 所示,分为特定业务领域构件、公共构件和基础构件。特定业务领域构件是指那些针对某种业务或应用领域开发的构件,包括那些可以在多个软件中使用的构件。公共构件是指跨业务的中间件构件,为构建其他实体提供了公共的软件和接口。基础构件是负责同底层操作系统和硬件交互的软件构件,它处于构件层次结构的最底层。

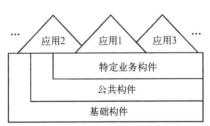

图 5-2 构件的层次结构

对构件进行检索,除了对构件进行分类以外,还需要对构件进行详尽的描述,这样就可以很快地从构件库中查找到所需的构件。4.3.2 节给出了一种基于本体描述的作战软件核心构件发现方法,可以对构件建立本体模型,然后利用本体库提取构件的层次化要素信息,从历史指挥信息流程或映射后的可执行序列中提取流程要素信息,最后通过实体—关系—事件—属性信息提取,利用前面步骤提取出来的层次化要素和流程要素生成决策分析计算构件需求库和多分辨层次化作战软件业务逻辑构件需求库,指导建立整个完整构件体系架构,读者可以参阅相关章节了解更详细的内容。

5.1.2 基于构件的软件开发的优点

CBSD 的优点有以下几点。

(1) 模块化。构件可以按照每个应用的需求自由添加和移除。

(2) 可扩展。当需要实现一个新的需求时，如果可以使用新的构件将其实现，则不需要修改与此实现无关的现有构件。

(3) 封装变化。对需求的变更只与相关的构件有关。例如，即使构件的客户端在运行状态下，若它没有正在使用构件，构件的更新对它也不会产生任何影响。

(4) 即时更新。对构件的升级可以立即被所有使用该构件的应用所享有。

(5) 处理异构。面向构件的编程允许第三方构件独立开发和集成。

(6) 技术独立。构件可以采用不同的编程技术开发，编程语言独立性促进了组件的交换、采用和重用。使面向构件开发的开发人员可以专注于接口的分解，接口将用作客户端和构件提供的服务之间的"契约"。

面向构件的编程以面向对象编程方法为基础，但它的基本程序单元是构件。所以面向构件编程的主要特征表现在以下几个方面。

(1) 面向接口编程。通过定义接口来建立构件实现者和构件使用者之间的"契约"，让构件使用者知晓构件实现的功能和使用构件的方式，而构件内部实现细节则被隐藏。

(2) 提供了构件打包和发布技术。构件可能是由接口、类、相关文档和资源文件构成的一组文件的集合，它们被打包后使用，因此构件技术都提供了打包构件和发布构件的方法。

(3) 支持高级别的复用。从软件复用的观点来看，构件比类的复用粒度更粗，因此复用级别更高。

(4) 语言无关。理论上，构件可以使用任何编程语言来实现，只要接口、通信方式是标准的，不同语言编写的构件都应能够实现互操作。但实际上，每种构件开发平台都倾向于主要使用一种语言，或一种语言内核来实现构件间的高效通信。

(5) 构件之间松耦合。构件具有自治性，它可以不依赖于其他构件实现其定义的功能，构件间只有在需要协作完成更高级别的业务逻辑时，才相互通信。

面向构件编程提供了集成(组合)第三方构件的机制，有多种方式支持构件的动态发现和连接。面向构件编程的一个核心要素是接口。接口在构件客户端和构件提供的服务之间建立了一个契约，接口可以以黑盒的方式来实现。这样，使用构件所提供的服务时，客户端无需知道接口的实现细节，只需知道接口的定义即可。

5.1.3 基于构件的开发技术

保持软件的可交互性和可复用性不仅是软件发展长期以来的挑战，而且也是提高软件开发质量和缩短交付时间的必然要求。下面介绍一些主流的构件开发技术,如.NET、Java EJB、Web 服务、OSGi、ICE 和 SCA。这些技术在不同层次上实现了基于构件开发的概念,提高了软件的复用性。

1. 微软.NET

.NET 是一个能够简化构件开发和实施的平台,同时提供了各种编程语言,如 VB、VC++等之间的互操作。.NET 框架由两个主要部分构成:公共语言运行时(Common Language Runtime,CLR)和一组公共库,如 ASP.NET Web 表单、Windows 表单和 ADO.NET。

CLR 为.NET 构件的运行提供了统一的上下文环境,无论它们用何种语言编写。CLR 包括公共类型系统(Common Type Systems,CTS)、中间语言(Intermediate Language,IL)代码、即时(Just in Time,JIT)编译器、一个执行单元和一些其他的管理服务。图 5-3 表示了 CLR 的工作原理。

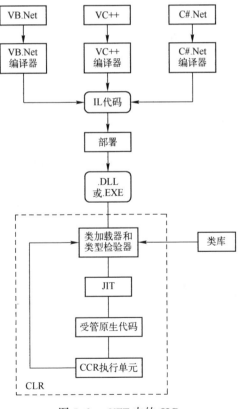

图 5-3 .NET 中的 CLR

在.NET中,所有编译器生成的代码都遵循公共类型系统,任何.NET构件都被翻译成公共语言基础结构(Common Language Infrastructure,CLI),也称为微软中间语言(Microsoft Intermediate Language,MSIL),而不是处理器特定的对象或平台。MSIL指令集是与平台无关的,可以运行于任何支持CLI的环境。MSIL的运用避免了在不同CPU平台上发布不同的可执行程序。

.NET中打包程序的基本单元称为Assembly,一个Assembly将多个物理文件集合在一个逻辑单元中,可以是一个类库(DLL)或者一个可执行程序(EXE)。一个Assembly主要包括MSIL代码模块、一个Manifest文件、元数据模块和多个其他资源文件。元数据提供了一种全面地、规范地、强制地和完备地描述Assembly的内容的方法。Manifest文件描述了在Assembly自身的所有模块和构件中共享的逻辑属性。构件的组装可以采用两种形式:聚合方式(通过对外暴露接口)或抑制方式(在内部执行,对用户透明)。.NET允许使用代码合约,代码合约设置前条件、后条件和不变的程序对象代码。合约用作内部和外部API的文档,并通过运行时修订来改进测试。构件的组成、属性的继承和用不同语言编写的类的方法都可以为构件所复用。

2. Java EJB

EJB(Enterprise JavaBeans)是SUN公司(现已被Oracle收购)领导的Java构件平台技术,定义了JavaBeans作为服务器程序的构件模型。EJB经过组装就可以形成新的应用程序,客户端通过Java RMI(远程方法调用)调用EJB提供的服务。

EJB规范是为开发和使用基于事务和分布式对象的服务器构件而定义的一种技术规约,EJB构件由EJB容器(Container)进行管理。EJB规范定义了EJB构件与容器之间的交互机制,描述了EJB构件在容器中运行时的行为,保证了EJB构件在容器间的可移植性。EJB容器的主要管理功能包括以下几个方面。

(1)装载EJB。EJB定义了自己的打包机制,实现EJB的类文件被包装到JAR文件中,JAR文件包括EJB的Class文件、EJB的配置描述文件(称为部署描述符)、EJB的bean标识文件。容器应能解译JAR文件,根据EJB的配置文件及标识文件加载并运行EJB。

(2)事务管理。容器负责EJB运行过程中事务的启动、提交及恢复。EJB中的bean管理事务可自己定义其事务属性,如它可以请求建立一个新事务或同属于上一事务等。容器可根据Bean的事务属性对bean的事务进行管理。

(3)负责EJB的生命周期管理。在EJB的3.0版本之前,开发EJB时必须开发EJBHome接口,客户端程序通过该接口中的Create方法来创建EJB对象。

容器实现了EJBHome接口,当客户端调用Create方法时,容器通过查询已注册的Factory,获取该EJB的Factory,同时调用Factory的EJBcreate方法,创建EJB。3.0及以后的版本进行了简化,省略了Home接口,但内部机制类似。EJB容器同时提供了EJB的状态管理,可管理持久Bean(配合JPA)和非持久Bean。容器可以通过Bean的序列化API记录Bean的状态并将其保存,对两类会话Bean(有状态和无状态)提供了池化管理和激活/钝化机制的对象管理机制。

(4)安全管理。EJB容器自动负责Bean的安全性管理。在EJB的配置文件中定义了Bean的安全规则,它们在SecurityDescriptor对象中定义,EJB容器执行对Bean的安全检查。

(5)提供Bean的元数据。EJB容器负责提供其所装入的Bean的元数据,例如EJb的类名等。

(6)与JMS(Java消息服务)、JPA(Java持久化框架)、Timer服务等密切集成,提供异步通信、Bean持久化及时间调度等功能。

EJB容器的架构如图5-4所示。

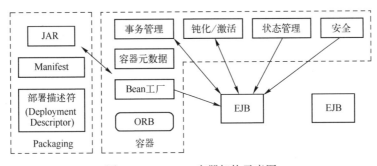

图5-4 Java EJB容器架构示意图

从客户端来看,EJB可简单地看作远程COBRA对象或Java RMI对象。在使用EJB之前,我们必须先获得对EJB的引用,之后就可通过该对象引用,像调用本地对象一样调用EJB。

早期EJB模型比较复杂,因此在轻量级应用中很少被使用,也受到了一些开发者的批评。从3.0版本以后,EJB构件模型已经变得更加轻量级,可以通过编写POJO,通过Java程序注解的方式,将一个普通对象声明为EJB组件。

3. Web 服务

Web服务是一个支持机器与机器在网络上进行互操作的计算机系统,它有一个以机器能处理的格式描述的接口。Web服务利用基于HTTP协议的SOAP(Simple Object Access Protocol)消息进行网络通信,SOAP消息是XML格式的,实现了客户端和服务端之间的消息交互。Web 服务的接口是通过 WSDL(Web Services Definition Language)进行定义的,WSDL 也是 XML 格式,其内容包括服务提供的操作以及 Web 服务所在的位置。

Web 服务运作的基本方式是:发布 Web 服务和消费 Web 服务。另一方面,调用 Web 服务的应用程序包含两个部件:一个是与 Web 服务交互的代理对象;另一个通过调用代理对象上的方法消费 Web 服务的客户应用。Web 服务支持两个完全不同的计算环境间通过标准协议进行通信,调用被翻译成双方都理解的中间语言和协议(一般是基于 XML 的)。而且,Web 服务也允许采用 RPC 的方式调用远程应用。

Web 服务提高了软件的复用,表现在以下几点。

(1) 开放的基础架构。使用了广为接受的协议和文件格式,如 HTTP 和 XML。

(2) 语言透明。通信双方可以采用不同的编程语言。

(3) 模块化设计。通过集成和分层来组合服务。

这些都是使 Web 服务区别于其他分布式软件系统的特性。

Web 服务的实现技术不止一种,例如 SOAP、UDDI(Universal Description, Discovery and Integration)、WSDL、REST(Representational State Transfer)以及 AMF(Action Message Format)等。现在,C/C++、C#、Java、Perl、Python、Ruby 等多种语言都提供了支持 Web 服务的库、工具甚至是框架。

图 5-5 表示了 Web 服务的架构,它包括客户端(服务消费者)、Web 服务(服务提供者)和 UDDI 注册中心三个部分。服务提供者向 UDDI 注册中心注册/发布服务后,客户端就可以查找到并访问它了。

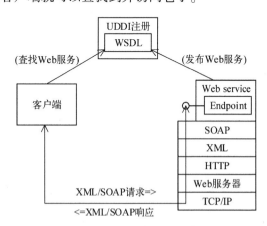

图 5-5 Web 服务架构示意图

4. OSGi

OSGi(Open Services Gateway Initiative)出现于 1999 年,最初的目的在于使服务提供商通过住宅网关,为各种家庭智能设备提供各种服务。当前,OSGi 框架成为一个为 Java 平台提供模块化的构件规范。OSGi 支持创建高内聚低耦合的模块,并将之集成为一个大的应用,每个模块可以独立开发、测试、实施、更新和管理而不影响其他模块。

OSGi 是在 Java 平台上构建的,包括模块、生命周期模块、服务注册、服务和安全层。OSGi 和 Java 平台的关系如图 5-6 所示。模块部分定义了基于 Java 的部署模型,在 OSGi 中每个实现单元被称为 Bundle。OSGi Bundle 与 JAR 文件非常相似,不过它的 METAINF/MANIFEST.MF 文件包含了特定的 OSGi 元数据,由名字、版本、依赖关系和其他与实现细节相关的内容构成。Bundle 在形式上非常类似于 Java Web 容器中的 WAR 包或 Java EE 平台上的 EAR。

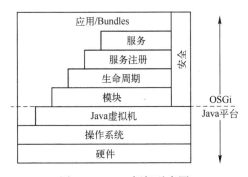

图 5-6　OSGi 框架示意图

按照 OSGi 规范约定的生命周期管理方法,Bundle 可以在 OSGi 框架中安装、初始化、停止或卸载。OSGi 框架提供了服务注册机制,通过它可以发布和消费 Bundle。但是,与 SOA 架构中的 Web 服务不同,OSGi 服务必须在同一个 Java 虚拟机(JVM)中发布和消费,所以 OSGi 又被称为"SOA JVM"。OSGi 还定义了一个可选的安全层以确保 Bundle 可以安全地部署。

OSGi 为 Java 提供了如下附加的模块化特征:

(1) 内容隐藏;
(2) 服务记录(服务通过接口发布);
(3) Bundle 的并行版本;
(4) 动态模块化;
(5) 强命名(Bundle 通过字符名称和版本号来标识)。

5. ICE

ICE(Internet Communications Engine)是一个允许开发者以分布式方式创建客户端/服务器应用的面向对象中间件,它与 CORBA(Common Object Request Broker Architecture)类似,但是轻量并高效得多。ICE 在支持 UDP、支持异步模式、安全、自动的对象持久化、接口聚合方面取得了进步。

用 ICE 创建面向对象的客户端/服务器应用程序时,有工具、API 和支持的类库可用。ICE 也能用于异构的环境中,如客户端和服务端使用不同的编程语言。ICE 可以运行于各种操作系统和架构下,使用各种网络技术实现通信。现在,ICE 支持包括 C++、Java、C#、Objective-C、Python、Ruby、PHP 等多种语言,可以运行于 Linux、Mac OS、Windows、Android 和 Solaris 平台上。

ICE 通过使用 TCP 或 UDP 的 RPC 来调用远程对象,就像在本地调用一样。与传统的分布式调用模型类似,ICE 也使用了代理对象解决本地客户端和远程对象间的通信。

切片(Slice)是 ICE 的一个特性,它可以转换 ICE 中的中间件支持的用不同语言编写的对象。每个 ICE 对象都有一个具有特定数量操作的接口,切片语言定义了客户端和服务器之间交换的接口、操作和数据类型。切片允许独立于编程语言在客户端和服务器之间建立实体契约。

ICE 体系结构为软件开发人员提供了很多好处:面向对象的语义、异步、同步消息、多线程和多接口支持;机器架构、实现、操作系统和传输的独立性;位置和服务器透明和安全。

6. SCA

SCA 最初是由 IBM、Oracle、SAP 和 BEA 等公司创建的,它是一个将标准业务功能抽象为软件构件的编程模型[4]。SCA 中的基本构建块是构件,然后将这些构件用作构建基块。SCA 构件的实现可以采用任何技术,例如 BPEL、Java、Ruby,甚至像 Spring、JavaEE 和 OSGi 这样的框架。

SCA 构件包括服务(接口)、引用(执行其任务所需的依赖项)、属性(配置)和意图策略(构件的行为)。SCA 中的部署单元是组合(composition)。组合是一个或多个构件的聚合,应用程序可以使用一个或多个组合来构建。组合中的构件可以使用相同的技术,也可以用不同的技术来实现。这种特性可以促进构件的重用。

SCA 组合在扩展名为 .composite 的配置文件中描述。.composite 文件是使用基于 XML 的服务构件定义语言(SCDL)构建的,SCDL 描述组合中存在的构件以及它们之间的关系。作为业务解决方案一部分的项目包称为 contribution,

contribution 是一个部署单元,可以包含组合、Java 类和 XSD 或 WSDL 文件。

SCA 中最重要的概念之一是绑定(binding)。绑定指定了客户端可以用来访问服务的通信方法,以及服务可以用来访问其他服务的方法,访问可以是在同一个 SCA 域内也可以是在其外部。服务可以配置为使用不同类型的绑定,而无需更改构件的代码。因此,可以为同一个服务关联多个绑定。例如,一个软件解决方案中可能有 JMS 绑定、Web 服务绑定、Atom 绑定和 CORBA 绑定等。通过使用绑定,可以关注构件的业务逻辑,而不是与通信和管理协议相关的问题。这个特性使得 SCA 组合具有很高的灵活性,并可以在不更改代码的情况下进行调整和演化。

7. 基于构件的开发技术分析

以上基于构件的开发技术各有特点,其支持的开发语言、运行平台和应用场景都有一些差异,应根据应用软件的使用需求和技术需求做出选择。

表 5-1 总结了各种构件开发技术的优缺点和应用场景。

表 5-1 基于构件的开发技术分析

	支持的开发语言	支持的运行平台	跨平台特性	优缺点	应用场景
.NET	主要是 C#, VC++, VB	.NET 平台	否	优点:与微软 Windows 操作系统高度集成,开发工具强大 缺点:基本微软一家支持,跨平台性差	希望选用微软技术方案的时候使用
Java EJB	Java	Java EE 平台	是	优点:企业级应用最主流的开发技术,跨平台,可用的库(包括开源库)十分丰富 缺点:使用 Java 虚拟机,运行效率稍低,灵活性稍差	重量级企业应用首选的开发技术,需要高性能、高可靠性和高稳定性时使用
Web 服务	没有限制	各种技术平台基本都支持	是	优点:基于标准协议,适合各种技术方案开发的软件间相互调用 缺点:基本属于一种将异构构件封装成标准构件的技术,只适合在 Web 环境中互操作,不能独立使用	常用于跨网络的异构构件间的调用,解决异构系统间的互操作
OSGi	主要是 Java	Apache Felix, Equinox, Spring DM 等	是	优点:提供了软件的模块化开发框架,有利于不同技术体系的集成应用,支持动态更新 缺点:架构复杂,学习曲线较陡,OSGi 构件数量大时,维护成本高	常用于增量式开发,用插件机制增加系统功能

续表

	支持的开发语言	支持的运行平台	跨平台特性	优缺点	应用场景
ICE	C++、Java、C#、Objective-C、Python、Ruby、PHP 等	Ice Framework	是	优点：使用 TCP 或者 UDP 协议，互操作效率高，安全性好，轻量级，简单 缺点：根本上是一个 RPC 框架，不能提供企业级构件开发的全部技术支持，比较小众	需要高效的 RPC 技术方案时使用
SCA	没有限制	大多数支持 SOA（面向服务架构）的平台	是	优点：支持不同平台构件的跨网络协同调用，基于标准，大公司支持 缺点：主要解决互操作，不是完整的构件开发方案，需要其他分布式平台一同使用，如 CORBA	在 SOA 架构中使用

5.2 构件化开发方法

CBSD 相比其他软件开发方法具有很高的优越性，随着其技术和工具体系的逐步成熟，构件化开发也自然被广泛地应用于军用软件开发中。本节和下一节介绍作者参与研制的军用软件构件化开发工具的运行原理和相关技术。

5.2.1 构件模型描述语言

软件构件（Software Component）为自包含（亦称自描述）、可编程、可重用、与编程语言无关的软件单元，该单元一般封装为一个整体，可以完成相对独立、完整的功能，有些还可以独立部署、运行。软件构件可以很容易被用于组装到应用程序中。本节所说的构件涉及的形态包括用构件描述语言定义的构件模型、构件的 C++实现代码和构件的 DLL 动态链接库等三种形态。后文将软件构件简称为 ECOM 构件，对应的构件模型称为 ECOM 构件模型。

构件定义语言（Component Definition Language，CDL）是基于对象结构范型（Object_structured paradigm）的构件描述语言，用来对构件进行描述。它定义了构件所包含的接口、端口以及构件的属性和参数等信息，其基本思想是将构件看成黑盒，通过接口的语法和语义描述向外界提供结构和行为信息，使复用者不必关心其内部细节。CDL 语言是设计级语言，通过 CDL 文件可以手工或自动/半自动地将 CDL 语言定义的构件映射为具体编程语言的实现，方便使用者对构件进行了解并对构件进行复用。

图 5-7 采用 UML 扩展机制定义了 ECOM 构件元模型,它是一个可视化、易读的模型,但其所表达的构件模型的语法并不严密,需要使用更为严密的上下文无关(Context-free)文法,进一步准确地定义 ECOM 构件模型。

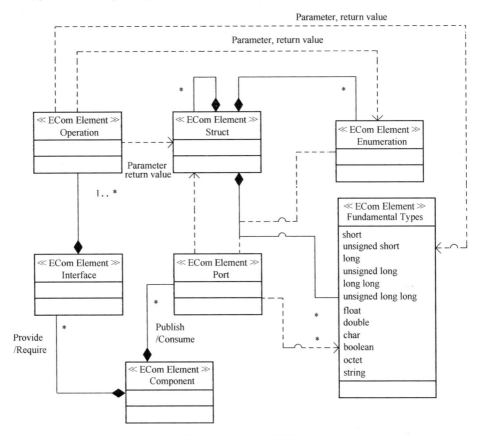

图 5-7 ECOM 元模型

采用巴科斯范式(Backus-Naur Form,BNF)产生式所表示的上下文无关文法,可以进一步定义 ECOM 构件模型的语法,具体如附录 A 所示。附录 A 中的 BNF 采用了 YACC 规定的写法。YACC(Yet Another Compiler)是 Unix/Linux 上一个用来生成语法分析器的工具,即编译器代码生成器。该文法的开始符号为 CDL_declare,我们将该文法所定义的构件描述语言简称为 CDL 语言。

关于 CDL 文法有两点声明:

(1) CDL 语言所用的字母表为 ASCII 标准字符集。标识符是由字母、数字和下划线的任何组合构成,但第一个字符必须是 ASCII 字母。

(2) CDL 语言的终结符分为有名终结符和无名终结符。无名终结符在附录 A 的 BNF 产生式中均以单引号界定,分别是:PACKAGE EXCEPTION LOCAL CLASS ENUM Identifier VOID IN OUT INOUT INTERFACE SHORT UNSIGNED LONG FLOAT DOUBLE CHAR BOOLEAN OCTET STRING CONSUME PUBLISH PROVIDE REQUIRE PORT COMPONENT STRUCT UNION NAME_DELIMITER。

关于有名终结符的词法要求规定如下:

(1) CDL 语言的所有有名终结符,除 NAME_DELIMITER 外,均要求符合标识符的语法规定。有名终结符中除 Indentifier,均称为保留字。从词法分析的角度,保留字以外的标识符用于构件定义者为自己定义的部件命名。

(2) CDL 保留字所对应的词法符号串均与保留字的词法名称相同,但必须全部是小写字母。构件名、接口名、端口名、结构名类型名、枚举类型名、构件成员名、接口中的操作名、接口操作中的参数名、枚举类型中的值符号名等均不允许使用 CDL 保留字。

构件模型定义人员可利用 CDL 语言定义需要的构件,如图 5-8 所示是使用 CDL 语言定义的一个构件模型。

```
package Navigation
{
    struct SensorData
    {
        double r;
        double alpha;
    };

    struct SensorDataTrans
    {
        double x;
        double y;
    };
    port SensorDataPort SensorData;
    port SensorDataTransPort SensorDataTrans;
    interface PositionInfo
    {
        void GetPosition(out double x, out double y);
    };
    componet Sensor
    {
        publish SensorDataPort SensorDataOut;
    };
    component GPS
    {
        provide localPositionInfo GetPos;
        consume SensorDataPort SensorDataIn;
        publish SensorDataTransPort SensorDatsTransOut;
    };
```

```
conponent NaviDiapaly
{
    consume SensorDataTransPort SensorDataTransIn;
    require localPositionInfo GetPos2;
};
```

图 5-8 使用 CDL 定义的构件模型

图 5-8 定义了三种构件,分别为 Sensor、GPS、NaviDisplay。以 GPS 为例,对外提供一个 LocalPositionInfo 接口,向外界提供位置服务。需要通过 SensorDataIn 端口从 Sensor 或其他构件获取传感器传来的数据。向外提供一个数据端口 SensorDataTransPort,将从 Sensor 获取的数据经转换后发布给其他构件。

5.2.2 构件建模

软件构件模型是关于开发可重用软件构件和构件之间相互通信的一组标准描述。研究的是构件的本质特征及构件的关系。通过重用已有的软件构件,构件对象模型的软件开发者可以像搭积木一样快速构造应用程序。这样做不仅仅可以很大程度上节省时间和经费,还可以提高工作效率,产生更加规范、可靠的应用软件。构件模型是为开发者定义软件构件而建立的体系结构和 API 集,使开发者可通过软件构件的动态组合来建立应用系统。构件模型是由构件和容器两种模块组成。构件是具有可重用特征的基本单元;容器是构件的运行环境,可以用来存放和安置构件,实现构件之间的相互通信。容器也可以作为另一个容器的构件使用。一般来说,构件模型至少应该从语义和语法上定义构件是什么,以及如何将原子构件组合形成符合构件。

本书中对构件模型的建模是基于嵌入式构件模型 ECOM 进行的,该标准来自于基于构件技术的嵌入式软件研发试验有关单位。现先对该构件模型进行简单介绍。

图 5-7 为利用 UML 扩展机制定义的嵌入式构件模型 ECOM,ECOM 元模型由十个部分组成,各组成部分详细说明如表 5-2 所列。

表 5-2 ECOM 构件模型元素说明

元素	说明
Component	1. Component 表示构件,一个构件可能包含零个或多个参数、零个或多个属性、零个或多个接口、零个或多个端口。 2. 构件中有两种类型的接口,分别为向构件外部提供服务的接口和需要外部其他构件提供服务的接口。 3. 构件中有两种类型的端口,分别为向外部发布数据的端口和接收其他构件所发布的数据的端口。

续表

元　素	说　明
ComParameter	1. 构件的参数,只有在构件初始化(创建构件实例)时设置,用于指定构件的工作参数和工作模式,例如工作于 BIT 模式、地面试验模式、空中运行模式等 2. 构件的参数只能是基本数据类型(Fundamental Types)或枚举类型(Enumeration)
ComAttribute	1. 构件的属性,用于表示构件的状态,供构件内部处理业务逻辑所用。ComAttribute 在构件初始化时必须设置,在构件运行过程中,也可以由构件内部业务逻辑过程设置 2. 构件的属性只能是基本数据类型(Fundamental Types)或枚举类型(Enumeration)
Port	1. Port 表示端口。端口是构件与外部进行数据通信的机制 2. 一个构件可以有零个或多个数据发布端口(也称为 Publish 端口),每个 Publish 端口用于向外部其他构件发布数据。构件的定义、开发和实现者并不需要知道 Publish 端口发布的数据由哪些构件订购/接收 3. 一个构件也可以有零个或多个数据接收端口(也称为 Consume 端口),用于订阅/接收外部其他构件的 Publish 端口所发布的数据。构件的定义、开发和实现者并不需要知道 Consume 端口所接收的数据由何构件发布/提供 4. Publish 端口和 Consume 端口都必须指定数据类型,所关联的数据类型可以是基本数据类型(Fundamental Types)、枚举类型(Enumeration)、结构类型(Struct)或联合数据类型(Union) 5. 在进行构件组装形成嵌入式应用时,需要指定不同构件实例的 Publish 端口和 Consume 端口间的对应连接关系。对应连接的 Publish 和 Consume 端口必须要关联相应的数据类型
Interface	1. Interface 表示构件的接口。一个构件的 Provide 接口用于向外部提供服务,而其 Require 接口指示需要调用其他构件相对应接口提供的服务 2. 一个接口中可以包含一个或多个操作(Operation)
Operation	1. Operation 表示操作,是构件接口的组成部分 2. 每个操作可以有零个或多个参数(Parameter),但是只有唯一一个返回值(Return Value) 3. 参数和返回值的类型可以是基本数据类型、枚举类型、结构类型或联合数据类型。也可以用 void 表示没有返回值,或返回值无类型 4. 操作中的参数可以有 in、out、和 inout 三种传递模式的指示符: (1) in 指示符,指示对应参数是输入参数,即代入到操作中的参数供操作的业务过程使用,但不能改变所代入参数的值; (2) out 指示符,指示对应参数是输出参数,在操作的业务处理过程中不能使用该参数的值,但可以通过该参数向调用者传递(输出)结果; (3) inout 指示符,指示对应参数既是输入参数,也是输出参数,即它同时具有输入参数和输出参数的特性; 我们可以看出其形式类似 C 语言中的函数,示例如下: void Opl(in x;inout y); 上述语句定义了一个名为 Opl 的操作,返回值类型为 void,参数分别为 in 型的 x 和 inout 型的 y
Fundamental Types	Fundamental Types 表示 ECOM 的基本数据类型,其含义与 CORBA IDL 规范中的基本数据类型相同。但是,出于嵌入式系统对于内存使用的确定性要求,其中的 string 类型规定为 255 个 char 类型的数组
Enumeration	Enumeration 表示 ECOM 的枚举数据类型,是一种简单数据类型。枚举类型规定有限个(至少一个)有名符号值

续表

元素	说明
Struct	Struct 表示 ECOM 的结构类型。一个结构中可以有一个或多个数据成员,称为结构的属性。每个属性的数据类型可以是基本数据类型(Fundamental Types)、枚举类型(Enumeration)、结构类型(Struct)或联合数据类型(Union)。理论上,结构类型是其所有成员类型的笛卡积所规定的数据类型
Union	Union 表示 ECOM 的联合类型。一个联合中可以有一个或多个数据成员,称为联合的属性。每个属性的数据类型可以是基本数据类型(Fundamental Types)、枚举类型(Enumeration)、结构类型(Struct)或联合数据类型(Union)。在实现上,联合类型中的所有数据成员具有相同的内存地址

采用 UML 扩展机制定义的 ECOM 构件元模型,是一个可视化、易读的模型,但其所表达的构件模型的语法并不严密,需要使用更为严密的上下文无关文法,进一步准确地定义 ECOM 构件模型。因此,ECOM 构件模型的建模包括两个部分:利用 UML 扩展机制进行的嵌入式构件模型 ECOM 的图形化建模过程以及采用 BNF 产生式所表示的上下文无关文法进一步定义 ECOM 构件模型的过程。

为了支持构件建模过程,辅助军用软件系统构件开发相关人员进行软件构件的建模,我们提供了 CDL 图形编辑器和 CDL 文本编辑器两种工具来辅助构件建模。

1. CDL 图形编辑器

CDL 图形编辑器是军用软件构件研发与管理分系统下的一个子系统,能够为构件提供可视化图形形式的定义和建模手段,进而为建模结构的分析研究提供方便。CDL 图形编辑器的主要任务是基于 Eclipse 的 GEF 框架,对构件模型进行图形化的满足 UML 标准的设计,能够根据不同的输入元模型,快速搭建起目标构件模型之间的组合关系,它提供将元模型的变化反映到图形编辑界面的图形化表示,同时根据模型的内存存储结构生成 CDL 文件,进而减少学习编程语言的时间,增加开发人员的生产力,提高开发新应用的开发效率,同时也将各种开发工作整合更密切,解决试验模型开发周期长、人工编写代码文档效率低下,易出错,不易维护等问题。

CDL 图形编辑器采用层次化的体系构造方式,工具的体系结构如图 5-9 所示。CDL 图形编辑器由 CDL 图形化设计工具、CDL 文件生成工具构成,其中 CDL 图形化设计工具是 CDL 文件生成工具的基础。

CDL 图形化设计工具是 CDL 图形编辑器的核心部分,用于与用户交互,为用户提供图形化编辑功能,使用户可以对构件模型对象进行图形化的定义,进而对定义的构件模型对象进行编辑、修改、删除,最后将编辑结果保存为图形化文件。CDL 文件生成工具是 CDL 图形编辑器的另一个软件功能单元,用于根据用户所选择的图形化文件中定义的特定构件模型对象以及其内存存储结构自动生成符合 CDL 语法的 CDL 文件。

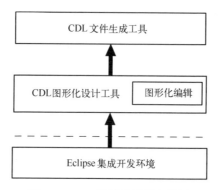

图 5-9　CDL 图形编辑器架构图

2. CDL 文本编辑器

CDL 文本编辑器是用来编写构件模型代码的文本编辑器,它提供了一种语法制导的编辑方式来辅助构件建模人员编写模型代码。除了提供复制、粘贴、删除、查找、替换等大多数编辑器拥有的功能之外,CDL 文本编辑器还提供语法高亮、内容辅助、括号匹配、符号补全、双击选词、文本格式化和错误提示的功能,以辅助构件建模人员能够快速编写语法正确的 CDL 文件。CDL 文本编辑器为构件建模人员编写构件模型代码提供了一种便捷方式,它能够降低代码编写的出错率,提高编写代码的质量和效率。

CDL 文本编辑器是基于 Eclipse 开发的插件。其系统架构如图 5-10 所示。文本编辑器的核心模块是文本编辑,主要通过 Eclipse 提供的 JTF 框架实现,JTF 提供了一个文本编辑器所需功能接口的框架。通过实现这些接口,可以迅速定制一个文本编辑器。

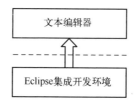

图 5-10　CDL 文本编辑器系统架构图

按照功能进行划分,CDL 文本编辑器分为工程管理、文件管理、文本编辑和构件代码生成工具集成四个大功能。其中工程管理和文件管理是为了文本编辑而设。因此将 CDL 文本编辑器划分为两个软件单元:CDL 文本编辑子工具和构件代码生成工具集成子工具,其功能结构如图 5-11 所示。

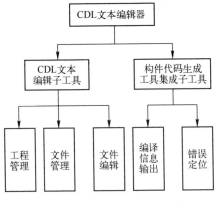

图 5-11 CDL 文本编辑器功能结构

该工具通过使用 ANTLR(Another Tool for Language Recognition)定义 CDL 文法,根据 CDL 文法自动生成词法分析器与语法分析器。

ANTLR 是指可以根据输入自动生成语法树并可视化地显示出来的开源语法分析器,它为包括 Java,C++,C#在内的语言提供了一个通过语法描述来自动构造自定义语言的识别器(Recognizer)、编译器(Compile)和解释器(Translator)的框架。这个定义说明了 ANTLR 的功能是根据给定文法自动生成编译器,其过程为先编写相应语言的文法,然后生成相应语言编译器。定义提到的语言识别器、编译器和翻译器以后统称为语法分析器。通过定义自己的语言规则,ANTLR 可以生成相应的语言解析器。同时可以使用简单的操作符和动作来参数化文法,告诉 ANTLR 怎样去创建抽象语法树和怎样产生输出。

词法分析器又称为 Scanner,Lexical analyser 和 Tokenizer。程序设计语言通常由关键字和严格定义的语法结构组成。编译的最终目的是将程序设计语言的高层指令翻译成物理机器或虚拟机可以执行的指令。词法分析器的工作是分析量化那些本来毫无意义的字符流,将他们翻译成离散的字符组(也就是一个一个的 Token),包括关键字、标识符、符号(symbols)和操作符供语法分析器使用。在 ANTLR 的运行环境 ANTLRWorks 中运行手动编写的词法文件即可生成词法分析器。

语法分析器将词法分析器翻译的 Tokens 组织起来,并转换成为目标语言语法定义所允许的序列。语法分析的任务是按照给定的 CDL 文法扫描所读入的 CDL 文件,检查其语法的正确性,同时在内存中生成 CDL 的内部表示形式 IR(Intermediate Representation)。换言之,将构件建模人员使用 CDL 语言所建立的试验对象模型在内存中以中间表示(IR)的形式存储起来。之所以在内存中要建立模型对象的中间表示,是因为在文本编辑时,要不断扫描、检索模型所包含的信息,以完成各个功能,每一次扫描在专业上称为一遍(Pass)。而若在 CDL 文件上进行这样的重复扫描和检索是不方便的。CDL 语法分析器也是由手动编写的语法文件在 ANTLR 的运行环境 ANTLRWorks 中运行生成的。

词法分析器与语法分析器对输入的模型代码进行解析,并将解析到的模型信息存入到中间表示 IR 中。以便于扫描、检索模型所包含的信息,完成各个功能。

5.2.3 构件应用规划与部署

应用规划包含两个方面的内容,第一是指用户首先高层次表达应用之间的交互关系,交互关系包括应用与应用之间数据发布订阅的关系以及接口之间调用与被调用的关系。第二是指当用户正确描述应用之间交互关系后,进而需要表达应用有哪些构件以及构件之间的交互关系,构件之间的交互关系包括构件的端口与端口数据发布订阅关系以及构件的接口与接口之间调用与被调用的关系。应用信息、应用之间交互的信息、构件信息、构件之间交互的信息以 XML 文件的格式存储。应用部署是指将构成应用的构件连同 XML 文件发送至该应用所在的主机,供构件集成框架使用,完成部署的任务。

由于手工编写该 XML 配置文件的繁琐与不直观,应用规划与部署工具能够为指控系统的创建过程提供可视化的操作界面,可视化的图形界面有助于应用创建者清晰地说明应用之间以及应用内部的独立构件之间的协作细节。

应用规划与部署工具的主要任务是基于 Eclipse 的 GEF 框架,对导入的构件进行可视化的应用规划。该工具以用户导入的本地 CDL 文件为输入,解析 CDL 文件,将文件中包含的构件类型以图元的形式展示在调色板中。用户首先拖取应用图元设置应用编辑区域,并用连线方式在高层规划应用之间的数据发布订阅关系以及接口的调用关系,应用之间连线完成后拖取构件图元在应用编辑区域表达应用与构件之间的隶属关系,通过用带有箭头的连接线表达端口与端口之间数据发布与订阅的关系以及接口与接口之间调用的关系。应用与应用、应用与构件、构件与构件之间的关系的变化反映到图形编辑区域,最终根据该可视化编辑文件中的结果生成应用规划配置文件(XML 文件格式),同时可以将配置文件连同构件动态链接库部署至应用所在主机。

应用规划与部署工具由工程管理子工具、文件管理子工具、CDL 文件导入子工具、应用可视化规划子工具、应用规划文件生成子工具以及构件部署子工具构成,采用层次化的体系构造方式,其体系结构如图 5-12 所示。

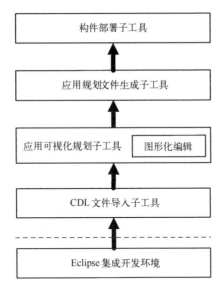

图 5-12 应用规划与部署工具系统架构图

其中,工程管理子工具、文件管理子工具以及 CDL 文件导入子工具是应用可视化规划子工具的实现基础,应用可视化规划子工具是应用规划文件生成子工具的基础,而以上子工具是构件部署子工具的基础。CDL 文件导入子工具读取用户选中的本地 CDL 文件,提取 CDL 文件中定义的构件模型的信息,在应用可视化规划子工具的调色板中生成含有这些构件的调色板选项。用户设置应用编辑区域并在高层次描述应用之间交互关系后,在该区域拖取调色板选项中的构件图标,规划应用内部的构件,表达应用内部构件端口、接口之间的关系,应用之间构件端口、接口之间的关系。应用规划文件生成子工具生成相应的 XML 配置文件以正确表达用户在操作应用可视化子工具操作后的结果。构件部署子工具分发应用规划配置文件以及该应用关联的构件动态链接库至应用所在的主机。各子工具具体介绍如下。

1. 工程管理子工具

工程管理子工具实现工程管理,用户可以新建、删除、导入以及导出 APPPlan 工程。

2. 文件管理子工具

文件管理子工具实现文件管理,对于 APPPlan 图形化文件,可以 新建、删除以及保存。

3. CDL 文件导入子工具

CDL 文件导入子工具基于 Eclipse 自身的可扩展性,为方便管理图形编辑文件(后缀名为.apf),引入 APPPlan Project 的概念,用户可以新建、删除、导入、导出 APPPlan Project。每个 APPPlan Project 与多个图形编辑文件相关联,用户可以新建、删除、保存图形编辑文件。同时,CDL 文件导入子工具提供导入 VDL 文件的功能,解析 VDL 文件后,将 VDL 文件中包含的构件显示在 Eclipse 的调色板中,供用户选择。

4. 应用可视化规划子工具

应用可视化规划子工具实现用户对应用的整体规划,用户需要从调色板拖取应用图元,填写应用信息(如应用所在的主机 IP 以及应用名称),并在高层次表达应用之间的交互关系。当在应用层次规划完成后,用户需要确定应用由哪些构件构成,以及构件之间的交互关系。当用户拖取构件放置于应用图元时表示该应用包含此构件,当用户以连线的方式连接构件的端口和接口时,表示这些构件之间具有交互关系,连线与交互关系存在对应关系。

可视化编辑主要是依照 GEF 框架的 MVC 模式,将构件元模型中的构件定义对象模型分别定义为 MVC 模式中的 Model,即模型,用户的所有对模型的操作最终都是对 Model 的操作,再为 Model 定义相应的 View,即这些模型对应的视图。视图是可视化地反映模型信息的界面。还要定义连接 Model 和 View 的 Controller,即控制器,控制器用于模型与视图之间的通信,将模型的变化反映到视图。基于 MVC 模式的设计架构图如图 5-13 所示。

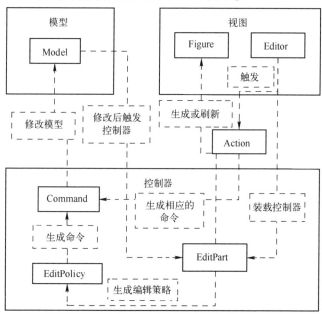

图 5-13 基于 MVC 模式的设计架构图

5. 应用规划文件生成子工具

应用规划文件生成子工具通过读取图形编辑文件中的有效信息,支持用户将当前工程中的模型自动生成相应的应用规划配置文件。模型的信息记录在图形编辑文件中,有效信息包含应用的名称、IP、构件的实例名称,构件之间的端口、接口连接关系等。

应用规划文件生成子工具提取当前应用规划可视化文件中除可视化信息以外的应用规划信息,包括规划应用的所有构件实例、应用之间交互关系、构件实例之间的接口和端口的连接关系;然后将这些信息存入根据应用规划 XML Schema 生成的用户自定义类的对象实例中;最后通过这些对象实例生成应用规划配置文件。应用规划配置文件遵循的 XML Schema 见附录 B。应用规划文件生成子工具涉及的主要类结构如图 5-14 所示。

应用规划文件生成子工具的主要类是根据应用规划 XML Schema 自动生成,包括与应用规划相关的实体对象类和一个工厂类 ObjectFactory。

6. 构件部署子工具

构件部署子工具通过读取应用规划配置文件的描述要求,解析该 XML 文件后将有效信息记录进 RecordInfo 类中,该类只有一个私有属性,是一个 Map 对象,记录主机 IP 和该主机上应用所包含构件名称的集合。同时,构件部署子工具搜索指定目录下的构件动态链接库文件,以应用为单位,遍历 RecordInfo 类,将应用所包含的构件动态链接库文件连同配置文件压缩成 Zip 或 Rar 格式的压缩文件,发送至应用所在的主机。构件部署子工具所涉及的类结构如图 5-15 所示。

RecordInfo 类存储构件部署子工具所需要用的部署信息,是由 TransFile 类中 readXMLConfig 方法解析应用规划配置文件所得到。RecordInfo 类只有一个私有成员 record,为一个 map 类型。键为主机 IP,值为该主机上应用所包含构件名称的集合。

TransFile 类实现分发构件的动态链接库以及配置文件至构件所属应用所在的主机。RecordInfo 对象由 ReadXMLConfig 方法得到,ReadXMLConfig 方法解析应用规划配置文件,将信息存储至 RecordInfo 对象。OnZip 方法中的 fileNames 参数为需要压缩的文件名称的集合,一般为某一应用所含有的所有构件动态链接库的名称。OnZip 方法遍历 fileNames 中的文件名,将 fileNames 中的文件连同配置文件压缩成 zip 或者 rar 文件,由 SendFile 方法将此压缩文件发送至应用所在的主机。

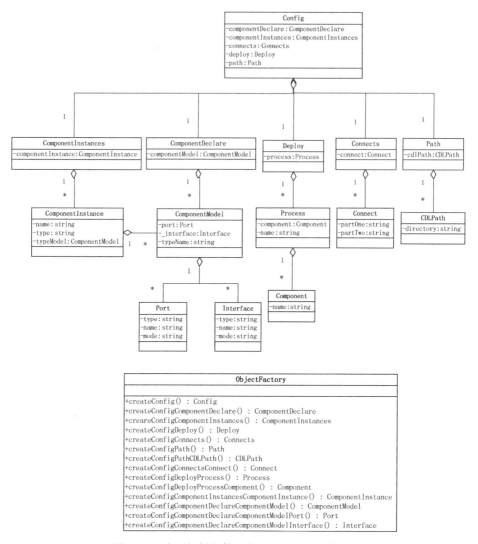

图 5-14 应用规划文件生成子工具主要类结构图

通过以上六个子工具的协同运作,可以大大减少编辑应用规划配置文件的时间,自动化部署构件,增加开发人员的生产力,提高开发新应用的开发效率,同时也将各种开发工作整合更密切,解决指控软件开发周期长、人工编写应用规划文件效率低下、易出错、难维护等问题。

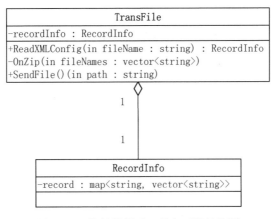

图 5-15 构件部署子工具主要类结构图

5.3 代码自动生成与测试

5.3.1 代码自动生成技术

构件定义人员根据 5.2.1 节规定的构件建模语言(CDL 语言)使用任何文本编辑工具编写 CDL 文件,即完成了一个或多个构件的建模。此后,即进入构件实现阶段。在构件实现阶段,通过构件代码生成软件即可实现代码的自动生成。

构件代码生成软件是对 CDL 语言定义的构件进行词法分析、语法分析,产生 CDL 模型的中间表示(IR),按照 CDL 语言和 C++语言的映射规则,自动生成构件实现的 C++程序代码框架,C++程序代码框架中的接口实现、数据处理等构件自身业务逻辑处理的程序代码由构件实现人员手工填写。

构件代码生成软件对 CDL 文件进行词法分析、语法分析,生成中间表示(IR),然后将中间表示映射为构件实现的 C++程序代码框架。有一个主程序对以上功能进行统一调用控制。相对应地,构件代码生成软件主要包括五个软件单元:主控单元、词法分析单元、语法分析单元、中间表示单元和构件代码框架生成单元。各个软件单元之间的静态关系如图 5-16 所示。

1. 主控单元

主控单元从外部获得编译指令,驱动其他单元协同完成将 CDL 语言定义的构件模型向 C++语言表示的构件实现代码框架的映射。本单元从外部获得的编译指令中包含被编译的 CDL 文件名(含文件目录路径)、用于存放所生成的

C++代码(后文称目标代码)文件的目录,以及是否覆盖构件中已有业务逻辑代码的指示。最后一个指示用于适应这样的情形:当前正在编译的构件,过去已经编译过,且其对应的 C++代码框架中,业务逻辑处理的代码已由人工填写过。本次编译可以覆盖,也可以不覆盖人工已填写的代码。

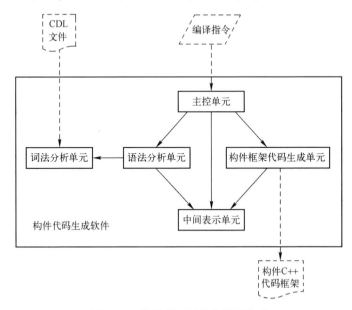

图 5-16　软件单元间静态调用关系

2. 词法分析单元

词法分析单元从当前待分析的 CDL 文件中读入字符,并对其进行分析,之后将分析得到的单词(Token)传递给语法分析单元。语法分析单元每次调用词法分析单元从输入的 CDL 文件流中获得一个单词(Token)。此外,词法分析器还有一项重要的功能是删去注释。

当词法分析单元遇到注释标示符时:

(1)如果是标示符"//",则词法分析单元进入单行注释模式。在这种模式下词法分析所遇到单词都视为空,直到遇到换行符。

(2)如果是标示符"/*",则词法分析单元进入多行注释模式。在这种模式下词法分析所遇到单词都视为空,其中,遇到换行符需要将行号标示+1,这种模式持续到遇到标示符"*/"。对于"/*...*/...*/"这种情况,词法分析单元会删除"/*"与第一个"*/"之间的内容。

3. 语法分析单元

语法分析单元通过调用词法分析单元,不断获得当前 CDL 文件中的单词,并对此输入的单词流进行语法检查,生成 CDL 的内部中间表示(IR)。

语法分析的任务是读入经预处理后不含注释的 CDL 文件,按照 CDL 文法扫描所读入的 CDL 文件,检查其语法及语义的正确性,同时在内存中生成 CDL 的内部表示形式,又称中间表示(IR)。换言之,将构件建模人员使用 CDL 语言所建立的构件模型,在内存中以 IR 的形式存储。

4. 中间表示单元

中间表示(IR)是 CDL 文件所定义的构件模型的内存映像,它是构件模型在内存中的高效表示,以方便构件代码框架生成单元处理。

5. 构件代码框架生成单元

构件代码框架生成单元调用中间表示单元提供的后端代码生成接口,根据模型定义生成构件实现的 C++ 程序代码框架。构件实现人员填写构件自身业务逻辑处理的程序代码之后,即可生成构件库。

在五个软件单元的协同合作下,通过 DOS 命令行输入外部编译指令:CDLC <cdlFileName> [-i <inputPath>] [-o <outPath>]调用编译软件,对所编写的 CDL 文件进行编译,即可生成构件实现的 C++ 代码框架。其中,cdlFileName 是要编译的 CDL 文件的文件名。编译开关"-i"用于指定 CDL 文件所在的文件目录路径,inputPath 即为所指定的目录路径。若未使用本编译开关指定有关路径,则 CDL 编译软件就在当前目录下搜寻指定的 CDL 文件;编译开关"-o"用于指定编译结果文件所在的目录路径,若未使用本编译指定有关路径,则 CDL 编译软件就将编译结果输出到当前目录下。编译完成后,在"-o"编译开关所指定的目录下,会创建一个 Release 子目录,并在此子目录下再创建 3 个子目录:include、sources 和 component,构件实现的 C++ 代码框架就分布在这 3 个子目录下。

1. include 目录下的代码

该目录下存放一个 C++头文件,头文件名就采用 CDL 文件名。头文件中产生的是 CDL 文件中的基本实体(即除 component 实体以外的其他实体)转换后的 C++类型定义,这些实体转换后的 C++类型一般都是基本类型、枚举类型、struct 或 class。

2. sources 目录下的代码

该目录下产生一个 CPP 文件,文件名与 CDL 文件名相同。本 CPP 文件对应 include 目录中 C++头文件各个基本实体中的 struct 或 class 方法的实现程代码。以上 include 和 sources 目录下的 C++头文件和 C++的 CPP 文件中的类型的声明和实现代码是供相同 CDL 文件中的所有构件的实现代码共用的。

3. component 目录下的代码

该目录下存放 CDL 文件中所有构件的实现代码。每一个构件均在本目录下安排一个子目录，子目录的名字与 CDL 中的构件名相同，称为构件子目录。例如，若 CDL 文件中有 3 个构件申明，则在 component 目录下就应有 3 个以这些构件名命名的子目录。每一个构件子目录下又安排 2 个子目录，分别是 include 目录和 sources 目录。include 目录下存放对应构件的 C++ 申明的头文件，此头文件以对应构件名命名。该头文件中的构件申明均会表现为 C++ 的 class，即 C++ 的类。类中方法的 C++ 实现程序安排在一个 CPP 文件中，该 CPP 文件名也采用对应构件名，且存放于 source 目录下。每个构件子目录下存放一个基于 VS2005 的 project 文件，以方便构件实现人员在 VS 2005 中一次性加载 CDL 文件相关的所有实现代码，并为构件实现填写业务逻辑。此 project 文件与 CDL 文件名相同。

在构件代码自动生成过程中，需要将 CDL 数据类型映射为 C++ 数据类型，具体映射规则如下。

1. 基本数据类型的映射

基本数据类型的映射如表 5-3 所列。

表 5-3　C++ 中基本数据类型向 CDL 基本数据类型的映射规则表

序　号	C++ 中的基本数据类型	CDL 的数据类型
1	short/signed short	short
2	unsigned short	unsigned short
3	int/signed int	long
4	unsigned int	unsigned long
5	long long	long
6	unsigned long int	unsigned long
7	float	float
8	double	double
9	long double	double
10	signed char/char	char
11	unsigned char	octet
12	bool	boolean
13	void	void
14	long int/signed long int	long

2. 枚举(enum)类型的映射规则

C++语言的枚举(enum)类型直接向 CDL 的枚举(enum)类型映射。其类型名直接映射为 CDL 中枚举类型名。其枚举值的名字也直接映射为对应 CDL 枚举类型中的枚举值。

3. 结构体(struct)的映射规则

C++语言中的结构体(struct)类型直接映射为 CDL 中对应的结构体(struct)类型。结构体类型名映射为 CDL 结构体的类型名。结构体变量名映射为 CDL 中结构体变量名。其成员分量若是基本类型,则按照表 5-3 定义的规则映射为相应的 CDL 成员分量;若成员分量是结构或联合,则映射为 CDL 中的同名分量。

4. 联合体(union)的映射规则

C++语言中的联合体(union)类型直接映射为 CDL 中对应的联合体类型(union)。其类型名映射为 CDL 中联合体类型名。其变量名映射为 CDL 中的变量名。其成员分量若是基本类型,则按照表 5-3 定义的规则映射为相应的 CDL 成员分量;若成员分量是结构或联合,则映射为 CDL 中的同名分量。

5. 类(class)的映射规则

C++语言中的类(class)类型映射为 CDL 中结构体(struct)类型。映射后的结构体的类型名为"类名_成员变量名"。类对象名映射为结构体变量名。C++中类的属性映射为 CDL 中相应结构体的成员分量。由于最后要生成的 CDL 文件主要向外界提供结构和行为信息,并不涉及具体细节的实现,因此在 Class 类型的映射中,主要关心的是其数据成员,对其成员函数不加以讨论。

6. 字符串(string)类型的映射规则

本文把 C++中的字符串类型映射为 CDL 中的 string 类型。C++中字符串变量名直接映射为 CDL 字符串变量名。

7. 函数的映射规则

在一个构件中包含多个接口,每个接口中又包含多个操作,将 C++中的函数映射为 CDL 中的操作。映射规则如下。

(1) 对于全局函数,映射后的 CDL 操作名与 C++中的函数名相同;对于成员函数,映射后 CDL 操作名为"类名_函数名"。不区分虚函数、内联函数、静态函数与普通函数的区别。

(2) 映射后的 CDL 操作的参数名与原 C++文件中函数的参数名相同。

(3) C++中函数参数向 CDL 操作参数输入输出指示符的映射:

① 基本数据类型,映射为 in 型;

② Class 类型、union、struct、enum 映射为 in 型;

③ 一级指针(函数指针除外)或数组名,映射为 inout 型;

④ 多级指针,映射为 in 型;

⑤ 引用,映射为 inout 型;

⑥ 除指针外的任何形式的函数参数,若被 const 修饰,映射为 in 型;

⑦ const 修饰指针:const * 映射为 in 型; * const 映射为 inout 型;const * const 映射为 in 型。

5.3.2 代码实现与模型一致性维护

构件实现维护工具提供了维护构件模型和实现一致性的功能。通过扫描用户代码框架以及原 CDL 文件,经过一系列分析比对,可以检测出原 CDL 文件中定义的模型和其实现的不一致性。根据用户代码框架中的接口定义形式,修正构件模型定义生成新的 CDL 文件,从而维护构件模型与实现代码接口定义的一致性。

在完成由 CDL 文件自动生成构件代码之后,需要构件实现人员在构件实现代码中填写构件业务逻辑相关的代码片段。对每个构件的每一个订阅型端口(即 Consume 型端口),均要填写相关的业务逻辑代码,以表达在该端口所订阅的数据到达时,应如何处理所到达的数据,如图 5-17 所示;对每个构件的每一个 Provide 型接口中的每一个操作(Operation),均要填写相关的业务逻辑代码,以表达当该操作被调用时,应执行什么业务逻辑并返回什么结果给操作的调用者,如图 5-18 所示。

```
void ECOM::Components::Transformer::OriginData::DataProcess ( PositionXY *
pBuffer)
{
    // TODO:Put your business logic here for processing arrived data

}
```

图 5-17 构件中 Consume 型端口包含业务逻辑的代码片段

在编写构件实现代码的过程中,构件实现编码人员可能在实现代码中违规修改构件接口的定义,例如修改了接口中的操作(函数)名称,增加或减少了操作中的参数名称,修改了操作中的参数类型或者修改了操作的返回值类型等,如果构件实现人员对构件实现接口(中的操作)进行了修改,就会导致构件实现与构件模型之间的接口形式的不一致性。针对这种情形我们进行了研究,通过对构件模型定义文件（CDL 文件）和构件实现中的接口定义进行比较、检查，发现两者是否保持一致性，若出现不一致性情形，则根据构件实现代码中的接口定义形式，修正构件模型定义文件中的接口定义，以维护构件模型与构件实现代码接口定义的一致性。

```
int ECOM::Components::Transformer::PolarUnit::uiadd(const int a,const int b)
{
    //TODO:Add your business logic here

    return 0;
}
int ECOM::Components::Transformer::PolarUnit::uiminus(const int pa,const int pb)
{
    //TODO:Add your business logic here

    return 0;
}
```

图 5-18　Transformer 构件中的一个 Provide 型接口的实现代码

模型实现一致性维护工具是以一个 CDL 文件作为分析单位，采用如图 5-19 所示的功能模块并按一定的方式组合，实现构件模型与构件实现之间的一致性维护。本工具对描述构件模型的 CDL 文件进行词法分析和语法分析生成构件模型的中间表示结构（简称为 IR），从 IR 中提取 Provide 接口下的函数名称、参数列表以及返回值类型的函数列表信息，并保存在相应的 CDL 容器（简称 CdlFunEntity）中；扫描构件实现代码所在目录下的 include 文件下的 .h 文件，从中提取每一个构件的 Provide 接口下的函数名称、参数列表信息以及返回值类型的函数列表信息，并保存在相应的 CPP 容器（简称为 CppFunEntity）中。

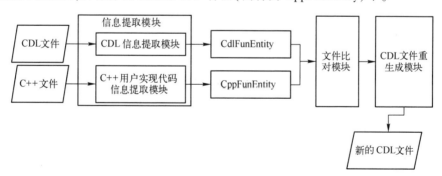

图 5-19　模型实现一致性维护工具系统结构图

模型实现一致性维护工具需要研究并实现基于 Visual Studio2010 平台的对构件模型与实现一致性进行维护的能力。用户可以通过模型实现一致性维护工具的可视化界面,选择 CDL 文件全路径和 C++用户实现代码框架目录的全路径,点击比对按钮,对用户选择的 CDL 文件和 C++用户实现代码框架下的文件进行解析,并提取出关键信息进行比对,根据文件比对结果,进行相关处理。如果 CDL 文件和用户实现代码文件存在不一致性,需要重新生成新的 CDL 文件,并在模块实现一致性维护工具的可视化界面上显示出具体的不一致信息;如果 CDL 文件和用户实现代码文件是一致的,需要在模块实现一致性维护工具的可视化界面上显示一致。模型实现一致性维护工具可以分为四个模块:CDL 信息提取模块、C++用户实现代码信息提取模块、文件比对模块以及 CDL 文件重生成模块。模型实现一致性维护工具按照功能又可以分为主控单元、CDL 信息提取单元、C++用户实现代码框架信息提取单元、文件比对单元和 CDL 文件重生成单元这五部分。各个单元之间的静态调用关系如图 5-20 所示。

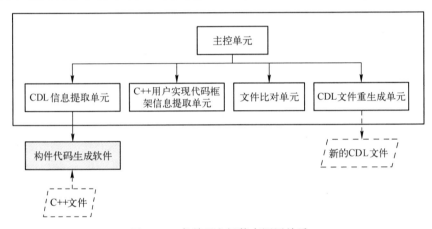

图 5-20　各单元之间静态调用关系

1. CDL 信息提取单元

CDL 信息提取单元主要功能是通过过滤构件代码生成软件中解析 CDL 文件得到的 IR 中间结构,从而提取出 Provide 接口以及接口下的函数列表信息,并将这些提取到的信息保存在相应的数据结构中。

2. C++用户实现代码框架信息提取单元

C++用户实现代码框架信息提取单元主要功能是通过用户选择的用户实现代码框架目录,对用户实现代码框架下的 include 文件中的 .h 文件进行扫描,并且提取出 Provide 接口以及接口下的函数列表信息保存在相应的数据结构中。

3. 文件比对单元

文件比对单元主要功能是对 CDL 文件的函数列表信息和 C++用户实现代

码文件的函数列表信息进行比对,判断二者是否具有一致性。如果发现函数名称相同,返回值类型和参数列表中的每一个参数类型都符合 C++ 数据类型和 CDL 数据类型的映射关系(关于 C++ 数据类型和 CDL 数据类型的映射关系详细介绍见 5.3.1 节),则称构件模型与构件实现是一致的,否则是不一致的。

如果构件模型与构件实现具有不一致性,则将不一致信息记录到相应的数据结构中,以便 CDL 文件重生成单元进行参考。

4. CDL 文件重生成单元

CDL 文件重生成单元主要功能是根据文件比对单元提供的不一致信息和原有的 CDL 文件重新生成新的 CDL 文件。

5. 主控单元

主控单元主要功能是根据需求对 CDL 信息提取单元、C++ 用户代码框架信息提取单元、文件比对单元、CDL 文件重生成单元进行调用。

5.3.3 构件测试

构件是构成应用系统的基础,也是软件复用的基本单元。因此,构件的正确性和可靠性是基于构件搭建的应用软件可靠性和正确性的基本保证。在构件开发完成后,对每个构件进行测试,是提高其正确性与可靠性的重要手段。

对单个构件的测试,可以看作是软件单元测试的过程,需要构造构件测试的驱动程序、桩程序和测试用例。我们设计提供了构件测试辅助工具用以辅助构件测试工作,构件测试辅助工具从软件构件测试的角度出发,为用户提供测试需要的桩程序、驱动程序以及合理的测试用例,进而为构件测试的研究与实现提供方便。构件测试辅助工具有助于构件测试人员检验已开发构件的功能及有效性。

构件测试辅助工具即为构件的测试自动生成驱动程序、桩程序和测试用例。由于构件模型定义文件,即 CDL 文件中,只有构件接口和端口数据的取值范围的描述,所以本工具只自动生成构件的边界值测试用例。通过对 CDL 文件的解析,构件测试辅助工具对构件的接口与端口定义进行分析,若有 Require 接口,系统则自动生成接口测试桩构件,若存在 Consume 端口,系统则自动生成端口测试桩构件,最终通过代码生成工具将桩构件转换为桩程序。根据构件 CDL 文件中的定义信息(操作中的参量的取值范围),系统为构件接口中的每个操作自动生成相应的边界值测试用例,以对构件进行边界测试和健壮性测试。系统自动生成的驱动程序则需要自行读取测试用例中的参数值填写入操作中,并记录操作被调用后产生的数据(包括接口操作中的 out 与 inout 型的参数以及操作的返回值,发布端口发送的数据)最终写入到测试结果数据记录文件中。该工具的输出有三个部分:边界测试用例、测试驱动程序代码和测试桩程序代码。

构件测试辅助工具主要由 CDL 文件解析模块、测试用例生成模块、驱动程序生成模块、桩程序生成模块构成,系统体系结构如图 5-21 所示。

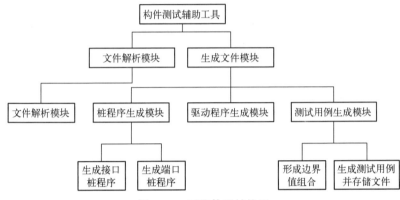

图 5-21 系统体系结构图

CDL 文件解析模块主要负责对所读取的文件进行词法、语法分析得到中间表示,从中提取构件的关键信息,如构件的接口信息、端口信息、参数边界值信息等,并将这些信息存储在数据结构中供系统中其他工具使用。测试用例生成模块主要负责将用户在 CDL 文件中定义的参数边界值进行合理的组合,同时与扫描到的接口信息相结合,最终产生边界值测试用例,并将文件存储在用户指定的文件目录下。驱动程序生成模块主要负责生成构件的驱动程序文件,并将其存储在用户指定的文件目录下。桩程序生成模块主要通过对用户定义的 CDL 文件进行扫描,并针对各个接口与端口生成相对应的接口桩构件与端口桩构件,最终通过代码生成软件将桩构件转换为桩程序框架并读取外部数据文件完成桩程序,同时将桩程序文件存储在用户指定的文件目录下。

构件测试辅助工具主要包括五个软件单元:构件测试平台、测试用例生成单元、驱动程序生成单元、桩程序生成单元以及 CDL 解析单元。其中,CDL 解析单元为桩程序生成单元、驱动程序生成单元以及测试用例生成单元所共同调用。各个软件单元之间的静态关系如图 5-22 所示,图 5-22 中实线矩形框表示软件单元,虚线矩形实体表示动态链接库或者线程,平行四边形表示文件。

1. 构件测试平台

构件测试平台是以可视化的方式供用户进行被测构件的加载与测试。构件测试平台扫描用户提供的被测构件目录下的驱动程序 dll 文件实现驱动程序的加载以及读取并解析用户指定的 CDL 文件,将接口端口信息展示出来。另外,构件测试平台响应用户的操作,调用驱动程序实例的 API 完成指定的操作。

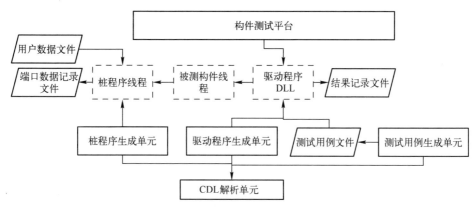

图 5-22 软件单元及其间静态调用关系

2. 测试用例生成单元

测试用例生成单元通过 CDL 解析单元解析 CDL 文件产生的接口操作参数的边界值 IR 信息，按照 4n+4 的组合规则，产生操作的边界值测试用例并保存，以供驱动程序生成单元来使用。

3. 驱动程序生成单元

驱动程序生成单元通过 CDL 解析单元解析 CDL 文件产生的被测构件的 Consume 端口 IR 信息，构造出用于数据发布的端口类、两个核心 API 函数。一个 API 用来根据接口名和操作名获得操作入口指针，读取测试用例或者获得用户指定的数据来执行操作并将执行结果记录下来；另一个 API 用来调用驱动程序中所有的发布数据的端口类发送数据。驱动程序的 API 供构件测试平台来调用。在驱动程序中负责对被测构件、桩构件以及驱动程序接口和端口的绑定。

4. 桩程序生成单元

桩程序生成单元通过 CDL 解析单元解析 CDL 文件产生的被测构件的接口和端口 IR 信息，通过修改构件名、修改构件的 Require 接口为 Provide 接口、修改构件的 Publish 端口为 Consume 端口、构件其他信息丢弃这四步来构造出被测构件的桩构件，用构造的桩构件信息产生桩构件的 CD 文件。接着将产生的 CDL 文件经过桩程序生成单元的代码生成部分产生桩程序代码。

5. CDL 解析单元

CDL 解析单元具有对 CDL 文件进行词法和语法分析生成中间 IR 信息的能力。构件测试辅助工具其他单元使用 CDL 解析单元的产生中间 IR 信息有接口操作边界值、被测构件的接口和端口信息等。

使用构件测试辅助工具,极大减少了构件测试人员的工作量,同时提高了测试效率、降低测试成本。

5.4 小结

军用软件已经基本采用了基于构件的开发方法,构件化使得工件的复用性和可维护性得到了大幅度提高,使软件模块化,提升了可扩展性,有利于软件持续演化。例如,第6章中将介绍的军用软件产品族的演化与维护就是基于构件化才能得以实现。当前,构件技术有很多,包括微软的.NET、Java EJB、Web 服务、OSGi、ICE 和 SCA 等,它们适用于不同的应用领域。在军用软件领域,我们开发了一套完整的构件开发方法,并研制了相应的支持工具,能够适应军用软件的构件化开发。

参考文献

[1] Vitharana P, Zahedi F, Jain H K. Design, retrieval, and assembly in component-based software development[J]. Communications of the Acm,2003,46(11):97-102.

[2] Bosch J,Szyperski C,Weck W. Component-Oriented Programming[C]. ECOOP 2003 Workshop on Object-Oriented Technology,2004:34-49.

[3] Brown A W. Large-scale,component-based development/A. W. Brown[J]. Object & Component Technology,2000.

[4] Marino J,Rowley M. Understanding SCA (Service Component Architecture)[M]. Addison-Wesley Professional,2010.

第6章 基于遗传孵化思想的军用软件复用方法

在1.5节分析了军用软件所呈现出的序列化和体系化的特征,并简单介绍了基于遗传孵化思想的军用软件复用方法,本章在此基础上进一步详细论述该方法的具体内容。结合军用软件研制的两阶段过程模型特点,首先以舰艇作战软件这一类典型的军用软件为例,分别从横向(舰艇作战软件产品族的研制)和纵向(舰艇作战软件演化过程中的维护升级)两个维度,讨论了这一族系作战软件的研制和维护升级对工件复用的需求,以此为背景,面向军用软件大规模复用的需求,分析了军用软件序列、型号软件和软件产品族等特征之间的关系,运用数学语言阐述了遗传孵化的理论模型,最后系统地论述了基于遗传孵化思想的军用软件产品族的演化与维护管理方法。

6.1 军用软件大规模复用的需求

军用软件在研制过程中,分成模型工程和软件工程两个阶段,对于不同型号的军用软件研制,这两个过程既并行执行又时常交叉。从工件复用的视角来看,军用软件在模型工程阶段可能复用的工件主要包括军事概念模型、数学逻辑模型、工程模型和原型构件等工件;在软件工程阶段可能复用的工件,包含模型工程阶段所产生的所有工件的同时,还包括系统需求、软件需求、软件设计说明、决策支持数据、软件构件和测试用例等工件。在第4.1.3节中,详细阐述了使用微核模式对这些工件进行系统化复用的方法。

舰艇作战软件是一类典型的军用软件,为清晰阐述军用软件大规模复用的需求,本节拟以舰艇作战软件为例,先讨论舰艇作战软件的产品族结构,以舰艇作战软件中作战模型这一工件为例,讨论舰艇作战软件产品族对工件复用的需求,然后结合舰艇作战软件开发维护一体化的实际情况,从软件工程的角度,论述伴随舰艇作战软件的演化对工件复用的需求。

6.1.1 舰艇作战软件产品族对工件复用的需求[1]

指挥控制系统实质上是一类用于信息和资源动态管理和分配的人机系统

的统称，作战软件则是指挥信息系统中最顶层的、直接面向指挥员操作使用的应用类软件。舰艇作战软件产品涵盖战役战术层、战术层及武器系统的指挥层级，各指挥层级内部，因为所需管理的信息和资源不同，对应着不同的型号，相同型号的舰艇作战软件产品，由于研制时间的不同，又产生了不同的版本，因此，特定型号舰艇作战软件产品可从指挥层级、应用环境及版本三个维度来标识。这些舰艇作战软件产品综合在一起，可统称为舰艇作战软件产品族。

舰艇作战软件产品族的结构，从功能分布来看，同一指挥层级不同型号的舰艇作战软件功能之间存在交叠，如对水面舰艇单舰作战软件而言，驱护舰和导弹艇都有威胁判断、对海导弹攻击等功能；由于指挥层级分工灵活，以及作战使用需求都源于海上兵力运用方法，不同指挥层级的舰艇作战软件功能之间也存在交叠。从产品的演化过程来看，在海军战法、武器装备和指挥控制系统体系结构保持相对平稳发展的阶段内，舰艇作战软件的下一代产品通常是以前一代产品为基础进行优化和修订，因此，各舰艇作战软件的产品功能存在交叉和重叠。

作战模型是舰艇作战软件研制过程中的核心工件，是作战指挥流程、决策和武器控制领域知识的形式化描述，是对作战要素、过程及规律的简化反映和抽象描述，对舰艇作战软件产品族而言，作战模型是相对稳定的一类领域知识，其复用对提高舰艇作战软件的研制质量和效率具有重要意义。

作战模型的研发活动主要是针对军事领域需要解决的业务问题进行建模和验证，作战模型在舰艇作战软件产品族的复用活动，主要发生在如下几个维度。

1. 应用维度：指挥层级

这个维度主要是指舰艇作战软件系统按照所物化的作战指挥业务逻辑和所服务的对象不同，形成了与海上方向指挥层次相对应的体系，包含单舰作战软件和编队作战软件等系统，特定作战模型可能跨层级复用于不同的软件系统。

2. 系统维度：应用环境

舰艇作战软件系统的功能、行为和性能受到装备系统的约束。在海上作战环境下，舰艇作为搭载作战软件的平台，可能单舰独立使用，也可能与其他舰艇组成编队联合使用，形成复杂的分散系统，共同构成舰艇作战软件的应用环境，特定作战模型可能同时应用于不同舰艇上的软件系统。

3. 时间维度：版本演化

作为指挥信息系统的有机组成部分，舰艇作战软件的生命周期要短于舰艇平台的生命周期，因此，特定型号舰艇作战软件在时间维度上会有不同版本。在特定舰艇作战软件系统改版过程中，部分作战模型会得以沿用。

4. 功能维度：功能类别

舰艇作战软件系统按照其所提供的作战指挥决策支持功能类别，分为威胁判断、舰艇机动、对空防御、对海攻击和对潜搜索等功能部件，不同的功能部件可能会使用到相同的作战模型，如舰艇机动和对海攻击这两个功能部件就同时使用到"最短时间到达指定位置"这个解算模型。

5. 工程化维度：建模阶段

作战模型的工程化过程中，会形成军事概念模型、数学逻辑模型、工程模型和计算机程序模型（原型构件）等这几类工作产品，在上述四个维度复用过程中，可能复用的并非最终的原型构件，而仅仅是对数学逻辑模型的复用。例如在上述四个维度的复用过程中，在决策支持功能需求相同但软件运行平台不同的情况下，复用的就只是数学逻辑模型，需要以数学模型为基础，针对不同的软件运行平台做相应的工程化建模，形成与运行平台相匹配的软件工程模型。

针对上述复用活动，如果构建出核心资产库（例如作战模型库），那这种复用就会变得有组织和可跟踪，具体复用过程中的信息交换活动如图6-1所示。从图中可以看出，复用过程整体上是围绕"提炼归档"和"复用"活动展开的双向信息交换，提炼归档主要是从舰艇作战软件产品中，通过"标准化提炼"来充实模型库。

可复用的作战模型除了来自于已完成研制的舰艇作战软件外，还可以来自于单独的作战模型研制过程，因为战法研究是一类独立于舰艇型号软件研制的持续性工作，其工作成果可进一步形成军事概念模型和数学逻辑模型，以及经过实验室仿真验证后的工程模型和原型构件，纳入到作战模型库中，作为共享知识可应用于后续型号舰艇作战软件的研制。

上面以作战模型为例，基于舰艇作战软件产品族的结构，从五个维度阐述了舰艇作战软件复用作战模型的需求。作战模型作为舰艇作战软件研制过程中的工件之一，具有工件复用的典型特征，实际工程实践中，我们建立了包含需求库、模型库、构件库、决策支持数据库和测试用例库在内的核心资产库，研制过程中的所有工件对应的库都可通过"标准化提炼"或"新研"来予以充实，从而为采用"基于复用的研发方法"提供物质基础。

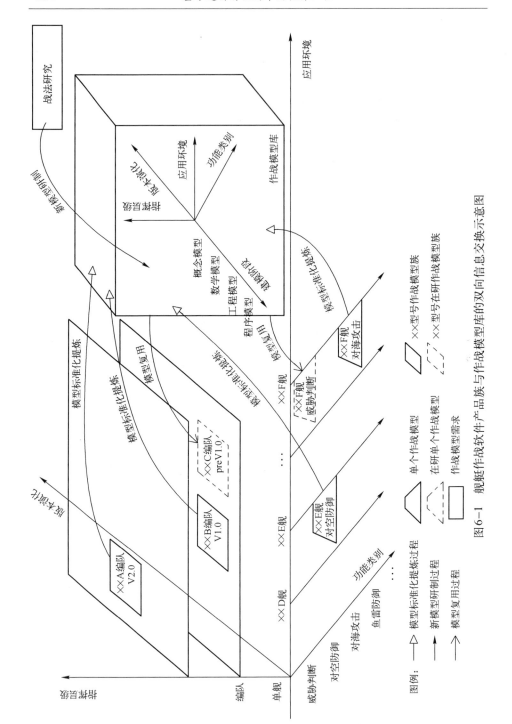

图 6-1 舰艇作战软件产品族与作战模型库的双向信息交换示意图

6.1.2 军用软件质量演化对工件复用的需求[2]

上述横跨产品族中不同产品个体的复用需求,主要发生在舰艇作战软件交付验收之前的研制阶段,由于大多数军用软件都具有要求不断发展、功能逐步细化和升级陪伴终生等特点,在实际工作中,舰艇作战软件完成研制并部署只是研制工作的阶段性结束,持续的维护升级会推动特定软件产品乃至核心资产的演化,而核心资产变更必然要求其在相关型号舰艇作战软件产品中得到正确的传播,这就产生了舰艇作战软件演化方向上对工件的复用需求。如下从维持软件交付之后质量水平的视角,来阐述这种复用需求的特征。

对军用软件而言,它们一般具有较长的服役期,而且在此期间要求尽可能地演化升级,所以要求在军用软件的整个生命周期中能够持续提高其质量。在讨论如何才能更好地维持软件交付后的质量水平之前,先以指挥信息系统为例分析一下质量认知和其演化的特征。

1. 相关方对指挥信息系统的质量概念认知存在差异

相关方对指挥信息系统质量水平认识存在差异的背后,是软件质量概念的复杂性及质量度量难题。针对这个问题,自20世纪70年代以来,不同的机构和学者们分别提出过不同的质量模型,其中认同度最高的是国际标准化组织提出的整体质量概念,其在 ISO/IEC9126 系列标准中,将软件质量划分为内在质量、外在质量和使用质量三类,其中:内在质量和外在质量被进一步划分为功能性、可靠性、易用性、效率、维护性和可移植性等六个质量特性;外在质量使用质量则被进一步划分为有效性、生产率、安全性和满意度等四个质量特性。如果分别对这十个质量特性实施度量,那软件质量水平就是这十个质量特性的加权和。为阐述方便,设特定型号指挥信息系统的质量值为 Q_x,内在质量和外在质量的值为 Q_{x_0},使用质量为 Q_{x_1},有 $Q_x = x_1 Q_{x_1} + x_2 Q_{x_2}$(外在质量 $0 < x_1 \leq 1, 0 \leq x_2 < 1, x_1 + x_2 = 1$)。

本书不深入探讨此通用质量模型应用于指挥信息系统所需实施的裁剪方法,也不深入探讨不同质量特性的度量方法及权重确定方法,只是定性地分析此通用质量模型的特点和各质量子特性之间的相互影响,从而分析指挥信息系统的质量演化特征。但有一点是肯定的,根据某种度量方法,可以解算出特定型号指挥信息系统的质量值 Q_x,这个 Q_x 体现了相关方的诉求,且会随时间及运用而动态变化,为提升指挥信息系统的质量水平,关键要素是在系统的应用初期使 Q_x 尽可能高,以及随着指挥信息系统的应用,保证 Q_x 是时间递增函数。

从直观来看,指挥信息系统的内在质量和外在质量所反映的是系统满足研制任务书(技术规格书)的程度,而使用质量所反映的是系统满足使用部队作战训练需要的程度,前者是系统研制方和测评方所关注的重点,而后者是系统使用方所关注的重点,从指挥信息系统研制、测评和使用实践来看,各相关方得出了不同的评价结果,从而影响了指挥信息系统质量水平的提高。

2. 指挥信息系统生命周期内质量水平是时间的阶跃函数

指挥信息系统的生命周期可划分为开发过程和维护过程两个阶段,其分界线在于系统是否在实际运行环境中被正式投入使用。

开发过程是军用软件研制过程模型主要关注的过程,其主要特征是各阶段工作产品的开发小组不断引用前面阶段所产生的工作成果,设计构件与需求规格说明紧密联系,代码构件交叉引用并不断审核,以期能服从于设计,而测试是基于发现功能和约束是否根据需求和设计来工作。对提高软件质量水平而言,这个阶段主要着眼的是提高软件的内在质量和外在质量(Q_{x_0})。在这个过程中,随着各项测试工作的推进,质量水平大体会是时间的增量函数,由于测试及问题回归需要时间,测试验证后提交系统新版本的时间是离散的,体现为Q_x是时间的分段函数,其质量曲线如图6-2所示。

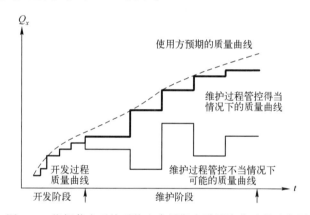

图6-2 指挥信息系统系统生命周期内质量演化过程示意图

维护过程开始于产品的某个维护要求,终于产品的退役,系统交付使用后改变系统的任何工作都属于软件维护。此过程的特点之一是维护人员开始建立起与使用方的工作关系,了解他们对系统的满意程度,收集意见建议,不断响应维护要求。从工程过程来看,每次维护都是一个微型的开发周期,整个维护过程体现为若干个开发周期的集合。对提高软件质量水平而言,这个阶段主要着眼于保持Q_{x_0}不变的情况下,尽可能提高软件的使用质量(Q_{x_1})。在这个过程中,随着系统应用的深入,如果不实施维护升级,软件质量水平大体会是时间的递减函数,因为用户所提问题及意见建议得不到及时解决时其满意度会不断降低,当然,如果维护过程管控不当,往往会导致在Q_{x_1}没有明显提高的情况下,Q_{x_0}没能维持住原有水平而不断下降,从而影响到整体质量水平的提高。当然,不管Q_x是随时间递增或递减函数,考虑到维护活动作为一个工程过程,其需要清晰地描述需求变更的内容和范围,以便实施设计实现变更和变更结果的确认研制,整个过程会固化需求并持续一段时间,因此Q_x都是时间的分段函数,其质量曲线如图6-2所示。

因此,在指挥信息系统生命周期内,虽然测评方或使用方会不断地提出问题或意见建议,但Q_x总是会随着时间发生阶跃式提高或降低,即使是实施了最有效的维护保障活动也会如此,从而使得系统质量水平的提升总是阶段性滞后于相关方对质量水平提升速度的心理预期。

3. 需求变更是指挥信息系统维护保障的常态

指挥信息系统的军事需求所反映的是指挥员或军事领域专家(用户代表)等对作战指挥支持手段、方式与内容的期望,由于人的认识会随着实践的深入不断深化,一般情况下,人们在看到软件最终产品之前会难以判断需求所对应的软件产品是否确实是其所希望的,因此,当他看到最终产品时可能会发现与自己的期望相差甚远。可能的原因如下。

(1) 需求的复杂性。指挥信息系统需求的复杂性反映的是作战指挥业务的复杂性,同时还涉及指挥信息系统运行环境等约束,使需求本身具有复杂性,难以获取。

(2) 需求的不完备性和不一致性。由于作战指挥业务的多样性和灵活性,用户(代表)在表述需求时常常带有不确定性与模糊性,甚至所描述的需求本身具有内在的矛盾及其潜在的冲突性。需求开发的主要任务之一就是从初始的需求陈述中获取隐含信息,消除矛盾,形成完备一致的需求规约,但从实际经验来看,需求的不一致性往往源于同一使用单位不同个体的分歧,难以取舍。

(3) 需求的不确定性。需求本身的不确定性主要表现为两个方面:一是基于自然语言的需求描述精确较差;二是指挥信息系统的使用方具有不确定性。

需求开发时所参照的条令条例以及针对指挥员的调研材料,都是以非形式化的自然语言描述的,由于自然概念之间存在着本质的模糊性,甚全相互矛盾,使得规范描述需求非常困难。另外,需求分析方法论及专业需求分析工具的缺乏,也会影响到需求描述的准确性。

指挥信息系统的最终用户是各级指挥人员,由于软件研制需要有一定的时间,期间随着指挥员岗位的流动,指挥信息系统的最终用户往往不是在需求开发阶段参与需求调研的指挥员,也就意味着某型指挥信息系统所遵循的需求并非直接用户所提出的需求。

(4) 需求的动态层次性。人的需求只会短暂而相对的满足,低层需求被满足后,高层需求就出现。因此从理论上讲,需求是动态的,软件总是无法完全满足用户的需求,指挥信息系统也概莫能外。随着开发进程的推进,用户对所建应用系统理解的不断深入,对原来模糊的或非明示的需求有了新的认识,随时会提出新的需求,软件需求无法在项目开发初期就完全确定。

以提高系统质量为目标,指挥信息系统的需求开发需要贯穿其生命周期全过程,使用方提出意见建议作为需求开发的重要素材,其数量与指挥信息系统质量水平并非完全正相关,基于意见建议所启动的需求变更活动是指挥信息系统维护保障的常态化工作,表面上看是对已有工作的部分否定,本质上是适应各相关方在系统牵引下认识水平不断提高的过程,是螺旋式优化完善的过程。

从系统工程的角度来看,需求规约确定了系统的边界和研制目标,软件工程过程始于系统分析,其首要任务是确定系统的边界,形成无歧义的需求规约。对工程实践而言,需求是软件设计实现所需遵循的法规性文件,是系统测试验收和判别研制是否成功的依据。在需求规约完备地反映了所有用户需求的情况下,满足需求规约就意味着满足了所有的用户需求。

指挥信息系统需求的不确定性和动态层次性,意味着部分需求只有在系统实际应用后才能够被提出或者明确,指挥信息系统的边界在研制初期无法完全确定,系统需求规约无法在交付使用前完备反映所有用户需求,理论上而言其研制过程不适合采用标准军用软件过程模型,因为标准军用软件过程的指导思想是将软件研制活动周期视为一个系统工程过程。

上述实例分析反映了军用软件的质量特征,要将指挥信息系统交付之后的质量维持在较高的水平,需要各相关方提高认识,尊重客观规律,顺应指挥信息系统质量曲线的阶跃特性,采取"多个系统工程过程来逼近体系工程过程"的开发范型,一方面通过单个系统工程过程来实现经收集、整编和确认过的需求规约子集,提高特定产品个体的质量水平,另一方面需要审慎地将该系统工程过程的成果纳入到核心资产库,在"举一反三"的指导下检视该新的需求对产品族中其他产品个体的影响,通过需求变更程序使升级内容得以正确传播。

上述就是以舰艇作战软件产品族为例分析得出的其演化对工件复用的需求特征,当然,对复杂的军用软件系统来说,实际过程会更加复杂。首先,如上文所述,用户需求变更后会造成软件设计和实现的变更。若该产品尚未交付,则常常会以增加开发工作量和开发成本、推迟工期为代价;若已经交付使用,则情况更糟。因为软件维护阶段不可能像开发阶段一样对开发过程有严格的控制,所以任何对程序代码的更改都可能带来雪崩般的恶果。而且软件开发项目的预算一般会集中在开发阶段,而维护阶段的预算很少甚至没有。这就造成了需求变更很难在已交付的软件系统中得到实现。回顾之前我们提到"军用软件具有要求不断发展、功能逐步细化和升级陪伴终生等鲜明特点",这个特点是军用软件的固有属性,但以目前的产品演化管理方式和技术手段而言无法支持。

其次,当我们采用某种复用方式,将拟复用的工件存储到核心资产库,并在产品研发时将其引入具体的型号研制任务后,要想使得对核心资产的变更"传播"到使用了该核心资产的产品中时,会发现情况并不乐观。因为该核心资产在产品中与其他构件或程序代码耦合在一起,不能直接对它进行更新,否则会引起不可预料的异常。这种情况可以用图6-3来说明,在核心资产库中对核心资产进行变更,如圆形表示的工件A_1变为八边形表示的工件A_2,可能是由于某种需求变更引起的。此时我们不能简单地用A_2替换A_1,因为A_1在原产品中被其他相关的工件所依赖,这些依赖关系可能由于将A_1替换为A_2遭到破坏,必须进行仔细调整并充分测试,而在软件维护阶段进行这样的工作是非常困难的。我们将这个问题称为"升级核心资产时的变更传播问题"。

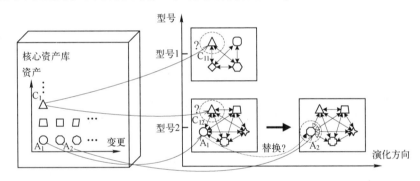

图 6-3 核心资产的复用及其更新对产品演化的影响示意图

另外,一般也不能直接将核心资产库中的某个工件复用到不同的型号产品个体中,这是因为每个产品个体对该核心资产的应用需求不同,要求它具有一定的"可变性"。例如,图6-3中三角形所代表的核心资产C_1被应用到型号产品1和产品2中,由于产品1和2的应用需求不同,所以C_1必须以它们的变体形式存在,即C_{11}和C_{12}。如何处理这种可变性?在4.1节中讨论的微核模式,为解决这个问题提供了一些思路。更一般地,把这个问题抽象为"核心资产的遗传孵化问题"。6.1.1节中论述的模型复用问题本质上也属于这个问题。

6.2 软件序列、型号软件与软件产品族

在1.5.2节中讨论了军用软件产品的族群化特征,并以舰艇作战软件为例,在图1-11中展示了用于不同舰艇的作战软件,它们形成了一个应用于舰艇作

战领域的军用软件产品族。该产品族中,不同产品序列的差异较大,而同一产品序列中的不同型号软件相似性很高。

下面从软件承制单位(厂、所或部门等各种组织形式)的角度对军用软件产品族通常的形成过程进行分析。假设某组织接到一项全新的军用软件研制任务,组织没有在该领域积累任何可借鉴的经验和可复用工件,则需要从零开始研制该软件产品。此时,研制工作基本上全是针对下达的军事使用需求开展的,且产生的工件也都与其直接相关。研制完成后,组织不仅获得了有关该军用软件研制的建模、设计和开发经验,而且,为了达到软件自身架构合理,有利于确保质量属性(可扩展性、可维护性、可修改性、可测试性等)和高效利用人力资源,实现工件在本项目研发过程中复用,组织会对各种工件进行重构。如利用面向对象技术进行构件化开发等。这些工作不仅对本项目非常有益,而且还为以后承接同类研制任务奠定了基础。之后,假设该组织又接到一项与前述任务相似的研制任务,它是对上次产品的改造(不同于对产品的维护升级),并被命名为一个新型号。此时,由于该组织积累了研制经验和一些现成的工件,所以基于这些成果开展工作就容易得多。以后,随着此类研制任务越来越多,一个软件序列就形成了。组织在承担型号序列的研制过程中会积累更多的研制经验和更成熟的可复用工件。逐步地,组织认识到对这些工件的复用不应仅仅停留在简单复制的层面上,因此开始有意识地基于已有研制经验和可复用工件创建一个专门用于复用的平台系统和工件库,当再有新型号研制任务时就可以直接在平台上扩展,高效地生成目标型号软件。即使组织接到的研制任务与以往型号序列相似度不高,这些积累的平台系统和可复用工件也能为新的型号序列提供有价值的研发基础。组织承担的研制任务越多,其软件族群的研制能力就越强。久而久之,多个型号软件序列构成了软件产品族,每个序列是产品族中的子集。当然,这里基于一个假设前提,就是组织掌握了研制知识的累积和工件复用的科学方法,因为对庞大的军用型号软件产品族而言,形成系统有序的复用方法并不容易。我们将在 6.3.4 节详细展开型号软件族群规划方面的论题。

为了统一理解,参考一些文献[3],下面对本书中使用的术语(型号、型号软件、型号软件序列、软件产品族)给出非正式定义。

定义 6.1:型号是指经军方认定并按特定规则给出编号的军事武器装备系统的总称。

定义 6.2:型号软件是指型号中使用的软件系统。

定义 6.3:型号软件序列简称软件序列,是指同属特定类型的所有型号软件所形成的集合。一般,软件序列中的每个型号软件(个体)都具有主体功能相似的特点。

定义 6.4：软件产品族是指某个军事领域的所有型号软件序列所形成的集合。例如，舰艇作战软件产品族包含驱逐舰型号软件序列、对潜作战型号软件序列等。

如前论述可知，使用平台系统作为产品研发的基础是一种较好的方法，这使得产品族中的每个个体都拥有一组能满足特定使用需求或任务需求的公共的、可管理的特性，并且是按预定义的方式，由平台开发而来。我们称平台系统和有意识地创建的工件库中的为复用目的而开发的工件为核心资产，它们是构成产品族基础的资产，广义上讲，工件库中的工件也是平台的一部分。针对用户对个性化产品的需求，平台中还包含了大量可定制的特征。

创建平台是研制军用型号软件产品族的关键。首先，关注哪些是所有产品的共同部分；其次，关注哪些是不同的。得到的工件适用于所有的产品的共性部分，同时必须具备一定灵活性，使其可以在不同的应用中得到复用，提供大规模定制的可能性。

这些工件的获得方式可以有三种。

(1) 组织自己构建：或者从头构建，或者从老产品中挖掘。

(2) 购买：买来之后，直接使用。

(3) 委托第三方构建：与其他组织签订合同，委托其专门为自己构建。

一般，平台构建需要相当大的工作量，所以平台研发应作为单独的开发项目。

平台的实现应该具有一定的灵活性，这就要求找出和描述产品族中的产品在什么特征上不同，它们要实现哪些不同的需求，有时候这甚至意味着在底层架构上的调整。

例如，同一型号序列的不同军用汽车可能有不同的雨刷和清洗器。所以在设计平台时需要为不同型号汽车的不同雨刷和清洗器提供不同类型、不同尺寸的电机。并且，这种灵活性还受到型号产品个体的限制。例如，军用敞篷车就不需要后窗清洗器，以免将玻璃水洒到座位上。因此，定制敞篷车时，就需要对雨刷的灵活性加以限制，当敞篷车的顶篷敞开时，后玻璃清洗器是不可用的。

设计这种灵活性需要对各种产品的差异性有深刻认识，6.3.3 节中将对变异性进行深入讨论，这种变异性有时也称为"可变性"，它是大规模复用的基础。

基于平台研制并形成军用软件产品族是我们提出的基于遗传孵化思想的软件工程方法的目标，实现这个目标，将达到如下益处。

(1) 降低开发成本。以平台化研制产品族的动机具有两面性：一方面，是为了减少开发成本；另一方面，这种成本减少并不是来自平台化本身，因为平台化在一开始确实要投入较多的资金。在单一系统工程中，n 个单独产品的总成本大致等于每个单独产品的成本的 n 倍。而为了创建平台需要花费附加成本,为了创建可复用工件也需要投入相当可观的额外成本。但是,从平台构建单一产品所要花费的成本将会大大降低,因为在创建产品之前,最关键和大量的开发工作已经完成,这部分工作无需重复。我们很难给出一个前期投入与后期取得收益的盈亏平衡点,但有些专家就此问题也有一些探讨,如 Weiss 和 Lai 就通过大量案例说明了在软件开发领域,通常在 3~4 个系统时,会取得该平衡点[4]。

（2）缩短产品交付时间。理想情况下,产品可以仅通过平台上已有的工件来创建,不需要引入任何特定于单个产品的开发工作。实际上,很难达到这种理想状况。但是,一般实际的产品创建过程可以是半自动甚至是全自动的,不需要进行大规模的开发工作。所以,创建能够交付的产品的时间会大大缩短。当然,实际的时间会依产品的导出机制以及产品本身特定的功能而定。而且,一旦清楚了产品的导出机制及产品的特征后,就能非常精准地估算出创建新产品的花销(经济和时间成本),这有利于开发组织进行成本预算,制定合适的市场战略。

（3）提高产品质量,降低维护成本。平台提供的工件可以用于不同环境的不同产品,这有助于稳定核心资产的功能,并通过平台的大量应用将其发生错误的可能性降到最低。反过来,在单点修复的缺陷可以很容易地通过平台的改善反馈到所有使用该资产的产品上。一个新的产品如果最大程度地使用经过验证的成熟的工件,将意味着其存在缺陷的概率会大大降低,因而产品会更可靠。对软件产品而言,基于平台的软件产品的代码量和文档数量会大大减少,因此其开发项目的总规模会极大降低,这意味着产品开发和维护工作量大大减少,也会大幅降低项目风险。

另外,平台化还能够改善产品质量的演化,降低产品复杂性。可以通过不断改进平台,使产品获得质量改进的机会。这样就可以更好地组织产品序列的演进开发,比起单系统来说,大幅度提升了管理效率。同时,由于产品的复杂度越来越高,通过复用平台中的通用构件,并在定义了可变性的不同位置上可控地扩展,降低了产品开发的复杂性,减小了出错的几率,并能缩短产品交付时间。

平台化不仅对研制组织有益处,对用户同样具有吸引力。一般,用户必须或多或少地调整自己的工作方式去适应软件,他们希望软件产品能适应自身的需求。以前,经常发生这样的情形,对于每一个新产品,用户需要习惯不同的界面和不同的安装过程。这使用户很苦恼,尤其是在产品版本更换时也要面临同样的问题。所以用户开始要求提高软件的人性化设计,从而出现了支持通用用户界面和通用安装过程的软件包。这些软件包的使用促进了平台概念的推广。而且,因为平台化有助于产品成本的降低,用户可以以更低廉的价格购买产品。因为复用的部件和配置已经在许多产品中测试过并被证明是可靠的,因而用户能够获得高质量的产品。

由于许多工件是从平台复用而来,所以产品序列中的型号产品具有很多的相同之处。比如,用户界面相似或相同,主要功能相似,用户很容易在不同产品之间切换。对于从同一平台生产的新产品,用户不需要花费很多精力来适应和学习其操作方法。

6.3 军用软件产品的遗传孵化模型和族群规划方法

在民用软件领域,软件厂商面临的商业环境多种多样,导致它们需要采用不同的商业模型。为了适应其所处的商业环境,按照不同的商业模型的特点确定其软件产品族群要解决的重点问题,并在产品族的总体方法和总体原则的基础上做出相应的调整。在军用软件型号研制中情况类似,但是由于军用软件型号研制大多数具有很强的探索性和研究性特征,所以对于一个新的产品序列而言,很难通过成熟的先验知识或经验对整个产品族提前进行规划,大多数情况下是通过已有项目方案构建平台(领域工程),从而形成族群和父辈基因,进而通过遗传孵化(应用工程)生成新的型号产品个体。本节建立军用软件的基因遗传、变异、孵化的理论模型。

6.3.1 遗传孵化建模

定义 6.5:孵化运算

设 P 为非空有限集合,$p_i \in P(i=1,2,\cdots,n)$ 为型号软件产品,定义元数可变的 k 元运算 g^k,$1 \leqslant k \leqslant n$,$g^k$ 满足:

(1) 取 P 中任意 k 个软件产品 $p_1, p_2, \cdots, p_k$ 进行 g^k 运算,其结果可能不唯一;

(2) 取 P 中任意 k 个软件产品 $p_1, p_2, \cdots, p_k$ 进行 g^k 运算,满足 $g^k(p_1, p_2, \cdots, p_k)$ 仍为型号软件产品。

称 g^k 为**孵化运算**。

定义 6.6:阶段函数

令军用软件产品 p_i 为工件组成的集合 A_i,记为 $p_i := A_i$,假设 S 为军用软件产品可能处于的研制阶段的集合,$S = \{u, m, al, o, r, d, c, t, \cdots\}$,其中:

u 表示使用需求阶段,工作成果的工件集合为 U;

m 表示军事概念建模阶段,工作成果的工件集合为 M;

al 表示数学建模和算法设计阶段,工作成果的工件集合为 AL;

o 表示原型构件开发阶段,工作成果的工件集合为 O;
r 表示软件需求分析阶段,工作成果的工件集合为 R;
d 表示软件设计阶段,工作成果的工件集合为 D;
c 表示软件实现阶段,工作成果的工件集合为 C;
t 表示软件测试阶段,工作成果的工件集合为 T。

研制阶段可根据实际研制项目扩充。则有 $A_i = U_i \cup M_i \cup AL_i \cup V_i \cup R_i \cup D_i \cup C_i \cup T_i \cup \cdots$。定义函数 $f: A_i \to S$ 为工件的阶段函数。

定义 6.7:变异运算

设 A_i 为军用软件产品 $p_i(i=1,2,\cdots,n)$ 的工件集合,$PA_i \subseteq A_i$ 为 p_i 的工件子集,定义元数可变的 k 元运算 v^k,$1 \leq k \leq n$,v^k 满足:

(1) 取任意 k 个产品的工件子集 $PA_1, PA_2, \cdots, PA_k$ 进行 v^k 运算,其结果可能不唯一;

(2) 取任意 k 个产品的工件子集 $PA_1, PA_2, \cdots, PA_k$ 进行 v^k 运算,满足 $v^k(PA_1, PA_2, \cdots, PA_k)$ 仍为工件集合。

称 v^k 为变异运算。

定义 6.8:研制运算

设军用软件 p 在研制过程中某时刻 t_1 拥有的所有工件集合为 A_{t_1},定义一元运算 d 为研制运算,它满足:$d(A_{t_1})$ 仍为工件集合,$d(A_{t_1}) \subset A_{t_2}$ 且 $d(A_{t_1}) \cup A_{t_1} = A_{t_2}$。其中:$A_{t_2}$ 为完成研制运算后的时刻 t_2 时 p 所拥有的所有工件集合。

定义 6.9:遗传运算

设 P 为非空有限集合,$p_i \in P(i=1,2,\cdots,n)$ 为型号软件产品,A_i 为 p_i 的工件集合,$PA_i \subseteq A_i$ 为 p_i 的工件子集,则定义元数可变的 k 元运算 in^k,$1 \leq k \leq n$,满足:

$$in^k(p_1, p_2, \cdots, p_k) = \left(\bigcap_{i=1}^{k} A_i\right) \cup v^k(PA_1, PA_2, \cdots, PA_k) \quad (6-1)$$

称 in^k 为 k 个产品 $p_1, p_2, \cdots, p_k$ 上的遗传运算。

可以看出,遗传运算的结果是由 k 个产品的公共工件(继承的工件)和它们的变异运算结果(仍为工件的集合)共同构成。

6.3.2 孵化过程

命题 6.1:军用软件的遗传孵化

设 P 为非空有限集合,$p_i \in P(i=1,2,\cdots,n)$ 为军用型号软件产品,对 k 个 $(1 \leq k \leq n)$ 产品实施遗传运算 in^k,此时得到如下工件集合:

1) 由 in^k 运算得到的工件集合,可由(6-1)式确定;
2) 其他可复用工件集合 $\overline{A}$。

假设此时为时刻t_1,则经过孵化运算后时刻t_2时我们得到:

$$g^k(p_1,p_2,\cdots,p_k)=in^k(p_1,p_2,\cdots,p_k)\cup\overline{A}\cup d(in^k(p_1,p_2,\cdots,p_k)\cup\overline{A}) \quad (6-2)$$

称这种由遗传运算、研制运算进而孵化运算共同作用的过程为遗传孵化。

由以上定义和命题可以看出军用软件的遗传孵化过程主要包括继承、变异和个性化研制三个环节。其中继承就是将参与遗传孵化的所有型号软件的公共工件保留,也称公共性建模。变异就是根据参与遗传孵化的型号软件的非相同工件进行可变性分析,也称可变性建模。个性化研制就是针对当前研制的型号软件的个性化需求,在公共性和可变性以及已有其他可复用工件的基础上,研制出专属于此型号产品的工件。

图6-4展示了遗传孵化的效果。我们将参与遗传孵化的型号软件称为父辈产品,当然随着遗传孵化过程的终结,会产生一个新的型号软件产品个体,它也将被作为父辈产品供新的型号软件研发使用。需要说明的是,可复用工件库是如何形成的。那些对所有遗传孵化时不需任何约束条件就能顺利引入新产品的工件,都可以被加入可复用工件库。显然,理论上那些所有可能参与遗传孵化的型号软件中的公共工件一定可以加入可复用工件库。然而,真正的大规模复用不可能只针对这些公共工件,还需要对那些通过某种配置机制就能实现复用的工件进行建模,将它们作为可复用工件的重要类型。实际上,我们研究的基于遗传孵化思想的军用型号软件研制方法中最重要的内容就是对这种变异机制进行研究,包括对变异的建模和变异的运用。因此,我们需要对这些变异工件和公共工件一起进行管理,将它们称为"核心资产",管理核心资产的部件称为"核心资产库"。

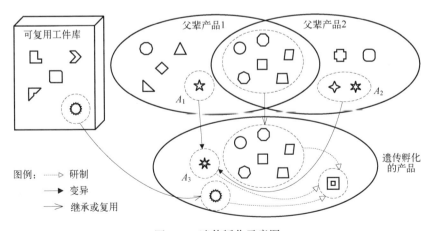

图6-4 遗传孵化示意图

所以，创建核心资产库最重要的工作是处理变异。下面将对变异建模方法和运用变异的机制进行讨论。

6.3.3 遗传变异

由上一小节可知，那些通过某种配置机制就能实现复用的工件也作为核心资产进行管理，它们是可复用工件的重要类型。事实上，基于遗传孵化思想进行军用型号软件研发很大程度上是处理变异。变异之所以称为"变异"，是因为它们在主体上是相同的，只是在一些特定方面出现了差异性。例如，在图 6-4 所示的遗传孵化过程中，我们将来自于父辈产品 1 上的工件集合 A_1（只包含一个工件）和来自于父辈产品 2 上的工件集合 A_2（包含两个工件）中的工件进行对比分析，发现它们的有很多相似性，而有差异的地方有限且位置明确，可以通过在公共属性上添加可变特征，并通过对可变特征进行配置来获得新的个性化特征，这样就能帮助我们生成新的工件集合 A_3。

更一般的情况可以通过图 6-5 来说明，我们用父辈产品中的三个工件 a_1、a_2 和 a_3 来分析其遗传性（公共性）和变异性（可变性）。

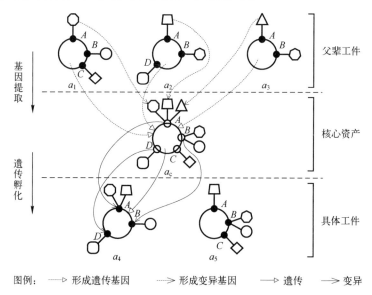

图 6-5 父辈工件的基因提取和遗传孵化

因为这三个工件均由相同的核心特征（用中间的圆形表示）和特定位置（用黑色圆点表示）上的个性化特征（用围绕在圆形周边的不同形状表示）组成，我们发现核心特征可以直接遗传下来，这代表了父辈工件的遗传基因。而与核心特征具有固定关联关系(位置)的个性化特征各不相同,可以将每个父辈工件在相同位置上具有不同个性化特征的地方引入可变点(用小圆圈表示),这就代表了可能发生基因突变的位置,在此位置处形成了可配置的特征,即变异基因。这就形成了核心资产,它由核心特征和可配置的个性化特征组成。由于位置代表了个性化特征与核心特征的相关关系,相同的位置表示相同的关系,所以在运用核心资产形成新的具体工件时仅需考虑每个位置处个性化特征的取舍关系即可。

由图6-5可以看出,从工件a_1、a_2和a_3提取基因,生成了核心资产工件a_c,它是包含了父辈共性遗传基因和所有可能的个性变异基因的综合体,可以迅速地按照遗传基因继承规则和变异基因配置规则遗传孵化出新的工件,如a_4和a_5。可以看到,新生成的具体工件与父辈工件并不相同,但是继承了父辈工件的核心特征,并按照自身的具体要求形成了各自的个性化特征。

注意,可变点是一个非常重要的概念,它是形成个体差异所在。每个可变点处无论可配置特征有多少,都必须保持与核心特征具有相同的连接关系。按照工件类型不同,连接关系的具体形式也不同,如下面的一些例子。

设f为阶段函数,a为工件,则:

(1) 当$f(a)=u$,连接关系可能是某个作战任务与子任务的任务分解关系;

(2) 当$f(a)=al$,连接关系可能是算法函数对子函数的调用关系,须保证调用可选的不同子函数的方式是相同的;

(3) 当$f(a)=o$,连接关系可能是部件之间的调用关系,须保证调用可选的不同部件的接口是相同的;

(4) 当$f(a)=r$,连接关系可能是某个需求项与其子需求项间的依赖关系;

(5) 当$f(a)=d$,连接关系可能是某个类调用其他可选的类的调用关系;

(6) 当$f(a)=c$,连接关系可能是某个类程序调用其他可选的类程序的调用关系;

(7) 当$f(a)=t$,连接关系可能是某个测试用例中测试脚本触发其他可选的测试用例的测试脚本的触发关系。

基于以上论述,军用型号软件的大规模复用问题都可以通过遗传孵化的思想得以解决。

6.3.4 族群规划方法

为满足软件产品大规模复用,最理想的情况是从开始就能规划一个软件系统的家族,它们共享一组公共的和可管理的特性集,来满足特定市场或特定项目的个性化需求;它们基于一组公共的核心软件资产,用配置的方式开发出来,核心资产在这个产品家族中得以最大程度的复用。核心资产可以是文档、模型、代码和算法等，组成了产品的路线图、需求、项目计划、系统架构、设计模型和软件构件等工件。

然而，我国以往大多数军用软件都属于小批量产品，所以在开始研发立项时很少考虑为整个型号序列做出规划，一般以单项目立项的方式来研制，工件复用往往采用文档/代码复制的方式来完成。这样，软件复用的层次很难上升到整个产品族群的高度。我们在1.4.2节已经对这个问题的弊端进行了分析。随着我国国防建设的发展，军用型号软件研制任务爆发式增长，迫使我们必须站在更高层面上考虑软件复用的问题。

基于遗传孵化思想的军用软件工程方法能够很好地帮助我们进行软件产品族群规划。如图6-5所示，基因提取包括遗传基因和变异基因两部分，它是根据已有的型号软件进行分析从而建模形成核心资产。若随着针对同一序列装备的型号软件研制工作越来越多，我们也就能越来越多地获得有关该序列的型号软件的整体认知，这样必将促进对整个序列型号软件的整体设计。也就是对整个软件产品族进行设计，从而能够高效地指导族群中新个体的研制。因此，族群规划和设计是围绕构建核心资产库来进行的，可以分成两种类型的工作：

（1）通过分析父辈产品而获得遗传基因和变异基因，从而构建核心资产；

（2）通过族群规划从头设计核心资产。

当然，无论哪种工作方式，产品的整体模型和整体架构都属于核心资产中的一类重要工件，只是它在第二种方式中显得更为重要，必须从一开始就重点考虑。这就要求我们将软件研制理念从"开发以使用"（即为某个特定应用开发工件）转变到"开发以复用"（为产品族开发工件）。

对于新的军用软件产品序列，我们可借鉴的研制经验很少，需要通过实验原型系统或试制产品逐步摸索，遗传方法显得更有价值，它能够帮助我们梳理研制经验和可复用工件，从而为整体规划族群奠定基础。

族群规划是我们主动地"设计"出工件的遗传基因（公共性）和变异基因（差异性），对实现大规模复用更系统，更高效。主要的优点包括以下几点。

（1）可以标识产品家族中的个体（称为：变种），描述各个变种之间的关系，追溯变种与核心资产之间的关联；

（2）充分考虑了对产品家族的未来扩展；

（3）既达到了产品实现的灵活性，又保持了模块化；

（4）能够管理产品家族中多产品之间的演化，保证其一致性。

在军用领域，我们需要建立的应用软件越具有相似性，我们越应该考虑使用族群规划方法重用以前的开发成果。然而，对军用软件研制来说，它的推广应用

仍存在一些障碍,表现在:

(1) 没有足够的经验对庞大的产品族群做出规划和设计,特别是对软件工程阶段更是如此;

(2) 产品中引入差异性会大大增加整个型号软件产品族的架构设计的难度;

(3) 规模的限制,对某些军用型号序列产品而言,存在大量的产品变种,它们之间形成指数级数量的关联及依赖关系,从需求工件到实现工件变异模型逐步细化,所以若想追溯变种之间的交互,会非常困难。

如前所述,模型工程阶段复用的对象主要是抽象模型、核心算法和技术架构,复用的形式是知识利用、算法适配和参考文档,这些大多数是与平台无关的,从它们入手率先做族群规划更容易些。本书后面的章节中引入软件产品线工程方法,对两种构建核心资产的方法都能够提供支持。

6.4 核心资产的范围界定

界定核心资产的范围一方面要考虑投资回报率,另一方面它又是产品族背景下软件架构设计与开发的必要条件,因为只有清楚了某个产品族或型号序列需要实现的功能,才能对其架构进行设计,从而在架构的指引下实现资产。资产范围界定基于投资回报率模型提供了功能的初步汇总,这就可能成为一个软件架构的起点,但它并不涉及任何技术或实现的方面。

在文献[6]给出的 PuLSE-Eco 方法中,资产范围界定是由所谓的"复用基础设施范围界定构件"(Reuse Infrastructure Scoping Component)来实现的,该构件通过在选定的领域中标识那些会被打包成可复用资产的特征来进行范围界定,它大致执行以下四个步骤:

(1) 将复用的目标形式化为经济目标;

(2) 辨别详细的相关功能点;

(3) 刻画特征化功能;

(4) 从评估结果中得出资产范围界定的建议。

在第一步中,详细介绍了大规模复用的经济目标,并转化为切合具体组织情况的经济模型。建立的模型越精确,所得到的界定结果就越准确。但是,由于基础数据可能具有显著的不精确性,所以模型不应太复杂。太复杂增加了建模难度但对结果准确度提升作用不大。这一步骤会得到一些高度抽象的经济指标,这些指标(比如节省的工作量)将在第二步中被细分为基本的和可直接度量的元素,如构件的粒度或开发人员的生产率。这些基本功能被表示为"特征化功能"(Characterisation Functions),因为它们是从经济学角度对基本功能点的刻画。此步骤所需的功能点的粒度级别比在先前步骤中更为精细,因为需要搞清楚哪些功能点应该合并。这就需要比先前步骤更详细地进行需求识别。

下一个步骤的目的是为了进行经济效益的计算而收集用于描述单个需求对应的功能所要求的值。实际应用中,这一步经常出现瓶颈问题。如果组织没有或有很少评估经验和背景知识,将会在估算各种描述功能的合适的值时遇到巨大困难,若估算有偏差和错误,则可能会影响最终的结果。

一个新的型号软件产品族的基础设施从无到有建立起来的时候,资产的范围界定是非常重要的。这也对研制单位提出了具体的要求,例如,应该能够至少在某种程度上进行"以评估为基础的管理"。但是,目前状况是我国在这方面的理论研究和实践积累很少,往往做不到这一步,所以通常只执行前两个步骤,这样就无法获得对潜在的可复用性进行定量分析而带来的收益。

6.5 军用软件产品族的演化与维护

6.1.2 节详细论述了型号软件的演化和维护中存在的三个难题,即:
(1) 需求变更如何在已交付的软件系统中得到实现?
(2) 复用核心资产时,若核心资产升级,则变更如何传播到软件个体?
(3) 遗传孵化如何实现?

前两个问题从技术角度来看属于同类问题,都是要解决对工件的变更如何顺利地传播到已交付的软件中,无论工件是不是核心资产库中的。下面我们不妨以核心资产库中的工件为例进行讨论。对第三个问题,我们已经从理论上讨论了解决方案,并将在本书后继章节中引入软件产品线(Software Product Line, SPL)技术全方位地解决它。下面我们仅在实现技术层面讨论三个问题的解决方案。

如图 6-6 所示,假设有一个军用型号软件序列包括 m 个型号软件。随着型号的演化,需要对型号软件产品进行升级。在升级过程中,有些工作是直接针对当前的型号软件进行的,特别是当有计划的复用机制还没有形成,核心资产库还不存在时,几乎所有升级工作都是以"就事论事"的方式针对该型号软件单独展开。然而,随着复用机制的建立,对核心资产库中工件的更新将作为整个产品族层面来规划和开展,不再专属于某个特定的型号软件。此时,对型号软件的升级就有可能是由于它所使用的核心资产的变更而引起的了。此时要特别小心,由于作为核心资产的某个工件的升级有可能带来如下两个维度的约束:

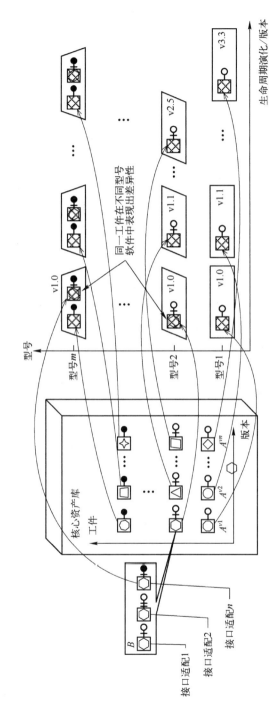

图 6-6 核心资产的更新对产品演化的影响示意图

(1) 从某个特定型号软件自身来看，因为此工件的升级导致型号软件演化升级而形成不同的版本。此时必须保证此工件的变更不影响型号软件中其他工件与它的约束关系，否则将产生不可预料的异常，如数据丢失、找不到调用的方法、参数不对应等。

(2) 从型号软件序列或产品族来看，任何不同的型号软件也可能都复用了同一个工件，此时虽然该工件的功能有可能在这些软件中都是相同的（公共性），但是可能因为每个型号软件的使用条件不同，所以要求被复用的工件能够支持这种变化（可变性）。

以上两种情况的本质是不同的：第一种情况实质上是新功能如何在软件演化时同步的问题；第二种情况实质上是遗传孵化问题，我们已经进行了详细论述。从技术实现角度来讲，无论哪种情况，都可以通过 4.1 节中给出的微核模式（也称适配器模式[7]）来解决。如图 6-6 所示，型号软件 1 使用了核心资产库中的工件 A，由于 A 的变更导致型号软件 1 演化并形成了从 v1.0 到 v3.3 的版本。要求工件 A 的每次变更都必须保证其对外部的封装是一致的，即采用适配器保持外部接口不变。这样就确保了工件 A 在型号软件 1 中的自由升级。

同理，要想让某个核心资产工件 B 在多个型号软件中复用，就必须通过适配器将之适配到每个型号软件所需要的差异特征上。也就是说工件 B 必须实现遗传基因并且兼容变异基因。可以看到，图 6-6 中型号软件 2 和型号软件 m 使用的工件 B 呈现出不同适配特征。

6.6 小结

以文档内容或代码拷贝为特征的传统软件工件复用方法已经不能满足军用型号软件大规模复用的需求，需要在模型级别建立系统化的软件复用体系。在军用软件两阶段研制模型中，模型工程阶段的复用内容以军事模型和算法为主，它们基本属于理论知识，特点是与平台无关，所以复用起来相对容易。软件工程阶段的复用内容包括软件工程活动产出的所有工件，其特点是类型多样且大多数与平台相关，实现系统化复用较为困难。本章提出了基于遗传孵化思想的软件工程模型，通过从父辈软件中提取基因生成核心资产，以及从头开始规划设计核心资产两种途径建立了平台化复用机制，为军用软件产品的演化与持续维护提供了解决方案。本章提出的基于遗传孵化的软件工程理论框架，在一定程度上能够通过软件产品线技术给予支持，后面章节中将介绍如何应用和发展软件产品线技术实现该框架。

参考文献

[1] 孙永侃,陈行军. 面向舰艇作战软件研制的仿真模型体系建设[J]. 舰船电子工程, 2020,40(12):1-4 and 10.

[2] 陈行军,史红权. 指挥信息系统用户需求的阶跃式实现模式研究[C]. 2017年中国指挥与控制学会海上指挥控制专业委员会学术年会,2017:96-100.

[3] 杨海成. 航天型号软件工程[M]. 北京:中国宇航出版社,2011.

[4] Weiss D M, Lai R. Software Product-Line Engineering: A Family-Based Software Development Process[M]. 1999.

[5] 李伟刚,李易. 软件产品线工程:原理与方法[M]. 北京:科学出版社,2015.

[6] Schmid K. A comprehensive product line scoping approach and its validation[C]. International Conference on Software Engineering,2002:593-603.

[7] Hummel O, Atkinson C. The Managed Adapter Pattern: Facilitating Glue Code Generation for Component Reuse[C]. International Conference on Software Reuse: Formal Foundations of Reuse & Domain Engineering,2009.

第7章 软件产品线技术及其在基于遗传孵化军用软件工程中的适用性

软件产品线工程是有计划地进行大规模软件复用的工程方法,软件产品族是一个软件系统的家族,它们共享一组公共的和可管理的特性集,来满足特定市场或特定项目的个性化需求;它们基于一组公共的核心软件资产,用配置的方式开发出来,核心资产在这个产品家族中得以最大程度的复用。核心资产可以是模型、算法、需求、设计、代码和文档等,组成了产品的路线图、需求、项目计划、系统架构、设计模型和软件构件等工件。

第6章基于遗传孵化思想,讨论了军用软件产品族研制的方法。从中可以看出,军用软件研制时,从型号软件产品进行父辈的基因提取可以形成带有遗传基因和变异基因的公共资产,然后再遗传孵化为特定的个体型号软件产品,也就是由遗传孵化形成了软件序列。多个软件序列之间通过共享一些核心资产,以形成特定领域的军用软件产品族。同时,随着研发经验的累积和核心资产库的壮大,使得实施军用软件的族群规划成为可能,也就是说从一开始就能规划一个面向特定领域应用的军用软件系统家族,这一重构过程与软件产品线工程方法具有高度相似性。此外,软件产品线方法中的公共性和可变性与我们提出的遗传基因和变异基因的形成机制有很大关系,这使得我们有可能借鉴软件产品线工程的一些成熟技术来实现基于遗传孵化思想的军用软件产品族研制支持系统。

本章及后面几章将对软件产品线方法的核心技术进行介绍,并在此基础上改进,使之成为基于遗传孵化思想的军用软件产品族研制的支持技术。

7.1 软件产品线工程

产品线工程的概念来自工业界,软件行业引入产品线方法的时间较短,但是工业界的产品线方法和原则大多数能够应用于软件行业,目标都是面向用户多样化的需求,实现大规模复用,提高产品开发效率,降低开发成本。如第6章所述,军用软件呈现型号化、序列化的特征,引入产品线方法能够有效利用已有研发成果,继承核心资产而派生出新的产品,这就是遗传孵化的思想。

软件产品线与工业产品线的不同,主要体现在系统的开发方式上,将开发分成领域工程和应用工程两个过程。领域工程的目标是形成产品族的整体设计,包括抽取核心资产以及识别与定义可变性;应用工程的目标是基于产品族繁衍新的产品个体。

软件产品线中的每个产品个体都由来自公共资产库中的核心资产组成,然后按预先定义的变化机制,如参数化或继承,对这些资产进行必要的"裁剪",添加必要的新元素后,根据一个产品线范围内的公共架构来组装这些资产,从而形成完整的新产品个体。于是,构建一个产品主要的工作是组装或繁衍(遗传孵化),而不是从头创造;主要的研制活动是集成而不是编码。每条产品线都有一个预先定义的指南或计划,用来定义确切的产品构建方法。因此,软件产品线工程需要的不仅是新的技术实践,还需要为产品线的构建进行系统化的评估、调查、规划和指导。需要引入超越单一产品的战略思维,软件产品族规划者必须指导、跟踪和管控可复用核心资产的形成与使用,软件产品线工程的成功实践对研制单位管理提出了更高的要求。

7.1.1 发展历史

软件产品线工程是一种有计划地进行软件大规模复用的方法。

软件作为一种特殊的知识产品,具有无形、抽象、复杂、可复制和成本高等特点。如何通过服用来降低成本、提高开发效率是软件工程领域由来已久的重要课题。多年来,人们提出了大量的方法用以解决软件复用过程中所存在的问题。这里所说的"复用",是通过特定的工程约束,以不同粒度的软件构造单元为基础,生成新的设计。需要注意的是,软件源程序和文档的简单拷贝、标准产品采用复制的方式提供给多个用户,一般并不归于软件复用的范畴。

在软件复用领域,文献[1]综述了各种软件复用技术及其开发方法。截至目前,已有一些复用技术取得了成功,被业界广泛应用。然而,如今的软件开发人员仍然花费了过多的时间来"重复发明轮子",大部分的复用并非源于事先周密的计划。软件产品线工程方法的形成,对软件复用水平的提高产生了积极的影响,下面简单介绍其发展历史。

自从有了程序编写活动,人们就开始尝试各种软件复用的方法,然而,复用成为软件工程领域中明确的研究方向,还得追溯到 McIlroy 提出"大规模生产软件构件"作为应用开发的基础这一观点[2]。随后,David Parna[3] 提出了信息隐藏原理并提出程序家族的概念,这些成为复用构件开发和基于复用的应用开发的工程基础。1989 年,Neighbors 提出了领域和领域分析的概念,并第一次系统地给出领域工程的方法,称之为 Draco[4]。不久后,在软件复用和领域工程方面形成了研究热潮。卡耐基·梅隆大学软件工程研究所(Software Engineering Institute,SEI)细化了领域工程的概念并开发了一个基于复用技术的、用以研发有紧密关联的软件族(Family)的框架,软件产品线工程的术语被正式提出。这个框架涉及软件资产和产品开发的技术方面和管理方面的内容。

图 7-1[5]展示了从代码复用到诸如设计模式和架构模式的设计复用,再到软件产品线方法的发展历程。在这些不同的阶段中,涌现出了许多重要的思想,包括系统性复用、设计原则(譬如 3C 模型①)、模块互联语言、公共性/可变性分析、基于构件的软件工程、可变点、产生式编程以及特定领域生成器等的各种方法。近年来,又提出了支持软件在运行时引入可变性的动态软件产品线的概念,来支持软件产品线工程的动态变化。

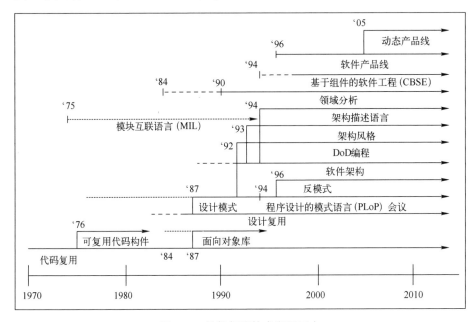

图 7-1 软件复用技术发展历史

软件产品线工程的起源可以追溯到 20 世纪 70 年代日本的工业实践。当时,日本的东芝公司使用了与现在产品线非常相似的方法来开发一族发电机,这可能是有文献记载的最早的工业实践。从那以后,产品线方法被成功地广泛应用于创建不同领域的各种产品线,从航空电子到医疗设备,再到信息系统。近年来,由于各国政府和欧盟支持了多个大规模软件复用的研究项目,各种工业领域

---

① 3C 模型中的 3C 指的是概念(Concept)、内容(Content)和语境(Context)。

中的许多成功软件产品线工程案例在 SEI 的"产品线名人堂"(Product Line Hall of Fame[6])中接连报道。

目前,软件产品线工程方面热门的研究领域包括资产库开发、方法和工具、软件架构、构件化、生成器和产生式编程、产品线配置管理、度量和实验以及商业和组织方面的问题等方面的研究,特别是可变性管理问题受到越来越多的重视。另外,产品线工程过程、生产方案、特征模型的形式化分析以及产品线测试被认为是产品线工程的关键部分。应用开发框架技术,如.NET、Java EE 和 SOA 也是研究热点。应用或集成其他技术领域,诸如面向方面的开发(Aspect-Oriented Development)[7]和代理(Agent)[8]技术等,也经常被研究者所关注。

当前,软件产品线工程方法在国际软件产业中得到了高度重视,越来越多的组织实践了这一软件开发范式[6]。以美国为代表,军用软件领域采用软件产品线技术取得了巨大的成功。然而,我国军用软件领域,由于型号研制所固有的探索性和研究性特征,研制单位对采用这种大规模工程化的软件开发方法还比较陌生,对其软件方法学、工程过程等基础理论缺乏研究,还没有形成完整和实用的支持工具平台。

如前所述,虽然成功应用软件产品线工程的核心是先进的技术,但是技术和非技术因素(诸如业务和组织等)常常紧密、复杂地交织在一起,这些也是研究的热点问题。

7.1.2 软件产品线工程中的公共性和可变性

当我们考察特定领域的一组软件产品时,会很清楚地发现,这些产品共享了一些相同特性,而在另一些方面有明显区别。软件产品线工程中,我们将这些相同特性称为"共性",将那些差异称为"变化"。这是软件产品线中的重要概念,可以说软件产品线工程的主要任务就是实现公共性和可变性的有效管控。从整体上来看,这些软件产品之间的公共性和可变性都依靠"平台"来提供。

在软件业,平台主要指应用程序可运行其上的基础计算机系统,该基础计算机系统是硬件和软件的组合,例如 Android 系统就是移动电话软件产品线的平台。在软件架构的术语体系中,平台的意义有一些不同,但是与软件业的定义本质上是一致的,对具有多层的软件架构而言,从特定层级的角度看,它的下层被称为本级的平台[9]。

在软件产品线工程中,平台的含义更具有特殊性,要求平台能支持从可复用部件出发来创建整个产品。为此给出如下定义。

定义 7.1:软件平台是一组软件子系统的接口,它们构成了一个通用结构,从这个平台上,可以有效地开发和产生一组派生的产品[10]。

平台构成软件产品线的核心资产,包括(不局限于)需求陈述、预算、文档和规格说明、性能模型、工作计划和过程描述、进度表、领域模型、架构、可复用软件构件、测试计划以及测试用例等。其中架构是核心资产集合中的关键[11]。

平台的公共特征被产品线中所有产品所共享,而变化元素在平台中必须明确定义,并给出变化元素在随后的产品个体生产中被绑定(或称为配置)的方法。这里,绑定一般意味着从多个选项中作出选择。

需要说明的是,第 2 章介绍的两阶段研制过程模型中模型工程阶段产生的"母版"与"平台"既有相似性又有不同。母版以军事领域知识积累为目标,从软件工程专业视角来看,并不一定算是良好的设计和实现,但它确实为构建"平台"提供了重要的基础。这个问题将在 7.2.2 节中详细讨论。

可变性识别和定义是软件产品线整体设计中的重要工作内容。为了系统地应用可变性,产品线技术中提出了可变点(Variation Point)和可变体(Variant)的概念。可变点是平台提供的一种属性,它可以以某种方式变化(即设置不同的值)。当可变点绑定了某个具体的值,则创建了一个可变体。图 7-2 描述了软件产品线中公共性和可变性的概念[5]。

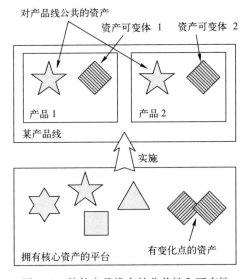

图 7-2　软件产品线中的公共性和可变性

以对海导弹攻击作战软件模块为例来说明可变点和可变体的概念,舰舰弹本身的作战使用存在相似性,但某型战斗舰艇可能装配不同发射方式的舰舰导弹,因此对应舰载作战软件系统中的对海导弹攻击作战软件模块就会存在差异。上述特性反映到对海导弹攻击作战软件模块上,就形成了一个以舰舰导弹的发射方式为关键属性的可变点,确定了不同发射方式的各个对海导弹攻击作战软件模块都是可变体。

总之,公共性和可变性与我们提出的遗传性和变异性非常相似,可变点相当于变异点,而可变体基本与变异基因对应。

7.1.3 领域工程和应用工程

与传统软件工程不同,在软件产品线工程中没有直接的开发过程,而是分成两个不同但相关的过程来创建平台和相应的产品。建立平台的过程称为领域工程(Domain Engineering),创建产品的过程称为应用工程(Application Engineering)。

领域工程包括创建平台的所有活动,在这个过程中,需定义公共性和可变性,并创建具备处理可变性能力的工件。另外,为了在生成产品线中的个体产品时解析和绑定可变性,应提供相应的辅助工具。也就是说平台不仅包含可复用工件,还包含了使用和管理这些工件的工具和方法,所有这些工件的创建都是领域工程的一部分。因此,领域工程中的一个重要任务是将公共资产的可用状态以及配置可变性的方法告知所有软件产品个体的创建者,领域工程定义了产品能够创建的范围。也就是说,产品个体的创建必须基于平台,其大多数特征来自于平台的公共性,所以它与平台具有明显的相似性。与公共性相比,经过绑定的可变性在产品个体上体现出不同于家族其他产品的个性特征,但是由于可变性与公共性相比不占优势,因此产品线家族才表现出明显的族群特征。这种特点正是本书提出的型号软件遗传孵化的主要原因。

在应用工程中,使用领域工程创建的工件来"导出"实际的产品。这中间要使用平台提供的方法和(或)工具,复用已有构件,按照特定应用需求绑定可变性(确定构件的可变体)。应用工程中一个重要的活动是创建只有当前产品使用的特定于应用的构件。这一步有时可能不需要,但是极有可能一个产品需要某个独特的功能,而且按需要功能的复杂度,可能付出高昂的代价,这也属于应用工程。

领域工程和应用工程并行运作,两个开发过程可能是完全解耦的。但是,二者彼此影响。平台必须本着能够最大化地有益于应用工程的目标来设计。为了尽可能地提高复用水平,平台中的构件应该提供大多数可以预见的特性,这样可以将开发成本降至最低。另一方面,单个产品的新需求也应该放在产品线中所有的产品上进行考量,看看它有没有必要被整合到平台中。平台开发者和产品开发者的紧密协作十分重要,它可以避免平台和产品的功能偏差。随着时间的推移,这种偏差将导致平台无法实现其作为产品基础的目标,使得相同的功能在不同的产品上重复实现多次,而付出不必要的代价。因此,平台的设计必须做充分的准备,使其能经得起时间的考验,尽可能全面覆盖未来功能。因此,精心设计平台,是保障产品线工程成败的关键!

领域工程和应用工程的过程相似,与传统软件工程过程也很相像,它们都包括需求、设计、实现、测试、维护和演化等环节。最大的区别是领域工程和应用工程产生的工件不同。领域工程着重创建在应用工程中可复用的元素、模板或框架;应用工程使用并完善这些元素和模板来构建实际产品。这些元素包括我们在软件工程中已经知道的,像需求文档、各种记录、架构模型、源码和测试用例等工件,并且为了方便在应用工程中组合和配置,它们已经被构件化。

为了在软件产品线中复用,把构件简单地堆在构件库中是不够的,应尽量使其能够自动化地"导出"产品。所以,需要描述哪些构件是可用的,它们具有什么样的可变性,以及这些可变性如何配置。描述的方式及使用描述的方式是软件产品线工程区别于其他领域产品线工程的最大区别。

软件系统中用户可见的特性叫特征。系统通常包含各种不同的特征,特征还可以组合在一起。通过组合特征,我们可以将系统的功能描述成一棵树,称为"特征树"。树上的每个特征都可能有不同的属性和关联:一些特征在产品中是必需的,而另一些是任选的;特征之间也可能有约束条件,如一些特征要求与某些特征共存,而另一些则与某些特征相排斥。所有特征的组合及它们的关联关系可以通过"特征模型"(Feature Model[12-13])来描述,特征模型用来表示产品线的结构,它是在应用工程中导出产品时最重要的输入。特征模型用特征图来表示,图7-3是一个特征图的例子[14]。

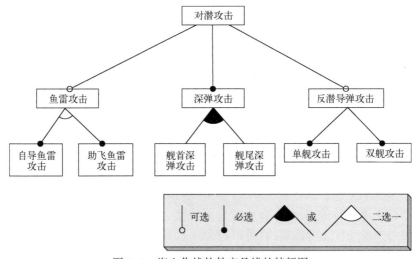

图7-3 海上作战软件产品线的特征图

抽取特征图上的处理信息对软件产品线开发过程自动化具有重要意义,这可以借助模型驱动工程来实现。

7.1.4 组织、过程和技术

产品线工程技术将对软件系统的开发和交付产生深远的影响,这已成为软件产业普遍的共识。其终极目标是提高产品开发的生产率,提升厂商提供的产品和服务的质量。由于资产的开发和管理都需要开销,所以提高复用水平并不一定意味着必然会减少总体开发成本。可复用的资产何时以何种方式开发和使用将影响基于产品线的产品开发的有效性。

为了降低总体开发成本,最大程度地提高复用的效益,就需要从组织、过程和技术多方面来考虑。

1. 组织方面

组织的动态性对软件开发和复用产生巨大影响。随着开发过程的变化,组织的文化也应经历相应的变化。在实践中,有两种组织的方法适用于软件产品线工程,即集中式和分布式的资产开发[15]。

集中式方法是指在组织中有一个单位专门负责为产品研发项目开发、分发和维护可复用资产,并提供相关培训。该单位具备产品线整体高度上的产品体系、工程管理视野以及核心的专业知识,保证核心资产能在所有项目中得到共享。因为此方法经常需要从产品开发项目中抽调专家,所以需要组织管理层的强力授权才能行得通。

分布式方法在同一产品线中靠项目间的协作来完成,资产的开发和相关技术支持工作分散在多个项目中。虽然核心资产开发的花销分摊到多个项目上,使其更容易被接受,但是,它的缺点是如果没有在复用方面达成共识的话,很难将资产开发的责任落实。而且,必须有一个令人信服的"花费—收益"模型,用来激励参与者的积极性。还有一个风险就是大家都想使用别人的成果而不愿意为别人使用自己的成果而投入更多。

军用型号软件研制的现状是具备分布式方法执行的条件,各个研制单位承担的型号任务部分内容在研制时虽然可能会有资产开发和管理活动,但是这种活动是没有统一规划的、零散的,这样的资产很难形成核心资产供型号任务所有协作研制方复用,所以,集中式方法是我们应该探索的方向。只有站在整个产品线的高度进行资产规划与开发,才能保证核心资产在所有研制单位复用。

2. 过程方面

在组织中建立软件产品线工程范例需要组织发生系统化的转变,需要做出重大决策:什么时候、在哪里投入资本。引入软件产品线工程时一般使用三种过程模型,即主动式模型(Proactive Model)、反应式模型(Reactive Model)和抽取式模型(Extractive Model)[16]。

主动式模型中,研制单位为开发产品线的核心资产预先投入,并使用这些资产进行产品开发。虽然这种方式对于某些成熟和稳定领域(产品特性可预测)中的产品线而言比较高效,但是预先投入较高。

如果初始投资较大难以承受,或许使用反应式模型更好。此模型主张,只有在有了确切的复用机会时才开发可复用资产。这个方法在产品特性不能事先预测的领域比较合适。虽然不需要太大的先期投入,但是用可复用资产重构已有产品的花销很大,因为没有事先好好地规划一个公共架构来作为开发基础。

另一种方法是抽取式模型,它是介于主动式和反应式之间的一种方法。此方法复用一个或多个已有软件产品,作为软件产品线的初始基线。当研制单位在某领域拥有很多开发经验和各种工件,并希望迅速从传统开发模式转变为产品线模式时,这种方法比较有效。军用软件遗传孵化宜于采用抽取式模型。

3. 技术方面

成功实施产品线工程还需要处理许多技术问题。这些技术问题可以归为三大类:核心资产开发、产品开发和运行时动态性。

对于核心资产开发,确定和分析产品家族的领域非常重要。基于特征的领域分析就是为了解决这个问题而提出的方法,标识和定义公共特性和可变点是其关键,另一个重要问题是管理产品线中产品的差异,即可变性管理。

第二类问题是基于核心资产,特别是基于产品线架构"导出"新产品,包括选择合适的部件、扩展架构以及消解功能性和 QoS 方面的冲突等。处理由于用户、技术变更和未来需要等方面而引入的新需求是具有挑战性的问题。这种产品线的演化问题非常复杂,因为大多数资产已经在产品线的产品中使用了,所以与传统软件开发相比,需要更多的研究。在集成的构件间发生的意外或不合需要的交互,即所谓的特性交互问题,可能会带来灾难,这也需要格外受到重视。而且,必须仔细处理测试、跟踪和质量等问题。

第三类技术问题是指系统应该在运行时具备处理异常的能力。由于运行环境的动态变化,或者在开发时无法预料所有用户的需求,软件必须能在运行时调整自身的行为或者整合不同的资产。因此,软件产品线的设计应该通过使用预先定义的运行时绑定信息或通过提供自我管理的能力来适应动态变化。近年来,为了在软件产品线中引入动态性,提供对动态变化的支持,有的学者提出了动态软件产品线的概念。动态软件产品线能够生成动态软件,即具备适应用户需求变化的能力,及适应其可获得的资源发生变化的能力。动态产品线使得动态地处理运行时的变化成为可能,比如可应对用户的需求(功能和质量需求)演化和变化的环境。这是通过动态重配置或者重组合技术,在运行时动态地重配置产品,以便在产品线中产生新产品来实现的。对于可变性,动态产品线在运行时绑定可变点,即当软件加载时进行初始化,然后在软件操作时按照环境的变化做出调整[17]。我们在 6.5 节讨论了军用软件产品族的演化与维护问题,通过适配器模式可以较好地解决运行时动态性问题。

7.2 软件产品线工程方法过程框架

传统单个系统开发与软件产品线工程的最大区别在于其关注点的转移:从单个系统的研制转移到了整个产品线。这种转移同时反映到研制单位工作重点的变化,即从注重项目研制转变到在某个业务领域进行产品规划和设计。软件产品线工程中的活动体现了这个特点,它们可以划分为开发可复用工件的过程与使用可复用工件开发软件个体的过程。因而,在整个软件产品线工程中,贯穿了两大开发过程。虽然每个开发过程在表面上看都与经典的软件开发过程非常相似,但是它们的具体内容发生了巨大的变化。如前所述,这就产生了两个特殊的工程领域:领域工程和应用工程。

7.2.1 软件产品线工程中的基本活动

从本质上讲,产品线工程的内容包括核心资产的开发以及利用核心资产进行产品个体的开发两部分,二者都贯穿于技术管理和组织管理。通常,既可以从核心资产构建新产品,又可以从现有产品中提取核心资产,因此产品的生产和核心资产的构建是彼此相关的。核心资产集中体现为平台,而利用核心资产开发的产品个体,就是产品线中的某个成员。核心资产开发被称为领域工程,利用核心资产进行产品开发被称为应用工程。卡耐基·梅隆大学的软件工程研究所(SEI)对领域工程和应用工程中所涉及的基本活动进行了总结[18],本节予以简单介绍。

1. 三大基本活动

SEI 将领域工程和应用工程中的关键活动归纳为三类基本活动,用图 7-4 描述三大基本活动之间的关系。图中每个旋转圆圈表示一类基本活动,三者连接在一起并且持续运转,表明三者是必不可少、紧密连接的,以任何次序出现且反复循环。

旋转箭头不仅表明核心资产用于开发产品,而且还指出已有核心资产的版本更新,甚至新的核心资产通常是从产品开发中形成的。相互交叠的三个旋转圆圈还形象地表明展开三部分工作的顺序并不重要,在某些情况下,可从现有产品中挖掘出通用资产,如需求规格说明、构架或软件构件等,它们均可放入产品线的资产库中。在另一些情况下,可以提前开发或获取核心资产以备将来把它们用于个体产品的生产中。

图 7-4　软件产品线工程基本活动

在核心资产和产品个体之间,存在很强的互馈:一方面核心资产在新产品的开发过程中可能会不断更新,主要原因是资产使用情况反馈给资产开发活动后,可发现资产的缺陷并予以改善;另一方面,核心资产的价值也通过基于核心资产开发出的产品得以体现。这种互馈对提高核心资产的价值和通用性起到了关键作用。

开发和维持核心资产都需要投入资源,因此需要持久的、强有力的和有远见的管理。管理能够使软件产品线工程过程贯彻企业战略,并促成企业文化的改变。特别是在开发新产品时,能够保障核心资产得到最大程度的应用,这体现在两方面:其一,任何新产品必须和现有资产密切结合;其二,资产必须考虑是否更新以满足将要推向市场的新产品的研发需求。迭代是产品线活动所固有的特性,它存在于核心资产和产品的生产中以及两者的协作之中。

2. 开发核心资产

开发核心资产的目标是创建平台,以此建立产品个体的生产环境,图 7-5 描述了核心资产开发活动及其输出工件和影响它的环境因素。和其他两类基本活动一样,此活动也是循环迭代的。旋转箭头表明从环境因素到输出不存在单向因果关系,生成核心资产的活动甚至可以改变上下文环境。例如,扩展了的产品线范围是一个输出,但在扩展时可能需要考察系统中的所有新工件,也就是将它们看成是已存在资产,而已存在资产是上下文环境的一部分。同样,一个产品约束(如需要快速组装产品)可能会导致产品线架构(属于输出)上的限制,这些限制反过来又会决定哪些现有资产(属于环境因素)可以复用或改造。

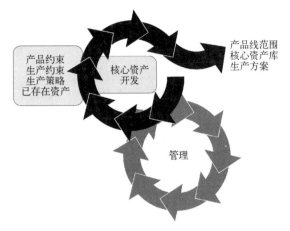

图 7-5　核心资产开发

1) 核心资产开发活动的上下文环境

核心资产开发不可能无中生有,必须在一个有约束和资源的上下文环境中实现。这个上下文环境会影响核心资产开发活动展开的方式以及它产生的输出的性质。最重要的上下文环境因素有如下几个方面。

(1) 产品约束。

构成产品线的各个产品有哪些相同点和不同点,它们提供什么行为特征?市场和技术预测认为哪些特性在将来有用?需要在产品中应用什么商用、军用或企业标准?必须遵守什么性能限制?必须和什么外部系统接口?必须遵守什么物理约束?必须满足什么质量需求(如可用性和安全性)?核心资产必须充分利用公共性,在考虑产品质量驱动,如安全性、可靠性和可用性等的代价最低后,能适应可预料的变化。这些约束可能来自构成产品线基础的已有的产品集,也可能是生成的新约束,或是兼而有之。

一般,需求工程是形成产品约束的原因,这些约束在软件产品线架构定义和构件开发的过程中,影响核心资产的设计。

(2) 生产约束。

是否一个新产品必须在一年内、一月内或一天内交付?在当前产品所在的领域里应该为工程师提供什么样的生产工具?在产品生产中应该采用什么软件开发过程方面的组织标准?谁将在什么样的环境中构建产品?回答诸如此类的问题将会促使我们在某些方面做出决策,比如是否需要投资一种自动化开发环境,或者仅靠人工编码。问题的答案也会促使我们在应给核心资产提供哪种可变性机制,为产品提供什么生产过程并最终将其编入产品计划等方面作出决策。

架构定义和构件开发反映了设计师选取的存在于可变性机制中的生产约束,任何构建、购买、挖掘、外协等方面的分析都会受到这些约束的影响。

(3) 生产策略。

生产策略是实现核心资产和产品的总体方法。产品线采用哪一种构建方式,是主动式的还是反应式的亦或抽取式的,或者是它们的混合模式?价格转换策略是什么?如何将用于生产通用构件的成本分解到产品成本中?通用构件是内部生产,还是从开放市场购买?如何管理核心资产的生产?生产策略指出了构架及其关联构件的起源及其成长路径。在产品约束和生产约束的前提下,生产策略驱动着从核心资产构建产品的过程。产品是由资产自动生成,还是需要装配?

(4) 已存在资产。

在设计产品线构架时可以大量借用相关遗留系统或已有产品中已被验证的设计方法,构件可以从遗留系统中挖掘。这些挖掘出的构件是研制单位在相关领域中的核心智力财产,因而成为核心资产库中构件的重要候选者。

在开发核心资产之初,就要考虑如下问题:有哪些软件和资产可用?有可利用的库、框架、算法、工具、构件和服务吗?有易于适应产品线的技术管理过程、资金模型和培训资源吗?当然,已存在资产并不限于产品线研制单位自己创建的资产,外部可以得到的软件、Web 服务、开源产品、标准、模式以及框架都是可能的已有资产,可以将其从外部导入进来加以善用。

2) 核心资产开发活动的输出工件

核心资产开发活动输出了三种东西,它们是构造产品开发的生产能力所必需的。

(1) 产品线范围。

产品线范围是关于产品线的构成细节的描述。一种简单的形式是一个列举了有限个产品的名称的列表。更典型的形式是,列表中列举出所有产品的共性和它们彼此之间的差异,包括产品所提供的特征或操作、产品所表现出的性能或其他品质属性以及产品所运行的平台等。

一个产品线要取得成功,其范围必须清晰定义。如果范围太大,产品成员变化太广,核心资产将不能适应其变化,生产效益会降低,产品线也会陷入传统的一次性产品开发模式。如果范围太小,核心资产的通用性可能不足以适应将来的变化,而且会给可变性的定义带来非常大的困难。

产品线的范围必须将正确的产品组合定为目标,一般可以通过在项目策划阶段仔细地进行产品组合管理和领域潜能分析,并合理地合并或梳理现有产品(如合并一系列相似但目前仍独立的产品开发项目)等方法来完成。

(2) 核心资产库。

核心资产库包含所有核心资产,这些资产是产品线中产品生产的基础。并不是所有的核心资产都会用于产品线中的每个产品,但是在产品中都应尽量使用它们,以提高开发、维护和演化资产所投入成本的价值。

核心资产包括产品线中产品共享的构架,以及为贯穿产品线进行系统化复用而开发的软件构件及其相关的各种工件。像军事概念模型、数学逻辑模型、算法,需求规格说明、软件设计模型、性能模型、构件或其他与产品线构架相关的文档都是核心资产。其中,软件构件还可以附带其测试计划、测试用例和各类设计文档。对产品线范围的描述也是核心资产。另外,外购的商用构件、软件服务、评估后决定采用的开源构件等也是核心资产的一部分。任何生产基础设施,诸如特定领域的语言、工具、生成器和环境等都是核心资产。

在所有的核心资产中,构架是最重要的资产。产品线构架是可以满足产品线的公共性和各个产品的特殊性的软件构架,而特殊性由引入的可变性来实现。这是通过明确定义一组所需的可变点来支持产品线范围内的产品谱系。产品线构架在核心资产中扮演着一个特殊角色:它指定了产品线中产品的结构,提供了可纳入资产库的构件的接口规范。产品线构架还包含软件风格、模式和框架的知识。产品线架构的设计水平是产品线工程成败的关键。例如,资产库所规定的构件的接口形式,若采用业界规范(如 OSGi、SCA 和 WSDL 等),则可大大提高资产面向不同产品线的复用性。

核心资产最终要被用于构建个体产品,因此必须为每种核心资产提供一个附属过程,用于说明它如何应用到实际产品的开发中。这个过程也可以指定用于支持实现这些步骤的自动化工具,产品约束、生产约束和生产策略(即上下文环境因素)影响着附属过程的定义。附属过程本身也是核心资产,并在执行过程中逐步演化为产品线的生产方案。图 7-6 说明了附属过程的概念以及如何将其合并到生产方案中。

核心资产还包含一些技术性不强的内容,如专门针对产品线的培训,将产品线方法运用于一组特殊产品的业务实例或范例,与产品线相关的技术管理过程定义,以及构建产品线中产品时能够事先确定的风险集等。尽管不是每种核心资产都必须运用到产品线的每个产品中,但应尽量将所有资产运用到更多产品中,有利于对它们进行协同开发、维护和发展,最大程度地实现产品线工程的目标。

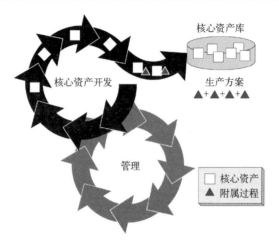

图 7-6　核心资产开发的附属过程

（3）生产方案。

生产方案描述了如何从核心资产中生产产品,它具有双重角色。

首先,它包含了用于创建产品的过程(即生产过程)。如前所述,每种核心资产都应该有一个附属过程,用于说明如何将资产运用到产品开发中。这些附属过程的集合,与将它们"粘结"在一起构成有机整体的那些必要的过程一起,定义了产品的生产过程。定义附属过程及其"粘结"过程是为了满足生产策略和生产约束,反映了选择的生产方法。生产方法是一种全局的实现方法,定义了在核心资产的附属过程中使用的模型、过程和工具。例如,可变性提供某种给定的特征,可以从一类构件或服务中,通过添加或删除构件,以继承和参数化的方式对一个或多个构件进行剪裁或使用切面(Aspects)的方法来获得可变性;又如,产品自动或部分自动生成,这些都是生产方法的例子。在生产过程中描述了用于提供产品必要变化的具体实现方法,选择不相容的可变性机制会破环生产过程的效率。

其次,生产方案安排了能够执行或管理过程的项目详情,包括日程、物料清单和指标等。实际上,这些详情单独存在,但从概念上来说它们是生产方案的一部分。

总之,核心资产开发活动生成了三个输出,即产品线范围、核心资产库和生产方案,它们是面向特定用户或市场的产品开发活动所必需的输入。

3. 开发产品

产品开发活动依赖核心资产开发活动的三个输出,以及每个单独产品的产品说明。图 7-7 表明了这些工件间的关系。

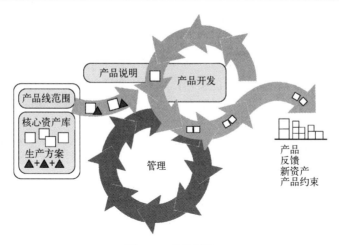

图 7-7 产品开发

同样,旋转的箭头表明了迭代和复杂的关系。例如,一种特殊产品的存在和可用,可能会对后续产品的需求产生较好的影响。另一个例子是,构建一个产品,此产品的共性在此之前并未被定义出来,如果该产品线中已经有一个产品,这将给更新核心资产产生压力,同时为探索未来产品的共性提供基础。

产品开发活动的输入如下:

(1) 特定产品的产品说明,通常在产品线范围内的一些通用的产品描述上作增量或变更,通用的产品说明本身就是一种核心资产。

(2) 产品线范围,指出当前考虑的产品是否适宜包含在产品线中。

(3) 用于构建产品的核心资产。

(4) 生产方案,详细描述了如何利用核心资产来构建产品。

产品创建者使用核心资产,依从生产方案,来生产符合他们特定需求的产品。产品创建者还有责任反馈在使用核心资产时遇到的任何问题和不足,以保证核心资产库保持健康和适宜。

4. 管理

管理对于产品线的成功至关重要,例如必须为各种活动配置指定的资源,并进行协调和监督。管理必须在技术(或项目)和组织上为软件产品线服务,其有效性可以通过它支持产品线工作和保持其健壮性及活力的各种方式进行验证。

组织管理明确了生产约束并最终确定了生产策略,其必须创建一个适合企业的组织结构,并保证各个组织单位可以得到正确充足的资源(如足够的经过培训的人力)。组织管理对产品线的最终成功与否负有最高责任。管理必须做的最重要的事情之一是建立一个引入产品线的计划,即采用计划(Adoption

Plan),它描述了组织采用产品线工程后所期望达到的状态(也就是产品线中例行地生产产品的状态)和实现这些状态的策略。

组织管理还负责为核心资产的演化提供资金保证,并负责组织协调核心资产开发和产品开发基本活动中的技术活动和这些活动间的迭代。管理应该保证产品线的运作和沟通路线被写入运营理念,应从组织层面上降低威胁产品线成功的风险。组织的对外关系也需要认真管理,产品线的导入造成组织与其客户和供应商之间建立了许多不同的关系,必须能够引入、发展和加强这些新的关系。

技术管理负责监视核心资产开发活动和产品开发活动,其工作方式是保证资产开发和产品开发人员都在从事所要求的活动,遵循产品线所定义的过程,并收集足够的数据,跟踪进度。

技术和组织管理也将作用于核心资产库,因为它要复用曾经用于产品线中产品开发的管理工件。

最后,应指定某人或某个小组来管理产品线充当产品线的捍卫者。产品线的捍卫者必须坚定和有远见,他可确保研制单位沿着产品线目标发展,尤其是在进展情况比较模糊的早期。

5. 整合三大基本活动

以上讨论的三大基本活动每个都很重要,将它们整合起来也很重要。不同的研制单位可能在活动中遵循不同的产品线实施方法和采取不同的执行路线。

产品线实践模式[19]是帮助研制单位制定活动执行路线的一种方法。在7.1.4节介绍了主动式、反应式和抽取式产品线过程模型,在实践中常用主动式或抽取式模型。若首先开发核心资产来启动产品线,这就是采取了主动式模型。定义产品线范围来确定构成产品线的系统集合。范围定义为产品线架构设计、构件以及其他核心资产开发提供了约束,并说明了为覆盖此范围在核心资产上应提供哪些内建的可变点。在此范围内生产任何产品就变成了将构件和架构上的可变点确定下来的事情了,即配置构件和架构,然后装配和测试系统。当然,也可以将一个或一些已有产品作为起点来启动产品线工程,使用它们生成产品线的核心资产以及新产品,这就是抽取式模型。

无论哪种过程模型,都需要循序渐进。例如,采用主动式模型时,可能一开始只生产那些最重要的核心资产,而不是贪大求全。早期产品使用这些重要资产,而随后的产品逐渐使用资产库中添加的更多的资产,核心资产库完成后,这时可能再使用全部资产重构早期产品,或者干脆不重构。渐近的抽取式方法也类似,核心资产库里的资产一开始比较匮乏,需要使用现有产品作为基础,当时间和资源允许的条件下,再加入更多的核心资产。

主动式模型有明显的优点：需要极少的编码工作就可以完成产品的交付。但也有缺点：生产能够在整个产品空间中通用和可靠的架构和构件所需投入的初期成本很高，而且需要大量的预先知识和经验，这有时是不可能的。对那些在某个特定的应用领域开发产品时间已久的企业来说，这倒不是大问题，但对于一个新兴市场，没有先验经验，不存在产品先例，这就会是巨大的风险。

对抽取式模型而言，其优点在于启动成本较低，因为核心资产库不需要预先建立。但是，为了使产品线成功，架构和其他核心资产必须健壮、可扩展并符合未来产品线的需求。如果核心资产甚至还比不上已经在运行的特定产品，那么扩展它们以备未来产品所用的花销和风险会比较大。

7.2.2 软件产品线工程过程

软件产品线工程的核心目标是大规模复用，这跟传统的以单系统构建为目标的软件工程有很大不同。7.2.1 节讨论了软件产品线工程的基本活动，从中我们可以看出，除了管理活动是为其他两个基本活动提供支撑的辅助活动以外，其他两个基本活动是软件产品线工程中能够提供产出物和交付物的关键，而核心资产开发活动又是其核心。

一直以来，复用性就是软件工程关注的重要问题。在实践中，广泛运用构件化、设计模式和架构模式等概念和方法可提高软件的复用性，取得了良好的效果。但是，同样是软件复用方法，这些方法与软件产品线工程方法究竟有哪些区别呢？

1. 为复用而开发

构件是自治的和自包含的软件建造块，为软件复用提供了坚实的基础。然而，孤立简单地按照构件来进行软件开发对系统化地提升软件复用程度的作用可能并不太大。经验表明，对某个构件进行复用不仅仅只是简单地把它添加进一个新的上下文中，除非是非常仔细地设计并开发构件，最大化地提高它的可复用性，否则一旦超出编写之初的应用范围，这些构件就变得难以复用[1]。

尽管如此，人们还是热衷于开发构件。在实践中，大多数情况下仅仅是简单地按照构件对软件进行分解。虽然这在一些情况下，依照构件的特性和使用的上下文环境不同，取得了不错的效果，但是随着软件系统复杂性和应用环境动态性的提高，越来越多的使用了构件技术的软件开发项目却以失败而告终。

这究竟是怎么回事呢？要想真正提高软件复用性，必须明确地区分"开发以使用"（即为某个特定应用开发构件）和"开发以复用"（为多个应用开发构件）[20]，这样才能将构件复用的潜在价值完全发挥出来，而这正是软件产品线工程方法的潜在动力。

不仅构件,"开发以使用"和"开发以复用"之间的区别在所有软件资产中都存在。传统的基于软件工件(如构件)的"复用"方法的生存周期一般是针对所构思的单个应用而设计,创建的工件都存储在软件资产库中。将来的应用项目也会尝试通过对资产库中的软件资产进行复用,来开发部分应用。然而,通常会遇到很大困难,因为它还没有解决如下几个问题[1]。

1) 文档

软件资产库中的每个软件资产都必须以文档的方式记录下来,以便复用。然而,未来进行复用时需要哪些信息?所记录的细节需要详细到什么程度?搞清楚这些问题非常重要。

2) 分类

所有的软件资产和相关文档必须按照通用的分类计划进行结构安排,因为,结构化的分类对于从软件资产库中查找想要的资产很重要。

3) 标识

可复用的软件必须是在能够使用它之前就已经存在的。因此,在应用工程过程中,开发者必须能清楚地认识到存在哪些可能被复用到某个(些)给定上下文中的资产。这就需要某种技术来标识可供复用的候选资产,如通过上述的分类计划。然而,现有的分类计划只针对有限的复用上下文。而且,实际上只是对一小部分可管理的优良候选资产进行标识,因为工程师通常只会复用一小部分资产。

4) 评估

一个可供复用的软件资产集被标识出来以后,就必须对资产集中的候补复用工件进行评估,确定改造现有工件或/和重新开发工件的工作量,这需要一个系统的和可被验证的评估方法。

5) 适应

软件资产很难达到拿来就用的复用程度,所以通常需要对其进行改造,以适应它将要被用到的上下文中。当然,若资产本身具备一定的适应变化的能力,则对资产的复用带来极大的灵活性。但这就需要对资产能够或将要被复用的上下文环境做充分的界定,以保证资产的这种适应性或灵活性是有限度的和可控的。

6) 集成

被复用的软件资产必须能够与正在开发的应用集成,这就是要利用上述的适应性对资产做出调整,以便使其与当前环境和架构匹配。然而,在传统软件工程中,软件资产将要被使用的环境通常不会明确定义出来,即是隐式定义的,因此,这意味着除了可复用资产的开发者,没人清楚如何将它复用到新环境,而且一般没有文档记录。

7) 演化

软件工程师都有一个认识,就是软件资产的复用性越好,其开发和维护成本就越高。即可复用于大量应用的软件资产与那些只能复用于某个单个应用的软件资产相比,构建和维护都要困难得多。如何有计划地处理可复用软件资产在日后应用开发中的演化问题,以延长其寿命,是传统软件工程中的又一难题。

其实,所有以上问题暴露出现有的面向单个应用的软件工程中,复用活动往往是局部的、随机的、少量的和缺乏事先精心设计的。因此不能达到产品线工程所倡导的"为复用而开发",以及开发个体应用时的"大规模复用"。通过下面几个小节将看到,软件产品线工程是如何通过划分两个工程领域,通过两套软件开发过程来实现大规模复用。

2. 两个开发过程

产品线工程是这样一种方法:并行地规划和开发一族类似的软件系统,系统化地开拓它们的共性。因此,在软件产品线工程中,统一软件开发过程将不再是作用于单个系统,而是覆盖整个产品线家族。这表现为:由软件产品线工程提供产出物和交付物的两大基本活动,即核心资产开发活动和产品开发活动,形成了软件产品线工程的两个软件过程——领域工程过程和应用工程过程(如图7-8所示)。

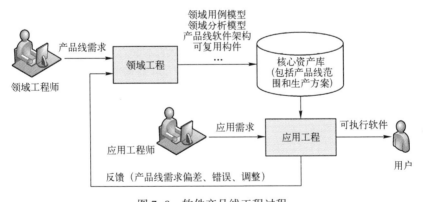

图7-8 软件产品线工程过程

1) 领域工程过程

在这个过程中,由产品线的总体需求分析产品线的公共性和可变性,并为产品线开发领域用例模型、领域分析模型、软件产品线架构以及可复用的构件,并在构件上和产品线的一些应用配置上进行测试。此过程产出的工件形成产品线范围、核心资产库和生产方案(参见 7.2.1 节)。

2) 应用工程过程

在这个过程中,开发作为产品线家族成员的单个应用。并不是像一般单系统软件工程一样,从零做起,而是由应用开发者充分利用在领域工程中所创建的所有工件。通过给定的单个系统的需求,调整领域用例模型形成应用用例模型;调整领域分析模型形成应用分析模型;调整软件产品线架构形成应用架构。通过应用架构和产品线核心资产库中适合的构件,创建可执行的应用系统。

3. 软件产品族研制过程框架

软件产品线工程的过程框架如图 2-3 所示,它由领域工程和应用工程两大过程以及在两大过程之间起到指导、协调、反馈和支持作用的管理活动构成。领域工程和应用工程过程是在传统软件过程模型的基础上演变而来,例如可以是基于统一软件开发过程(Rational Unified Process,RUP)而生成,但是其包含的核心工作流的实施过程与单系统的软件过程有很大不同。

1) 开发以复用

整个产品线工程过程框架,将软件生存周期划分为两个主要阶段:领域工程阶段和应用工程阶段。领域工程阶段开发用于复用的软件资产;应用工程阶段则利用这些可复用的软件资产创建新的应用。这种框架结构使得软件产品线工程体现了"开发以复用"思想,解决了传统复用方法(如构件)面临的复用问题。

产品线工程过程与传统软件工程过程最大的不同在于其在生存周期的所有阶段,针对产品线范围内的所有类型产品,统一地考虑到了产品的共性和差异性。共性和差异性同等重要,共性在产品线中定义了系统的框架,差异性限制了公共框架所能支持的范围,指出了产品线中产品谱系所能预见的产品个体的种类。

2) 共性

产品线工程的价值在于由它创建的系统具有一些公共特性,某种意义上来讲,这一系列产品的公共特性就代表了该领域的特性。

共性对于一个单位内部建立起一种对其所提供的产品的通用理解非常重要,无论是出于资源准备(如技术人才的招聘培训和开发工具的购买)、市场战略(如定位客户群)还是发展规划等多方面,都与这种理解分不开。决定一个领域的特性应该以共性为主还是以差异性为主,这是一种战略上的决策,并非是这一产品家族的内在属性。当然,更多的共性与产品线所采取公共技术平台没有明显关系,是同某个业务领域的核心属性相关的,如几乎所有的作战软件都与任务调度模型有关。所以,在分析共性时应从产品线所处的业务领域和产品线所采用的技术平台两个方面进行考虑。

3) *差异性*

软件产品线中的差异性主要靠核心软件资产的可变性来保证,我们将在第8章重点讨论可变性的话题。

差异性表征了应用之间的不同。一般来说,所有的差异都可以按照可选项进行描述。在粗粒度级别上,一个工件可以被视为其他某个工件的可选项;在细粒度级别上,一个工件上的属性或特征可以构成可选性。这样,在应用工程阶段,最能匹配所开发系统的上下文的工件或特征被挑选出来,以构造特定产品个体。方法原理简单,难点在于如何有效地表示产品家族中所存在的差异,这对成功进行产品线工程项目是非常关键的。

对差异的表示,存在两种不同的理解方式。第一,软件系统不可能按照纯粹的顺序流程执行,因此软件本质上充满了固有的差异,因为它们的执行路径基本上都是由运行时用户的输入来驱动的。例如,某作战软件部件按照战场态势建议出具体的攻击样式,或者某系统根据用户登录角色加载不同的功能集合等,这都属于运行时差异。运行时差异是软件固有组成部分,通过传统的设计和编程技巧可以对其进行有效处理。

第二,还有些差异是在设计时就确定了的,真正体现了产品的不同特性。例如,同一产品线中两个不同的作战软件部件,一个有舰载直升机作战支持模块,一个没有,这就是在软件系统设计时就引入了差异。

比较起来,产品线工程一般只关心设计时差异,设计时差异应该在软件系统被加载运行之前就已经确定。但是,在设计时差异和运行时差异之间并没有严格的界限。决定某个差异是应该在设计时得到解决,还是应将差异构建进系统,在运行时再体现差异,是一种事关产品能否成功的战略性决策。极端情况下,有可能在运行时实现所有的差异,即将整个领域的所有特性都构建进一个单一的系统,并使用正确的参数在运行时对所期望的特性进行配置。然而,这种方法并不被认为是产品线工程。相反,产品线工程的目标之一就是避免代码膨胀,而代码膨胀经常是因为试图在运行时解决所有的差异而造成的。

在设计时对差异性进行表示,还会遇到另一个挑战,就是如何决定合适的细节级别和表现风格。因为运行时差异在软件中必然存在,所以大多数图形化的建模语言都提供了基本的差异表示方法。如,在 UML 中,差异是由普通性和约束性组合共同处理的。UML 模型一般在普通性(即覆盖所有可能的运行时差异)这一级表示,并伴有文本性约束(使用 OCL[①]),这些约束指定了哪些可能的组合是能被接受的。

从理论上讲,设计时差异可以采用与运行时差异相同的风格进行处理,这种基本方法也可以用来处理产品线。例如,用 UML 对产品线中所有产品进行建模,配合 OCL 的支持(OCL 约束描述了差异性)。然而,这样做有两个主要缺点。首先,它意味着差异的信息包含在文本约束之中,而不是 UML 中,这样就不能利用图形化建模的优点。因为图形化建模以一种简明和紧致的形式传递关键信息。其次,更为重要的是它意味着,产品线中用来区分家族成员的差异和产品家族中所有成员个体的运行时差异拥有相同的处理风格,这就使二者之间发生了混淆。也就是,有效理解和使用产品线所必需的基本信息被掩盖了。

为此,为了最优地支持产品线,能够以图形化的方式明晰地表示特性选项(它刻画了产品线中不同成员的特性)非常重要。这就意味着需要对 UML 进行扩展,以支持其对产品线可变性的描述。

7.3　软件产品线方法对遗传孵化模型的适用性

如第 6 章所述,军用软件在型号研制中表现出了显著的族群遗传孵化的特征。一方面,通过对已有研制成果的仔细梳理确定了可以被后继型号研制复用的核心资产,这就是来自于祖先产品的族群遗传基因;另一方面,祖先产品呈现出的某些个性化特征会被定义为父辈个性化遗传基因(变异基因),这些基因会按照产品个体的具体需求继承下来。这种思路与产品线工程方法有很强的相似性:族群遗传基因和父辈个性化遗传基因(变异基因)分别代表了公共性和可变性。

在民用软件领域,软件厂商面临的商业环境多种多样,导致它们需要采用不同的商业模型。产品线工程应该适应其所处的商业环境,按照不同的商业模型的特点确定其产品线工程过程的重点部分,并在产品线总体方法和总体原则的基础上做出相应的调整。对产品线工程而言,不存在固化和绝对的方法。在军用软件型号研制中情况类似,但是由于军用软件型号研制大多数具有很强的探索性和研究性特征,所以对于一个新的产品序列而言,很难通过成熟的先验知识或经验对整个产品线提前进行规划,大多数情况下是通过已有项目方案构建平

---

①　OCL 即对象约束语言(Object Constraint Language),是用于对 UML 进行扩展的一种形式化定义语言,常用于不方便进行图形化表达的场合。在 OMG 组织为模型驱动架构中模型转换开发的新推荐标准 QVT 中,OCL 已经成为一个关键要素。

台(领域工程),从而形成族群和父辈基因,进而通过遗传孵化(应用工程)生成新的型号产品个体。因此,军用软件型号研制通常采用抽取式产品线过程模型,而对一些较为成熟和稳定的装备软件,则通常使用主动式过程模型。

本节介绍软件产品线工程的两种平台构造模式,并讨论它们与军用软件遗传孵化理论的相关性,从而论述软件产品线方法作为军用软件遗传孵化理论支持技术的适应性。

7.3.1 典型的产品线业务模式

从厂商的商业模型出发,可以区分两种不同的产品线业务模式,即产品驱动的软件产品线业务模式和方案驱动的软件产品线业务模式[7]。

1. 产品驱动的软件产品线业务模式

这种业务模式中,产品线用于管理数量有限的系列产品,每个产品都会销售给很多客户。系列产品中产品种类的数量比较稳定,只在产品线演化的时候才会为产品线加入新的特征,新特征可能会影响一部分或全部产品个体。典型的例子是办公套件,例如微软的 Office 套件(MS Word、MS Excel、MS PowerPoint、MS Access 和 MS Outlook 等)。在产品驱动业务模式下,产品线工程的主要目标是简化产品线整体的可维护性,并使其易于演化。因为产品的数量是有限的,所以初始生产成本只能随着后期的维护和演化全部或部分产品而节省的费用来摊销。例如,可以通过为产品线提供合适的结构并清楚地记录产品线架构的哪些部分与哪些特征是关联的,来达到当引入新的特征或现有特征的实现被演化时,产品能够自动地被创建,这就使得维护和演化变得容易。

在产品驱动的产品线工程中,为简化各种可变特征的管理和组合,产品驱动的产品线工程方法需要满足以下需求。

1) 很强的支持可变性鉴别、定义和设计的能力

可变性的鉴别和定义涉及到可变性的表达,特征模型用于面向特征的领域分析(Feature-Oriented Domain Analysis,FODA[12]),这是一种表达可变性的有效方法。在设计产品线时,不仅需要表达产品线的公共核心,还需要表达设计可变性,需要对尽可能多的个体产品的信息实施编码。一般而言,留给应用工程阶段的设计决策越少,则越有利于软件产品线的工程实践[21]。

2) 很强的支持贯穿产品线的特征管理和特征组合的能力

为了实现根据客户请求对特定产品的特征实施增减的要求,需要支持开发者跟踪产品线中所有模型和代码中的特征,除了提供足够的追踪信息外,最理想的是结构化地实现产品线的架构,使架构元素易于识别和组合,易于对实现特定

特征的编码。

3) 很强的支持应用工程自动化的能力

领域工程的实施是一个创造性的过程,所以很难甚至无法自动化。当然,在产品驱动的模式下,应用工程级别的自动化已经取得了很好的效果[22],在此级别,主要解决如何通过组合不同的特征来形成特定产品。理想情况是,一旦完成了领域工程,只要给定产品配置(在特征模型中定义选取的特定特征)和领域工程中开发的相关工件,就可以自动生成出产品个体。

不同的软件产品线有不同的开发基础,如前说述,产品线工程有主动式、反应式和抽取式之分,但这些模式与产品驱动并不冲突。理想情况下,产品驱动的软件产品线工程可能支持任何一种过程模式。

2. 方案驱动的软件产品线业务模式

这种业务模式中,产品线管理产品个体可能数量很多,各产品个体具有相似性的同时,相互之间的共性和差异性又不是很明显,主要原因在于产品线建立的时候,尚不清楚产品定型的状态,或者因为产品个体的变化较大,不容易区分它们的公共性和可变性特征。与产品驱动的模式不同,产品个体不能靠简单地通过选择它们应包含特征子集而自动地被创建出来,各产品个体通常需要花费较多的工作量,来开发此产品特定的元素或特征,新开发的元素或特征还不能被其他产品复用。典型的例子是中小企业的网站,虽然这些网站存在或多或少的相似性,但是每个都有自己特殊特征,而且不能相互复用。当然,这并不意味着所有差异性特征都必须从头做起,而是可以从已有经验中获益或者复用以前项目的成果。另外,同属于特定领域的产品都拥有某些特定性质,所以就有可能在产品线的公共框架下管理这些产品。与产品驱动的产品线相比,方案驱动的产品线更关注如何最大程度地实现复用,并使这种复用以结构化的方式展开,而不是经常在工程实践中使用的原始的"粘贴"复用模式。

在方案驱动的软件产品线工程中,最大的挑战是可变性建模,保证模型的灵活性和可扩展性。其主要需求如下。

1) 很强的对各种可变性进行建模的能力

对产品驱动的软件产品线工程而言,产品集合是固定的,可变体一般是一些选项,因此可以通过特征模型来描述这类可配置的可变性。然而对方案驱动的产品线工程而言,产品线支持的目标系统边界更开放,因此需支持的可变性应具有更高的灵活性。也就是说,方案驱动的产品线工程表现出的可变性很大程度上是在架构级别上的,需要针对特定客户开展个性化工程开发。这种架构可变性一般是不封闭的,这也是在方案驱动的产品线工程中无法事先对产品做出完全定义的主要原因。在领域工程中最大程度地支持架构可变性的定义和配置，是该类产品线取得成功的关键，这可以通过领域特定的建模和配置语言（Domain-Specific Modeling and Configuration Languages, DSLs[23]）来进行支持。

2) 灵活的产品线架构

对方案驱动的软件产品线工程而言，不能事先明确产品定义、产品线架构、实现技术和编程语言等要素，只能明确依据特定的方法论，以支持通过技术无关的方式来构建产品线架构。而且即使用具体技术实现了该方法论，产品线架构仍然应该保持足够的灵活性，以适应开发各种不同方案的产品的需求。

3) 产品线和产品具有较强的适应性和可扩展性

软件产品线的总体架构必须支持以不同方式进行灵活的定制化，应该具有足够的开放性，能够复用部分现有解决方法的成果并与之协同。为了在领域工程和应用工程中实现模块化和可配置，可以引入一些新的技术方案，如面向方面的技术（Aspect-Oriented Technologies）等。

同样，方案驱动的软件产品线工程也可以支持从主动式、反应式到抽取式的各种软件产品线过程模式，表 7-1 描述了它们各自的特点。

表 7-1 方案驱动的软件产品线工程对不同过程模式的支持

	主动式产品线工程	反应式产品线工程	抽取式产品线工程
支持不同类型的可变性模型	对结构的可变性提供很强的支持	参考遗留的可变性模型，开发结构的可变性	整合遗留可变性模型
灵活的产品线架构	具有可适应性的架构，能适应高度差异性的解决方案	借鉴现有方案和先验经验，设计具备一定适应性的架构	在现有方案的实现上创建导出型架构
产品线和产品的可扩展性	对领域工程中无法预测的需求，在应用工程中针对具体客户进行定制		

表 7-2 比较了两种产品线工程模式的差异性。

表 7-2 产品驱动和方案驱动产品线工程模式对比

对比项	产品驱动模式	方案驱动模式
产品定义	在定义产品时，能明确产品差异	项目业务不明确，事先无法清楚定义产品
产品开发	配置固定的功能集合	产品不会重复使用两次，高可变性，结构的可变性
关注目标	使维护产品线平台和产品变得容易	替代"拷贝/粘贴"模式，实现结构化复用
适用领域	领域范围封闭，例如单兵通信装备、办公套件等	需求发散，不封闭，例如作战软件、飞控软件等

当然,在工程实践中以上两种模式往往混合在一起,同时存在于相同的业务领域,如舰载作战软件工程领域,针对一些成熟的武器装备作战使用的软件构件,可以实现规模化定制,这非常符合产品驱动的产品线模式;另一方面,有时也需要使用方案驱动的方法来应对按新型装备或其他特殊需求定制作战软件构件生成方案的情况,如有某种新研制的先进主炮或配置了更加先进的雷达等。

虽然以上两种模式单独出现的可能性不大,本书在以后的章节中也不会针对本节介绍的两种产品线工程模式单独阐述具体的方法,但是理解两种模式,对灵活运用产品线工程方法来解决复杂业务模式下的实际问题具有积极意义。

7.3.2 舰艇作战软件两阶段过程模型与产品线工程的关系

2.2 节详细说明了舰艇作战软件的两阶段研制过程模型,与软件产品线中的领域工程和应用工程相比,丰富了领域工程和应用工程的内涵。在领域工程阶段,重点在于模型驱动工程(MDE)的运用,以作战指挥业务逻辑模型和作战辅助决策分析模型的研制为牵引,形成并不断完善作战软件研制所需要的原型系统及构件集,其中最重要的工作是按照不同型号批次军用软件研制需要,开发出适合这些型号软件的产品架构和相应的构件,每个架构对应于一条"产品线";在应用工程阶段,针对不同批次军用软件的研制任务,以架构为基础,利用相应的原型系统及其构件集,在标准软件工程过程中形成型号软件研制所需要的软件需求规格说明、软件设计说明和软件构件,最终形成个体型号软件产品。

因此对作战软件研制来说,领域工程的核心是模型工程,而应用工程的核心是软件工程。也正是因为这个原因,我们在两阶段研制过程模型框架中将两个阶段改名为"模型工程"和"软件工程"(详见图 1-9)。

然而,以上划分方法主要还是从军用软件的领域特征着眼,将军事领域中与领域知识和领域经验相关的科研工作与软件工程领域软件的工程化生产分离。这样有利于不同领域的专家专注于自己的擅长的工作,并能够通过模型工程中生成的构件集和原型系统将二者关联起来。而且,大多数情况下,模型工程中生成的构件集和原型系统并不能在软件工程阶段直接拿来作为工程化构件或子系统来使用,而是作为软件工程中设计、开发、测试等活动的参考物。这主要是因为它们属于军事领域知识密集型的工件,但在软件工程专业视角来看,并不一定算是具有良好的设计和实现。虽然,这些模型工程的工作产品天生具有被复用的特质,但还是不能把它们直接用作软件产品线工程中的平台,必须本着能够最大化地有益于应用工程的目标来进行重构,这样才能形成属于平台的核心资产。当然,从产品线整体角度来看,这些模型工程的工作产品是形成平台和产品线架构的主要依据之一,因此它们仍然属于重要的核心资产。

通过以上分析不难看出,2.2.2 节中叙述的"母版"与产品线工程中的"平台"并不完全一样,实践中,需要将"母版"进行软件工程视角的重构才能使之成为"平台"的组成部分。基于这个原因,我们在 2.2.2 节中说"软件工程阶段……,面向特定型号批次软件研制任务,基于该软件系统所对应的'产品线',以'母版'中相对应的原型系统及其构件集为参考,在国军标要求的军用软件工程过程指导下……"形成型号软件产品。

基于以上论述,对作战软件两阶段研制过程模型中的模型工程和软件工程与软件产品线工程中的领域工程和应用工程之间的关系有了清晰的认识。这个关系可以通过图 7-9 来示意。

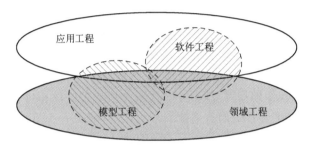

图 7-9　模型工程和软件工程与领域工程和应用工程的关系示意图

可以看出,在作战软件两阶段研制过程模型中,模型工程和软件工程既独立运行又有很强的交互和反馈作用,其桥梁是模型工程的工作产品——作为在软件工程阶段具有不可或缺作用的"母版"。与此类似,软件产品线工程中的应用工程和领域工程也是既独立运行,又有很强的交互和反馈。领域工程不断规划并开发新的软件资产,反馈给应用工程以提高其开发灵活性;应用工程所请求的变更也会反馈给领域工程,以评估是否可能加入核心资产的需求。因此,在图 7-9 中,模型工程和软件工程有交集,应用工程和领域工程也有交集。

另一方面,模型工程的产出物构件集和原型系统作为"母版",大部分是可以被看作核心资产的,它有很大的可能性作为领域工程中构建"平台"时军事领域相关部分的重要素材。因此,在图 7-9 中,领域工程覆盖了模型工程的大部分内容。同时,模型工程中的一些工作可能不属于领域工程的范畴,而是属于应用工程中构建特定型号软件个体的行为,如在编制原型系统时可能需要基于母版中的某个作战指挥决策分析算法编写特定于某种编程语言的算法实现,该实现暂时不会作为核心资产,但是其代码却可以直接整合到应用工程中的实现代码中。

两阶段研制过程模型中的软件工程,则基本与一般软件的软件工程具有相同的内涵。所以在图7-9中,产品线工程中的领域工程和应用工程分别覆盖了其一部分内容,表示对软件工程的产品线工程化改造。

7.3.3 遗传孵化模型与软件产品线工程的关系

如上所述,作战软件两阶段研制过程模型的着眼点在于提高军事领域的领域知识和领域经验的可复用性,而软件产品线工程的着眼点在于提高软件工程领域核心资产的复用性。对这两种关注点不同的复用机制需要建立统一的描述体系。

第6章中详细介绍了基于遗传孵化思想进行军用软件产品族研制的理论模型。可以发现,此理论模型可以同时适用于作战软件两阶段研制过程模型和软件产品线工程方法。遗传孵化的抽象模型为适用于不同视角的两类软件开发方法提供了统一的形式化描述的基础。

在遗传孵化模型中,基因提取是形成"母版"和"平台"的关键。基因提取包括遗传基因提取和变异基因提取,分别代表着形成公共性和可变性。在两阶段研制过程模型中,变异性是通过适配器来实现的(详见6.5节)。在软件产品线工程中,变异性是通过可变性建模来实现的,我们将在第8章详细论述可变性建模的方法。

在遗传孵化模型中,遗传孵化的实施是通过继承(遗传基因)和变异实现的。对两阶段研制过程模型而言,遗传孵化就是通过适配器将母版中的工件(构件)适配到每个型号软件所需要的差异特征上。对软件产品线工程而言,遗传孵化就是绑定可变性,生成个体软件的过程。

遗传孵化理论模型中并没有明确给出最初就直接从规划核心资产(母版或平台)开始,直接形成母版或平台的情况,但是这是隐含在该理论模型中的。因为,形成遗传基因和变异基因无论是从个体的父辈型号软件开始,还是直接规划母版和平台,都符合遗传基因的抽象描述。而随后的遗传孵化实施过程对任何情况都是一样的。

7.4 小结

软件产品线是一个软件系统的家族,它们共享一组公共的和可管理的特性集,来满足特定市场或特定项目的个性化需求;它们基于一组公共的核心软件资产,用配置的方式开发出来,核心资产在这个产品家族中得以最大程度的复用。

软件产品线工程的内容包括核心资产的开发、利用核心资产进行产品个体的开发以及贯穿其中的技术管理和组织管理。我们称它们为软件产品线工程的三大基本活动。在包含产品约束、生产约束、生产策略和已有资产的环境中,进行核心资产开发,产生产品线范围、核心资产库和生产方案等工件;产品开发时,利用核心资产开发活动输出的这些工件,在特定产品个体需求约束的限制下,生产出具体的产品线成员。管理对于产品线的成功至关重要。必须为各种活动配置指定的资源,并进行协调和监督。管理主要在技术(或项目)和组织两方面进行。

产品线工程的核心目标是实现大规模复用,因此必须遵循"开发以复用"的思想。这样必须在核心资产的文档、分类、标识、评估、适应、集成和演化等方面进行改造,使其适应大规模复用的要求。这需要构建一个软件产品线工程的过程框架,其中包含两个软件过程,即领域工程过程和应用工程过程。

基于遗传孵化思想的军用软件产品族研制方法及其理论模型适用于产品线方法,并在它的基础上进一步发展,使其适用着眼于提高军事领域的领域知识和领域经验复用性的两阶段军用软件研制过程模型。通过分析,发现遗传孵化理论模型完全可以用于抽象描述软件产品线工程方法,这就为军用软件产品族研制中引入软件产品线工程方法奠定了理论基础。

参考文献

[1] Atkinson C. 基于构件的产品线工程 UML 方法[M]. 顾剑,钟鸣,束尧,译. 北京:机械工业出版社,2005.

[2] Mcilroy M D. Mass Produced Software Components[J]. 1st International Conference on Soft Ware Engineering,1968.

[3] Parnas D L. On the Design and Development of Program Families[M]. New York Springer, 1978:1-9.

[4] Neighbors J M. Draco:a method for engineering reusable software systems[M]. ACM,1987.

[5] 李伟刚,李易. 软件产品线工程:原理与方法[M]. 北京:科学出版社,2015.

[6] Wess D M. Product Line Hall of Fame[EB/OL]. http://www.splc.net/fame.html.

[7] Rashid A,Royer J C,Rummler A. Aspect-Oriented,Model-Driven Software Product Lines: The AMPLE Way[M]. Cambridge Cambridge University Press,2011:222-262.

[8] Higashino M. Application of mobile agent technology to MicroService architecture[C]. 19th International Conference on Information Integration and Web-Based Applications and Services,iiWAS2017,December 4,2017 - December 6,2017,2017:526-529.

[9] Pohl K,Böckle G,Linden F V D. Software Product Line Engineering:Foundations, Principles,and Techniques[M]. Springer Publishing Company,2005.

[10] Meyer M H,Lehnerd A P. The Power of Product Platform[M]. New York:Free Press,1997.

[11] 宁安良,侯红,鱼滨,等. 软件产品线度量及应用研究[J]. 计算机应用与软件,2007(9):66-68.

[12] Kang K C,Cohen S G,Hess J A,et al. Feature-oriented domain analysis (foda) feasibility study (cmu/sei-90-tr-21[J]. Georgetown University,1990,4(4):206-207.

[13] Czarnecki K, Helsen S, Eisenecker U. Formalizing cardinality-based feature models and their specialization[J]. Software Process Improvement & Practice,2005,10(1):7-29.

[14] 康晓予. 仿真模型重用与组合关键技术研究[D]. 大连:大连理工大学,2012.

[15] Frakes W B,Kang K. Software Reuse Research:Status and Future[J]. IEEE Transactions on Software Engineering,2005,31(7):529-536.

[16] Kang K C,Sugumaran V,Park S. Applied Software Product Line Engineering[M]. Boca Raton,FL,CRC Press,2009.

[17] Hallsteinsen S,Hinchey M,Park S,et al. Dynamic Software Product Lines[J]. Computer,2008,41(4):93-95.

[18] Northrop L M,Clements P C. A Framework for Software Product Line Practice,Version 5.0[M]. Software Engineering Institute,2012.

[19] Clements P,Northrop L. 软件产品线实践与模式[M]. 张莉,王雷,译. 北京:清华大学出版社,2004.

[20] Forsell M, Halttunen V, Ahonen J. Use and Identification of Components in Component-Based Software Development Methods [C]. Software Reuse: Advances in Software Reusability, International Conerence, Icsr-6, Vienna, Austria, June 27-29, 2000, Proceedings,2000:284-301.

[21] Gomaa H. Designing Software Product Lines with UML[C]. Software Engineering Workshop-Tutorial Notes,2005. Ieee/nasa,2005:440-440.

[22] Linden F J V D, Schmid K, Rommes E. Software Product Lines in Action:The Best Industrial Practice in Product Line Engineering[M]. New York Springer Publishing Company,2010.

[23] Völter M,Visser E. Product Line Engineering Using Domain-Specific Languages[C]. International Software Product Line Conference,2011.

第8章 用于实现遗传变异的软件产品线可变性方法

可变性建模为遗传孵化模型中变异性的实现提供了可行的解决方案。可变性方法在软件产品线工程中具有重要的地位,它是将软件产品线工程投入实践所需要的核心技术。描述和管理可变性是软件产品线工程中最大的挑战之一。可以说,软件产品线工程的实质就是在产品线的不同产品间标识、建模、实现和管理可变性。因此,显式地定义和管理可变性是软件产品线工程与单一系统工程的重要区别[1]。本章我们重点讨论可变性的基本概念及其在软件产品线工程中的作用,指出可变性方法与遗传孵化中的变异性的关系,并介绍如何进行可变性建模,以及如何利用可变性模型在应用工程中进行产品开发。

可变性管理可分成两大部分,即对可变性进行建模,以及对单个产品实现可变性的方式进行设计。可变性建模最常用的方式是特征模型法,可变性的实现首先需要以一致的方法保证可变性能被正确地构建,最理想的情况是在应用工程中确定了可变值以后,产品能够自动生成。为提高灵活性,可以尽可能推迟可变性确定的时间,但这会给可变性乃至产品线的设计带来很高的难度。

8.1 软件产品线可变性及其与遗传孵化模型中变异性的关系

在软件产品线工程中,可变性是领域工程输出工件的一个重要属性。产品线的设计目标反映了对可变性的要求,因此,在领域工程的管理活动中应突出可变性的影响。在此活动中,软件产品线家族成员的公共和差异特征被识别出来。由于领域需求对产品管理中定义的特征进行了细化,因此,可变性被传递到需求模型。同样,对于需求分析、设计、实现和测试也是如此,在每个级别上,前一级别的可变性得到精化,并可能会引入新的可变性。例如,为了使构件能与不同版本的标准构件库兼容,在架构级别必须引入可变性。

8.1.1 软件中的可变性与遗传变异

在产品线中管理可变性时,需要分清以下三个概念:
(1) 公共性。产品线中所有产品所共有的特性(功能或非功能的)称为公共性。公共性一般实现为平台的一部分。在遗传孵化模型中,遗传基因代表了公共性。

(2) 可变性。产品线中部分产品所共有的特性称为可变性。可变性需要被显式地定义,并且只能在相应的产品中得到实现。在遗传孵化模型中,变异基因代表了可变性。

(3) 特异性。产品线中单一产品个体具有的特性。特异性通常出自某个特定的客户的需求,平台虽然不会包含所有的特异性,但是必须能够支持它。在遗传孵化模型中,研制运算产生的工件代表了特异性。

在产品线的生存周期中,特定可变性的类型可能发生变化,一个特异性可能变成可变性,一个公共性也可能变成可变性。例如,过了一段时间后,最终决定将支持平台的操作系统扩展为多个,这样原来的操作系统公共特性就变成任选项。

公共性和可变性大多是在领域工程中处理的,而特异性一般在应用工程中来处理,这可以用图8-1来说明。

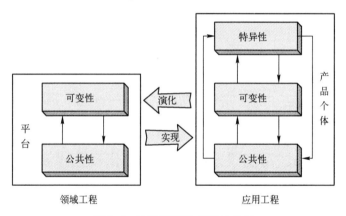

图8-1 不同级别的差异的关系

可变性管理被所有软件产品线工程方法所关注。从早期的范围界定开始,到实现和测试,最终到产品线演化,可变性管理覆盖了产品线工程的全生存周期。

通俗来讲,术语"可变性"指的是变化的能力或趋势,我们关心的不是以异常形式发生的可变性,而是有目的地设计并生成的可变性,这些设计出的可变性最终会在产品个体中得以实现。现实世界中可变性的例子有:

(1) 有些舰艇具备直升机作战支持能力,有些则没有;
(2) 有些战斗机携带机载火炮,而另一些则携带空对地导弹;

(3) 有些软件只支持 .NET, 而也有一些既支持 .NET, 又支持 Java EE;

(4) 有些汽车有后倒车雷达, 另一些前后都有, 还有一些都没有。

那么如何表达可变性呢? 我们先分析一下可变性的特征。

Pohl K.[1]提出从三个方面对可变性进行刻画, 主要回答如下三个问题: 什么在变? 为什么变? 怎么变?

第一个方面是对现实世界中的变化项或这些项的变化属性进行识别, 即"变化主题"。

第二个方面是对主题或属性变化的原因进行刻画, 变化的原因可能源于利益相关方不同的需求、不同国家的法律和技术因素, 以及变化项之间存在的相互依存关系。

第三个方面是刻画变化主题的不同形态。为刻画变化主题的不同形态, 定义了变化对象这个术语, 变化对象是变化主题实例化的结果。

8.1.2 软件产品线工程中的可变性

为了进一步理解软件产品线工程中的可变性, 需要将变化主题和变化对象的概念置于领域工程的上下文中来考量。为此, 正式给出可变点和可变体[1,2]等概念的定义。

1. 可变点

在软件产品线工程中, 将变化主题和相应的变化对象放到软件产品线上下文环境中来考察。由于需求的有界性, 所以我们只关心领域中所有可能的变化主题的一个子集, 以及领域中所有可能的变化对象的一个子集, 这两个子集是实现特定软件产品线所必需的。对于变化主题的子集, 我们定义了可变点这一术语。

定义 8.1: 可变点代表了领域工件内部的变化主题, 它同时包含上下文信息。

可变点的定义适用于所有的领域工件, 如领域需求、软件产品线架构、设计模型、代码和测试用例。可变点的上下文信息在软件产品线中引入变化主题的各种细节信息, 例如, 引入可变点的原因等。

2. 可变体

类似地, 对于变化对象的子集, 我们定义了可变体。

定义 8.2: 可变体代表领域工件内部的变化对象, 它是可变点上所具有的可变性的实现选项。

可变点和可变体是自包含的实体, 它们一起构成了可变性模型。一个可变体对应着可变点的一个可选项,它可以与其他工件建立联系,以表明这些工件上在可变点所标明的位置上具有可变体所指定的可选的变化内容。这种关联表明了工件是一个具有可变性的工件。

3. 定义可变性

软件产品线中的可变性是用可变点和可变体来定义的,因此需要在定义可变性时识别可变点和可变体。下面给出这一过程的三个基本步骤[1]。

(1) 识别现实世界中变化项,即变化主题。

(2) 在领域工程上下文环境中定义可变点。这一步是必需的,因为现实世界中的可变性(由变化主题表示)与软件产品线中的可变性(由可变点表示)存在差别,现实世界中某个可能的变化主题,在软件产品线中可能会表示为多个可变点;反之,可变点又可以综合描述多个现实世界中的变化主题。

(3) 定义各种可变体。从已识别的变化主题中选择一些变化对象,将其定义为与可变点相对应的可变体。可变体实际上是可变点上的具体变化选项,并说明了可变体的选取规则以及可变体之间的依赖规则。可变体集合可能随着时间变化,但是可变点是不变的。

对可变性的定义实际上就是可变性建模,建立了可变性模型和核心资产的追踪关系,就可以通过重用预先定义的、可配置的核心资产来定制软件产品。因此,软件产品线的可变性成为区分软件产品线中不同产品个体的重要标志。

4. 可变性定义的例子

很多军用软件都使用了电子海图,我们希望电子海图以不同方式展示,如实景海图、二维海图、等高线海图等。因此,"海图"成为了现实世界中的一个变化主题,而海图展示方式的不同可选项则成为变化对象。

软件产品线工程师在对分析变化主题时,根据此变化主题可定义一个"海图类型"的可变点,该可变点表明特定的军用软件产品线必须支持海图类型设置这一功能,并在软件系统设置界面上予以体现。此可变点的选取会对领域架构的设计产生影响,例如,可能需要在软件框架中加入对各种不同海图 API 的支持。

然后,可以为此可变点增加可变体,它们包含那些变化对象,即各种海图的展示方式。因为一次设置只需显示一种展示方式,所以还要标识这些可变体之间是"取舍"关系。

8.1.3 可变性的分类

从不同的视角可以对可变性进行分类,如从时空方面、可变性的可见性方面[1]等。了解可变性的分类,有助于我们很好地对可变性进行建模。

1. 时间可变性和空间可变性

1) 时间可变性

时间可变性是指一个工件在不同的时间拥有不同的版本。

在软件工程中,工件随时间演化不可避免,产品所处环境的改变、技术的进步以及新法律法规的引入等变化都有可能导致工件开发的调整。这种变化被称为演化或时间可变性。时间可变性对于单系统工程和软件产品线工程同样适用。配置管理是常用的软件工件版本管理技术,我们根据军用软件研制中对工件演化特别关注的特点,深入研究了基于时态特征的软件配置管理方法,相关内容详见10.3节。

针对工件整体的版本变化,单系统工程与软件产品线工程有相同的管理方式,但在可变性的内容方面有很大不同。在软件产品线的领域工件中存在一些用可变点标识出的预先定义的位置,在这些位置上可以相对容易地引入变化。如果所需变化附属于这个可变点,这就表明了工程师已经认识到在这里可能发生一个与变化主题相关的潜在的可变性需求。

因此,工程师如果使用含有可变点的工件来开展后续开发工作,则其就可以接受可变性的指导,在方法层面可以运用面向方面技术[3]中的关注点分离策略,将可变性用与工件本身分离,从而降低变化带来的影响。一般来说,可变性仅对工件产生局部影响,与应对未事先预料到的、任意的变动相比,为可变点增加几个新的可变体的工作量要小得多。当然,在实际工作中,因无法识别未来的可变性,工程师在构建领域核心资产时未能预先定义出可以引入变化的位置,导致后继工作中加入可变性的工作量较大大,甚至导致可变性无法引入。

我们列举一个军用软件中时间可变性的例子:航空模拟器虚拟仿真软件系统在规划整个产品线时,型号设计师意识到各类机载总线网络协议很多,需要开发一种总线网络仿真的统一方法,适用于不同种类的机载总线网络仿真需求。在"虚拟总线构件"中通过预留机载网络协议接口,可提供对不同协议的支持。所以将"网络协议类型"设置为可变点,虽然初期只有"AFDX"(航空电子全双工交换以太网技术协议)"FC"(光纤通道协议)"ARINC 429"(航空电子数据总线协议)三个可变体选项,但是随着新的产品策略的实施,就可以很方便地加入"1553B""IEEE 1394"等可变体选项。这就是随时间引入的可变性。

2) 空间可变性

空间可变性指的是一个工件在同一时间以不同的形式存在。

我们将一个可变工件的几种不同形态与可变体关联,并将这几个可变体分配给同一个可变点,这样在此可变点上就出现了空间可变性。在产品线领域工程中预先定义的所有任选和取舍可变体都是空间可变性的体现。例如,军用软件中同时有二维海图和等高线海图的选项。

3) 时间可变性与空间可变性的对比

时间可变性与空间可变性有很大的不同。时间维度是指工件随时间的变化,空间维度是指一个可变工件的不同形态同时被多个不同产品所使用。时间维度上可变性与软件的演化是同义的,而空间维度上的可变性则是一个新的研究领域。单一系统工程没有解决空间可变性的有效方法[①],而软件产品线工程则可以很好地解决这个问题。与单一软件系统开发不同,这些产品是同时存在的;理解和处理空间可变性是软件产品线工程的主要问题。因此,本书所谈到可变性大多数指的是空间可变性。当然,时间可变性所代表的软件演化问题,在软件产品线工程中也非常重要,实际上,这已经成为软件产品线工程领域的研究热点。

工件可能在时间上变化也可能在空间上变化。此外,把工件的可变性看作时间可变性还是空间可变性也可能会随时间而变化。图 8-2 说明了在航空模拟器虚拟仿真软件中,基础版和高级版的产品个体中,在"网络协议类型"可变点上的时间可变性和空间可变性。在基础版中,仅支持"AFDX""FC""ARINC 429"三种协议,在高级版中,增加了"IEEE 1394"通信协议。然而,在高级版中,未来随着产品战略的推进,有可能需要支持"1553B"协议。所以,现在产品线中同时存在的"AFDX+FC+ARINC 429"和"AFDX+FC+ARINC 429+IEEE 1394"两种情况的可变性,分别支持基础版和高级版的产品个体,这代表了空间可变性;随时间推移引入了新的可变体"1553B"而带来可变性的演化,属于时间可变性。

图 8-2 中使用了可变性的图形表示方法,我们将在 8.2 节详细介绍。

2. 内部可变性和外部可变性

软件产品线的不同利益相关者对"什么是可变的"这个问题可能存在不同的理解:用户希望应用能够根据他们的需求对产品进行定制,这就要求用户至少要了解一部分软件产品线的可变性;另一方面,可变性是领域工件的组成部分,因而也是软件产品线开发组织的主要关注点。为了能够区分用户以及开发两个视角,提出了外部可变性和内部可变性的概念[1]。

1) 内部可变性

内部可变性是领域工件上的对用户不可见的可变性。内部可变性由软件产品线的提供者(利益相关者之一)负责定义,并在应用工程中绑定可变性。用户

---

① 对于软件在运行时通过用户输入或配置来获得的可变性,不属于产品线工程可变性的范畴。

无需关注内部可变性。

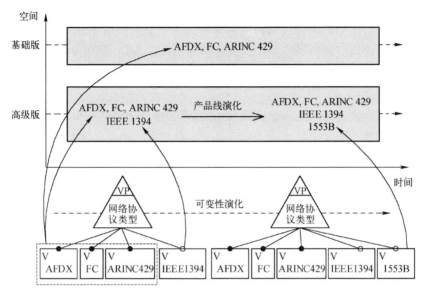

图 8-2 航空模拟器虚拟仿真软件中的时间和空间可变性

内部可变性经常在细化和实现外部可变性时产生。提供给用户的每个选项的实现通常需要由更低抽象级别上的几个细粒度选项的支持,用户一般只对高层次的设计决策感兴趣,而对于细粒度层次的配置不感兴趣。因此,不需要让客户了解低抽象级别上的实现方法。

同样,内部可变性的实现和细化可能导致更多的、更低抽象层次的内部可变性。在不同抽象级别的可变工件(即软件产品线生存周期上的不同工作流中的不同阶段产生的可变工件)之间的关系相当复杂。例如,一个领域需求上的可变性可能会精化为若干个架构级的可变工件,反之,一个架构级的可变工件也可能受一组需求可变性的影响。因此,在不同的抽象级别上的工件之间是多对多的关系。

而且,导致内部可变性存在的另一个原因是客户不想知道或不被告知过多的产品内部技术细节。

内部可变性的一个例子是,测试设备研制方为其操作系统提供了工程模式,以便于维护使用,但这个工程模式选项对用户是隐藏的,这就是一种内部可变性,而且它是由技术因素造成的可变性。

2) 外部可变性

外部可变性是领域工件对用户可见的可变性。

由于外部可变性对用户可见,他们可以直接或间接地选择他们需要的可变体。在第一种情况下,客户可以决定每个可变体的取舍。在第二种情况下,可能由产品经理根据用户的需求选择一些可变体并定义一组各不相同的应用后,客户从中选择出自己需要的应用。这两种情况也可以合并,例如,产品经理定义一组应用,其中只绑定外部可变性的一部分;客户则可以决定是否选择那些还没有绑定的可变体。

外部可变性与客户的满意度直接相关,因为客户知道这些可变性的存在后,可以通过选择最能满足其需求的可变体来定制产品。因此为客户提供更多的产品定制的自由,是造成外部可变性的主要原因。造成外部可变性的其他原因,有不同应用环境下的法律法规上的差异,以及软件产品线的应用必须遵循不同标准的约束等方面。

3) 内部和外部可变性的判定

区分内部可变性和外部可变性有许多需要考虑的因素,例如用户兴趣、商业策略、行业约束以及市场环境等。

向客户隐藏可变性(内部可变性)使用户在使用产品时的复杂性降低。为用户暴露过多的可变性,会使客户在面对各种可能的选项时,被如何选择选项以及选项之间的关系弄得不知所措。因此,通过隐藏内部可变性减少用户可选择性,可以使客户更易作出决策,并吸引更多的用户。

4) 可变性金字塔

在软件产品线的生存周期的不同工作流和不同阶段里,产生的领域工件具有不同的抽象级别,工件的可变性会从高级抽象到低级抽象逐次细化。在应用工程中创建应用工件时,需要绑定领域工件上的可变性。这个关系可以用图 8-3 中的可变性金字塔[1]描述,它给出了在每个抽象级别上需要考虑的可变性的数量多寡。

利益相关者的需求、法律法规和标准构成了金字塔的最顶层。金字塔从顶端到底部表示了可变性的精细度从高抽象级别到低抽象级别的不断增加。

需求可变性通常导致架构中大量的可变性。例如,一个需求可能映射到多个设计元素。结果,一个需求的可变性导致几个设计元素的变化从而增加可变性定义的数量。同样,设计的可变性经过细化转变为构件可变性,这进一步增加了可变性的复杂度。最后,软件测试也需要考虑需求、设计、构件中定义的可变性,必须在测试用例和测试环境中考虑可变性,由此,进一步增加了可变性的复杂程度。

复杂性也会由于附加的内部可变性的引入而增加。在图 8-3 中,这个关系用各抽象级别间的弯曲箭头表示。

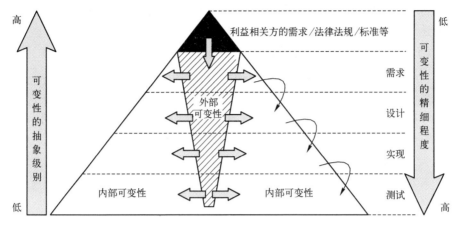

图 8-3 可变性金字塔

随着可变性定义的增加，可变体的数量和可变点的数量以及可变体、可变点和工件之间的关系数量增加了，即变化的复杂性也在增加。

外部可变性用金字塔中的阴影区域表示，从顶部到底部逐渐收缩。这表示外部可变性从高抽象级别到低抽象级别是逐步减少的。这种减少的原因主要是因为客户更关注应用的特征和需求，不太关心内部的实现。用户或许会参与确定架构的某个特定部分，但是，不可能涉及实现方面的内容。图中从金字塔的核心到外部区域的箭头代表外部可变性造成内部可变性。

8.2 可变性模型

对可变性进行刻画的方法很多，已经有很多研究成果[4]，它们主要实现了领域工件的可变性表示，主要提供如下几方面的支持：

（1）可变点的表示：标识可变性发生的位置。

（2）可变体的表示：可变体定义了实现该可变点相关可变性的不同选择。

（3）可变体的选择关系表示：定义了跟可变点对应的可变体的选择关系，基本的关系包括强制(Mandatory)、任选(Optional)、取舍(Alternative)和多选(Or)。强制和任选都是针对单个可变体选项而定义的，其中强制意味着必须选择该可变体，这实际上是公共性的表现。任选表示需要最终确定该可变体是否被选中；取舍和多选都是针对多个可变体选项而定义的，其中取舍表示可变点上的多个相关的可变体，只有一个可以被选中（多选一），而多选则表示可以从多个相关的可变体中选中任意多个（零到多个）。

（4）可变点之间、可变体之间以及可变点和可变体之间的依赖规则表示：定义了这些实体的依存关系，分为"需要"和"排斥"两种，这种关系也可以利用代数表达式等表示。

（5）可变性模型和工件依赖：维护可变性模型和工件的追踪关系。

要想对以上五个方面进行清晰的描述，就得建立可变性的元模型，对软件产品线可变性中的关键对象及其关系进行抽象描述，该元模型用以指导在特定的领域中进行可变性建模。我们以 Pohl 等人[1]提出的可变性元模型为基础，说明如何表示以上五个方面的内容。

8.2.1 识别可变性

要对可变性进行完整、清晰的描述，至少需要回答下面四个问题。

1）什么在变化？

要回答这一问题，必须将领域工件的可变属性用可变点加以清晰的描述和定义。例如，产品线架构的可变性可能影响系统架构、行为或软硬件的部署；实现工件的可变性包括构件和接口的变化、实现机制的变化等。

2）为什么变？

在 8.1.3 节，针对外部和内部可变性已分析了这个问题。造成外部可变性的原因有利益相关者的需求、法律、标准或产品管理决策。内部可变性的原因包括外部可变性的内部实现、其他内部可变性的实现和技术变化。一般用对可变体和可变点的注释来描述造成变化的原因。

3）如何变？

这个问题其实是关心与可变点对应的可变体的定义方法，并通过依赖关系将其与相关的领域工件相关联，通常被称之为"工件依赖"。

4）描述为谁而写？

通过区分内部和外部可变性，就可以将关注可变点和可变体的不同角色区分开来，例如，对用户的可变性描述与对软件测试工程师的描述是有区别的。可以采用不同的方式将内部可变性与外部可变性分离，例如，为不同的关注者准备不同的描述方式，对用户可能是产品说明书，对领域分析人员可能就是特征模型，通过区分内部与外部可变点对不同角色的人所关心的可变性进行分离。

良好的可变性描述可以改善决策能力、沟通与可追踪性。对此简单说明如下：

（1）对可变性的清晰描述提高了决策能力。通过强制要求工程师描述引入某个可变点和可变体的理由，可以帮助用户（外部可变性）决定应选择哪些可变体来配置产品;也可以帮助工程师明确如何进行可变性定义和绑定。

(2) 对可变性的清晰描述有利于用户针对软件产品线的可变性进行交流。例如,清晰的可变性模型能够将可变性转达给用户,将变化主题准确清晰地描述为可变点能够使用户明确究竟需要作出哪些决策,而将变化对象准确清晰地描述为可变体使得客户可以知晓每项决策究竟存在几种可能的选择。

(3) 对可变性的清晰描述,特别是相关可变性建模工作的文档化可以改善可变性与各种工件间的追踪关系。例如,可变性模型与对应的变化工件的追踪关系,这种追踪链接有利于高效地实施应用需求工程。此外,追踪链接使得实现与可变点相关的演化更加容易。因此,追踪链接提供了一个从可变性模型浏览各种相关的可变工件的入口。

8.2.2 可变性元模型

可变性元模型为特定问题域的可变性建模提供方法和描述工具,一般地,它提供了一套建模语言,典型地可以使用符号化的建模语言,以便可视化地对可变性建模,增强利益相关方对可变性的理解。

1. 可变点、可变体和可变性依赖

可变性元模型的基本元素如图8-4所示,用UML2的符号来定义。可变性元模型的两个核心元素是"可变点"和"可变体"(定义8.1与定义8.2)。

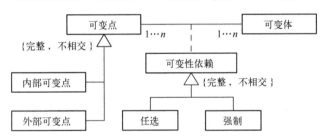

图 8-4　可变点、可变体和可变性依赖的关系

"可变点"是一个抽象类(用斜体表示),可以被具体化为"内部可变点"类或"外部可变点"类。"可变点"类的具体化过程是完整且不相交的。因此,任何一个可变点或者是一个外部可变点,或者是一个内部可变点。这两个可变点类具有不同的语义,内部可变点的可变体对用户不可见,对开发人员可见。外部可变点的可变体对用户和开发人员都可见。

图8-4的每个模型元素都有一个文本注释属性,使得能够在引入该元素时记录引入的原因。为简单起见,在图中或在本章其他模型中都没有显示这一属性。

可变性依赖指的是可变点和可变体之间的关联类。关联描述了一个可变点提供某个可变体。关联的多样性必须满足下列条件：

（1）每个可变点必须至少与一个可变体相关联；

（2）每个可变体必须至少与一个可变点相关联；

（3）一个可变点可以提供多个可变体；

（4）一个可变体可以与不同的可变点关联。

可变性依赖定义为抽象类（以斜体表示），把可变性依赖关系具体化（定义）为一个必选（强制）关系以及一个任选关系，具体化是完整且不相交的。

强制的可变性依赖指的是与一个可变点相关的可变体是该可变点所必需的，但这并不意味着该可变体必须包含进软件产品线的所有产品个体中。如果可变点是某产品个体的一部分，则该可变体只是该产品的一部分。

定义 8.3：强制的可变性依赖是指，当且仅当相关联的可变点是应用的一部分时，必须为应用选择一个可变体。

强制的可变性依赖的一个例子是，作战仿真系统应该能够支持各种不同的海图模式，如二维海图、等高线海图和实景海图等，但是二维海图是必需的，这保证了仿真的基本功能。所以，产品线工程师定义海图模式为可变点，而二维海图为此可变点下的强制可变体，定义等高线海图和实景海图为此可变点下的任选可变体。但是，在那种最基础的作战仿真软件中，海图模式并不会被作为可变点加入，因为它只需具备最基本的可视化仿真就可以了，而这是系统的核心特征。

任选的可变性依赖关系指的是与一个可变点相关的可变体可以是某个产品线特定应用的一个部分，但不是必须的一部分。

定义 8.4：任选的可变性依赖指的是可变体可以（但不是必须的）是产品线应用的一部分。

例如，上述作战仿真系统的海图模式中，等高线海图和实景海图为可变体的组合。用户可以确定不使用任何机制，选择一个、两个机制的结合，作为作战仿真系统的一部分。当然，这些任选可变体之间也可能存在一定的依赖关系，我们称之为选择关系。

2. 选择关系

可变性模型必须方便定义从一组任选的可变体中选择任意多个可变体。特别地，需要明确只能选取一个可变体的情况。因此，我们定义了两个建模元素，它们将任选可变体进行分组并定义每组可变体的多样性。这就是多选关系和取舍关系。

定义 8.5：多选关系将同一可变点通过任选可变性依赖关系关联起来的可变体划分为一组，并定义可从该组至多/至少选择多少个任选可变体。

定义 8.6：取舍关系将同一可变点通过任选可变性依赖关系关联起来的可变体划分为一组，并定义只能从该组选择一个任选可变体。

图 8-5 显示了可变性元模型的一些必不可少的扩展,新引入的元素用灰色框表示。元模型增添了一个"多选"类和一个"取舍"类,简称"选择关系"类。这两个类通过部分关联形式与任选类建立关联。部分关联的多重性必须满足下列条件：

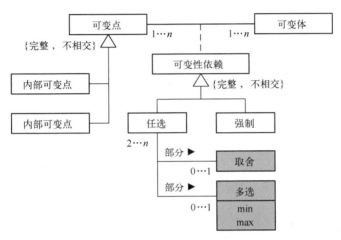

图 8-5　可变性元模型的选择关系

（1）选择关系至少包括两个任选项；
（2）每个任选的可变性依赖至多可以是但不必一定是一个选择关系的一部分。

例如,我们在军用 GPS 多功能通信仪装备软件中,对应特征"镜头"和"拨号盘"分别引入了"镜头类型"和"拨号形式"两个可变点。在"镜头类型"可变点下有两个任选可变体,分别为"定焦"和"变焦",它们之间就构成了取舍关系。而"拨号形式"下的任选可变体"触摸屏"和"实物键盘"则构成了多选关系。这说明一种定位仪只能选择一类镜头,但既可以选择触摸屏也可以选择实物键盘,或者二者都选择(至少选一个,此约束在基数说明中定义)。

"多选"类可以通过基数来约束,它包含两个可选的属性,最大值和最小值,它们指定允许选择的可变体的数量。显然,"取舍"类是"多选"类的一种特例,这是为了方便实际应用而设置的。此外,"选择关系"类具有这样的约束(在图 8-5 中并不明显),即一组(数量≥2)任选可变性依赖必须与同一个可变点相关联。

3. 可变性约束

到现在为止,所介绍的可变性元模型还不能描述属于不同可变点的可变体之间的关系。但是这种约束关系在可变性建模中是很必要的。例如,存在如下情况:

(1) 建模者想表达可变体 V1 正常工作需要可变体 V2,其结果是,如果一个应用选择了 V1,则 V2 也必须被选择。

(2) 建模者想表达选择了可变体 V1 后,可变体 V2 一定不可以选择。

(3) 建模者想表达某个应用是否选取一个可变点依赖于另外一个可变点是否选择了某个特定的可变体。

前两种情况描述了可变体和另一个可变体之间的关系,我们称第一种情况为需要依赖,第二种情况称为排斥依赖,第三种情况是可变体和可变点之间的需要依赖。同样,在可变点之间也存在需要和排斥依赖。为这些关系建立模型,我们用三种约束依赖关系对可变性元模型进行扩展(如图 8-6 所示)。约束依赖描述了两个可变体之间、可变点和可变体之间或可变点之间存在的约束关系,每种约束关系或者是"需要"或者是"排斥"类型。

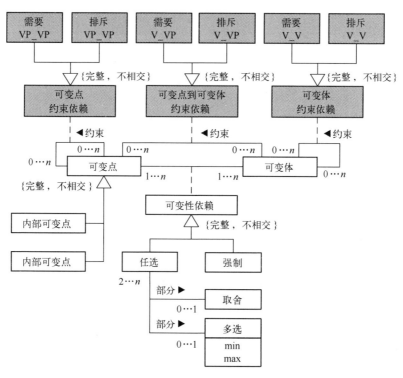

图 8-6 可变性元模型中的约束依赖

图 8-6 中的元模型用抽象关联类"可变体约束依赖"代表可变体约束依赖，它被具体化为"需要 V_V"类和"排斥 V_V"类。这种具体化是完整且不相交的。"约束"关联关系的多重性范围是"$0 \cdots n$"，因为一个可变体可能(但不必)受到任意数量的其他可变体的约束，且一个可变体可能(但不必)约束任意数量的其他可变体。

定义 8.7：可变体约束依赖描述了两个可变体之间的关系，这可能是两种类型之一：

（1）可变体需要（需要 V_V）：选择可变体 V1 时，需要选择另外一个与该可变体所在可变点无关的可变体 V2；

（2）可变体排斥（排斥 V_V）：选择可变体 V1 时，不能选择可变体 V2。V2 与该可变体所在可变点无关。

在前述的作战仿真软件的例子中，也存在这种约束依赖。例如，作战仿真软件产品线有一个可变点"海图形式"来说明战场的显示形式，它包含两个可变体"二维海图"和"等高线海图"。另外对战机仿真特征设计了可变点"飞行规划"，它拥有两个可变体"线路规划"和"航路规划"，分别表示飞机在二维海图平面上的航线规划和考虑飞行高度在内的航路规划。当选择"航路规划"，就一定需要选择"等高线海图"，否则海图就无法显示飞机的高度信息。这就需要在"航路规划"和"等高线海图"可变体之间引入需要 V_V 关系。

在军用 GPS 多功能通信仪软件产品线里我们也可以找到可变体需要的例子。例如，系统提供了"屏幕亮度"可变点，它包含的可变体有"自动"和"设定"；还提供了"光线感应"可变点，它下面只有一个任选的可变体"光线感应器"。当我们选取了"自动"可变体，则必须选取"光线感应器"，否则不可能在没有光线感应器的配合下自动完成屏幕亮度调整。这其实也是一种可变体需要可变点的约束依赖。

类似地，可以建立可变体到可变点之间的约束依赖关系，对可变性元模型作扩展，加入一个具有多重性属性的关联，一个抽象类以及两个具体的子类(详见图 8-6)。我们给出可变体到可变点的约束依赖的定义。

定义 8.8：可变体到可变点的约束依赖描述了可变体和可变点的关系，可以是两种类型之一：

（1）可变体需要可变点（需要 V_VP）：选择可变体 V 需要选择可变点 VP。

（2）可变体排斥可变点（排斥 V_VP）：选择可变体 V 排斥可变点 VP。

我们在前面已经给出了可变体需要可变点的约束依赖的例子。下面我们举一个可变体排斥可变点的例子。

例如，在海上作战软件中，当我们在可变点"反潜导弹攻击形式"的取舍关系中选择了可变体"单舰攻击",就不能在产品中包含"双舰协同"可变点。通过引入可变体"单舰攻击"和可变点"双舰协同"之间的排斥 V_VP 来表达这一关系。当然,这个关系也可以是隐式表达,即通过"双舰协同"可变点需要"双舰攻击"可变体这种关系隐式地表达以上排斥关系。

同理,可以将可变点间的约束依赖关系包含到元模型中,它包括一个具有多重性属性的关联,一个抽象类以及两个具体的子类,见图 8-6。可变点的约束依赖影响到该可变点的可变体,如果一个可变点受到排斥,则其可变体也受排斥;需要关系也是同样的道理。所以建模者应该仔细处理可变点依赖关系。

定义 8.9: 可变点约束依赖描述了两个可变点之间的关系,可以是下面的两种类型之一:

(1) 可变点需要另一个可变点(需要 VP_VP):为了实现某一个可变点时,需要引入另一个可变点;

可变点排斥另一个可变点(排斥 VP_VP):引入一个可变点时,另一个可变点将被排除在外。

(2) 对这种约束依赖,读者也可以找出一些例子,这里不再赘述。

4. 可变性元模型和工件依赖

可变性元模型中的可变点、可变体和它们之间的关系是软件产品线可变性建模工作的一部分,必须将可变性模型中定义的可变性与其他模型、文档和代码中描述的软件工件(核心资产)相关联。描述这种关系的方法是定义可变性模型和其他开发工件之间的依赖(追踪)关系。即将可变性模型中的可变体与软件工件(如需求、设计、实现和测试工件)相关联,这些工件记述了不同开发阶段对可变性的实现与/或细化。一般来说,可变体可以和任何粒度的工件相关联,例如,与整个用例或用户场景的某个情景相关联。

为了能够将可变性定义与其他软件工件建立联系,用"工件依赖"关系对可变性元模型进行扩展,如图 8-7 所示。

图 8-7 的元模型包含一个新增加的抽象类"开发工件",它代表了任何种类的开发工件。特定的开发工件是"开发工件"类的子类。"由……实现"关联关系将"可变体"类和新加入的"开发工件"类建立关联。将工件依赖实现为"由……实现"关联的关联类。其关联的多重性定义如下:

(1) 开发工件可以但不必须与一个或几个可变体建立关联(多重性"0…n")。

(2) 可变体可以但不必须与一个或多个开发工件建立关联(多重性"0…n"),这意味着可变体的存在可以独立于其使用的环境,这样做的好处是有利于产品线的演化。当然,若确定不会有任何产品使用可变体所表示的特征,则可以将它去除。

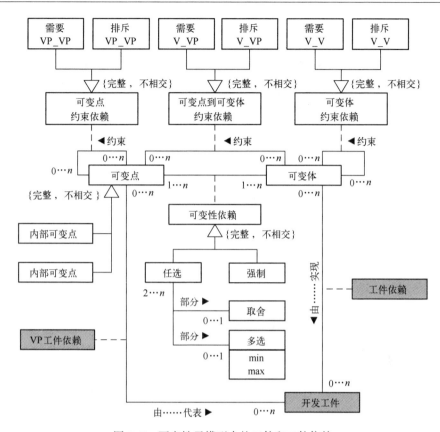

图 8-7 可变性元模型中的工件和工件依赖

还存在一个开发工件需要代表一个可变点的情况。例如,在设计中,抽象类可以实现几个可变体的共同行为。在其他情况下,开发者可能期望存在一些尚未定义的可变体。这些情况都可以通过在可变点和开发工件之间引入工件依赖来表达。可变性元模型通过"由……代表"关联关系进行扩展,它将"可变点"类与开发工件"类建立关联。将这一工件依赖实现为"由……代表"关联类。关联的多重性情况包括:

(1) 开发工件可以但不一定要与一个或多个可变点建立关联(多重性"$0\cdots n$")。

(2) 可变点可以但是不必与一个或多个开发工件建立关联(多重性"$0\cdots n$")。

5. 可变性建模的图形标记

为了可视化地表示可变性元模型中定义的可变性信息,将元模型中的每个类用图形符号表示,如表 8-1 所列。多选关系的图形符号中 min 和 max 表示了可能选择的任选可变体的数量范围<min..max>,默认时表示 min 取值为 1;max 取值为多选关系下所有可变体数量。在本书中,如果是默认范围,则省略。

表 8-1 描述可变性的图形符号

类别	名称	图形符号	说明
基本元素	可变点	△ VP [名称]	表示一个变化主题,为它起一个名字替代[名称]
	可变体	□ V [名称]	表示一个变化对象,为它起一个名字替代[名称]
单可变体选项	强制	——●	连接可变点和可变体,表示可变体在可变点上必须取得
	任选	——○	连接可变点和可变体,表示可变体在可变点上可有可无
多可变体选项	多选(多选多)	<min..max>	连接可变点和可变体,表示在此可变点上需从多个可变体中选择一定数量的可变体,min 和 max 分别规定了数量的最小值和最大值
	取舍(多选一)		连接可变点和可变体,表示在此可变点上需从多个可变体中选择一个
约束依赖	可变点需要依赖	Req VP_VP →	箭头源所在的可变点需要箭头指向的可变点
	可变点排斥依赖	Exc VP_VP →	箭头源所在的可变点不能与箭头指向的可变点同时存在
	可变体需要依赖	Req V_V →	箭头源所在的可变体需要箭头指向的可变体
	可变体排斥依赖	Exc V_V →	箭头源所在的可变体不能与箭头指向的可变体同时存在
	可变点可变体需要依赖	Req V_VP →	箭头源所在的可变点/体需要箭头指向的可变点/体
	可变点可变体排斥依赖	Exc V_VP →	箭头源所在的可变点/体不能与箭头指向的可变点/体同时存在
工件依赖	工件依赖	—— →	箭头源所在的可变体在箭头指向的工件中被实现
	VP 工件依赖	- - - →	可变点所蕴含的可变性由箭头所指向的开发工件代表

图 8-8 显示了利用可变性图形符号进行可变性建模的例子。

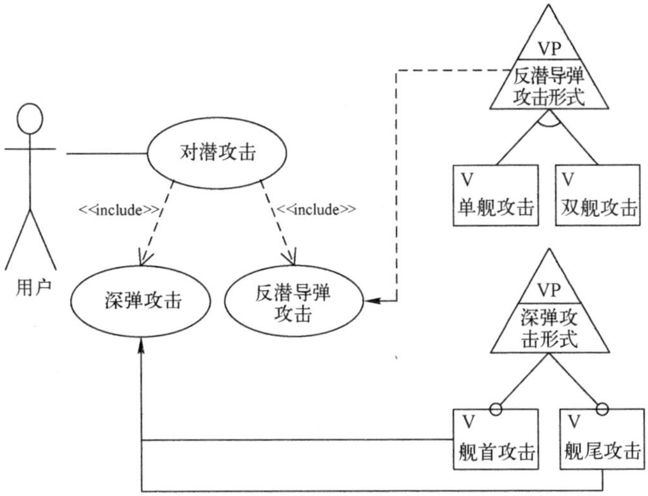

图 8-8　海上作战软件产品线的可变性模型(局部)

在海上作战软件产品线中,核心用例是"对潜攻击"[5],它又进一步包含了一些更详细的用例,如"深弹攻击"和"反潜导弹攻击"等。可变性模型中有多个可变点,其中的两个是"反潜导弹攻击形式"和"深弹攻击形式"。

"反潜导弹攻击形式"可变点说明系统可以选择进行单舰攻击或双舰协同作战。此可变点与"反潜导弹攻击"用例之间是 VP 工件依赖关系,说明在设置攻击形式时需要考察可变点下的多种攻击选项(取舍选择关系),但在用例工件中并不关心选择何种攻击形式,所以它与可变点而不是具体可变体建立关联。

"深弹攻击形式"可变点下有两个可变体:"舰首攻击"和"舰尾攻击"。在"深弹攻击"用例中,会根据系统所选取的攻击形式不同,决定如何进行攻击。在本例中,两种攻击形式是任选关系,既可以选择舰首舰尾单独攻击形式,又可以选择同时攻击形式。当然,图 8-8 并没有约束"舰首攻击"和"舰尾攻击"二者至少选定其一,若需要也可以利用表 8-1 的描述方法进行限定。

8.2.3　正交可变性

可变性可以定义为开发工件的组成部分或定义在一个单独的可变性模型中。许多学者将可变性集成到传统的软件开发工件中,如用例模型、特征模型、序列图和类图等。这样做在产品线规模不大的情况下非常有效,但是对于功能复杂的软件产品线而言,它可能会使可变性管理变得非常困难。Pohl 等人[1]就指出至少具有以下缺陷:

（1）如果可变性信息分布在几个不同的模型中，保持信息的一致性非常困难；

（2）很难确定需求中的哪些可变性信息影响了设计、实现或测试工件的哪些可变性信息；

（3）软件开发模型（如特征模型）已经很复杂了，增加可变性信息将使其更趋复杂；

（4）定义可变性时使用到的概念在不同的软件开发模型中是不同的，因此在不同模型中定义的可变性不能很好地集成到一个有关软件可变性的描述中，但是，这个全局描述对于软件产品线工程至关重要；

（5）在单一开发模型中对可变性信息的定义经常导致开发工件中可变性信息定义的不明确。

因此，许多学者提出跨越软件产品线生存周期的所有阶段建立可变性模型[6]。这就是在一个单独模型中定义可变性信息，称这样的模型为"正交可变性模型"。

定义 8.10：正交可变性模型是定义产品线可变性的模型，它将定义的可变性与其他开发模型如特征模型、用例模型、设计模型、构件模型和测试模型间建立关联。

正交可变性模型为可变性的描述提供了一个集中和统一的方法，可以纵览所有软件开发工件。在本书中，将主要使用正交可变性模型定义软件产品线中开发工件的可变性。

正交可变性模型很容易变得很复杂，例如，飞控软件的可变性模型可能有上万个可变点，几万个可变体。解决复杂性的典型方法是引入抽象可变点，它将具体的可变点合并，并预先定义其中可变体的绑定。例如，汽车工业为汽车提供像商务包或家用包这类装备包。通过选择这些包就对可变性作出若干选择。例如，一个客户选择了商务包，则意味着选择包括自动空调系统、移动电话、导航系统在内的若干可变体。

当然，这种方法既适用于外部可变性，也适用于内部可变性。与上面例子中的外部可变性不同，代表内部可变性的抽象可变点是提供应用工程的开发工程师来使用的，可以使工程师避免配置极其复杂的可变性选项，从而提高个体产品的开发效率。

正交可变性模型使可变点和可变体的打包相对容易。几个不同的包由一个可变点代表，每个包由这个可变点的一个可变体代表。代表包的可变体与包含在包中的可变体通过"需要 V_V"依赖关系连接。注意，包含在包中的可变体可以包含代表其他包的可变体。

8.3 多种视图下的可变性

识别可变性是可变性建模的关键,领域工程师(包括领域需求分析师、产品线架构师、构件开发工程师和测试工程师等)应在领域工程中全面地对可变性进行识别,以应对产品线中产品个体间差异性需求,以及将来有可能引入的演化需求,这是一件非常有挑战性的工作。这需要对各种差异和共性进行分析,并针对差异性提出相应的架构。从多视图的角度对差异性进行建模,模型显式地表达各种视图中及它们之间的可变点的关系,这对分析可变性十分有利。这一节我们就来讨论如何在多种视图下识别可变性的问题。

8.3.1 软件的视图

多视图方法是搭建在用户需求、目标和愿景与其技术实现之间的桥梁。第3章讨论了军用软件多视图需求建模方法,这里可以更一般地对软件产品线架构所涉及的五个方面进行刻画,然后再对其中的可变性需求进行分析。

1. C-A-F-C-R 视图

C-A-F-C-R 视图[7]分别为客户视图(Customer View)、应用视图(Application View)、功能视图(Functional View)、概念视图(Conception View)和实现视图(Realization View),其划分及其目标如图 8-9 所示。

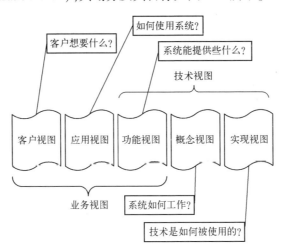

图 8-9 C-A-F-C-R 视图

视图内包含各种工件(文档、模型和代码等),表 8-2 列出了 C-A-F-C-R 视图中的工件。表 8-2 中,"功能性""质量""支持的工件"这三行许多现有的架构方法都可以支持,如 RUP[8]和 COPA[7]等,但是"可变性"尚不能得到支持。

表 8-2 C-A-F-C-R 视图中的工件

	客户视图	应用视图	功能视图	概念视图	实现视图
可变性	可变性模型	可变性模型	可变性模型	可变性模型	可变性模型
功能性	价值主张	用户场景	特征编目	系统分解	技术映射
质量	客户驱动力	质量需求	质量属性	法则/机制	机制/惯例
支持的工件	上下文图 趋势分析 PESTLE 分析 竞争或互补厂商分析	系统上下文 工作流 领域模型	特征/值矩阵	协作关系 信息模型	协作评价 供应商路线图

1) 客户视图

客户视图主要刻画与客户相关的特征,客户特指订购软件产品的人或组织。在客户视图中,领域工程分析师需要处理以下问题:

(1) 谁是客户?谁是影响客户决策的最大利益相关者?他们的目标、需求和远景是什么?

(2) 客户所处的环境(上下文)是什么?他的竞争者或互补厂商是谁?影响客户的外部因素是什么?我们自己的竞争对手和互补厂商是谁?(这些厂商是我们的客户的潜在供应商)

(3) 我们提供给客户的产品的基本价值是什么?

价值主张是厂商通过其产品和服务所能向利益相关方提供的价值。价值主张最好能说清楚利益相关方的核心驱动力是如何被满足的,而不是泛泛而谈。

客户驱动力是特定利益相关方的激励因素。换句话说,就是利益相关方想要的和不想要的东西。一般,会有多个驱动力起作用,而且往往会互为因果关系。虽然主要是关心自己的客户的驱动力,但是自己的客户的驱动力经常与他们的客户,以及其他的利益相关者的驱动力相关,这构成了一个价值链。所有这些关系可以用影响图(Influence Diagrams[9])来表示。

一旦分析清楚了驱动力的关系,就可以分清核心驱动力,即那些可以直接使利益相关方满意的因素,因为利益相关方很少明确地说明什么是激励他们的原因,找到客户的深层激励因素才会更好、更容易地满足客户需求。

对客户相关的分析最终形成四个工件。上下文图是一个描述客户及他与周围的影响他的实体之间的关系的可视化模型。趋势分析是对客户领域的主要趋势的总结。PESTLE① 分析是在市场和商业分析时使用的对外部影响因素的归

---

① PESTLE 是指 Political,Economical,Social-cultural,Technological,Legal,Environmental 的首字母。

类方法。竞争或互补厂商分析会给出与研制单位的客户群重合的市场上活跃的实体,包括竞争对手和互补厂商,并分析它们提供的产品或服务。

2) 应用视图

在应用视图中,研究构建的产品如何用于实现客户需求,需要解决如下问题:

(1) 利益相关方怎样使用软件产品来实现他们的目标?

(2) 哪个利益相关方如何使用该产品?通过何种方法使用?使用方法是否正确?

(3) 产品需在什么环境下使用?该环境中是否还有什么其他产品?

用户场景是构成应用视图的主要组成部分,用户场景描述了使用者使用产品完成某些目标的过程。场景描述应该能便于利益相关方达成一致理解。为了将产品所有可能的应用方式都描述出来,最好提供尽可能多的场景,这些场景并不一定要完全不同,可以有一些重复。为了帮助进行场景描述,Pierre America[10]等人给出了场景的元模型。

如图 8-10 所示,场景家族(Scenario Family)包含许多情节(Episode),一段情节是指在一段连续的时间里执行特定任务,一段情节由多个小节(Section)构成,小节描述了一个大致是原子性的动作。另一方面,场景家族还要处理许多可变点,每个可变点都可以有多个决策(Decision)。用户场景(User Scenario)是对一段情节的具体描述,其中每个可变点的决策会确定下来。用户场景可以包含多个情景(Scene),每个情景都涵盖了一个小节,并且每个情景至多在可变点处取得一个决策值。这意味着虽然一个可变点可以被多个小节处理,但是每个小节只能对应至多一个可变点。

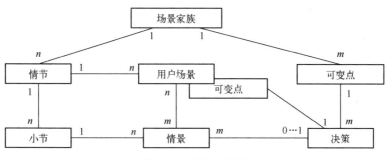

图 8-10 场景元模型

用户场景与用例相关但不同,图 8-11 描述了它们的关系。用户场景大致相当于 UML 用例建模中的所谓"用法叙述"(Usage Narratives),就是想象用户使用系统的一段描写,它揭示出操作者的目的和动机。用户叙述与用户场景的差别在于用户叙述只包含了行为信息,但是用户场景会涉及用户在使用系统时,系统的质量方面的内容,如系统响应时间等。用例则是一个抽象的概念,它对应着单个的、差不多是原子性的任务,此任务描述了用户和系统之间的交互。所以,用例与情节中的小节相对应,完成这个任务的方式被称为用例途径(Use Case Paths),它是在某种条件下发生的动作和交互的序列,不存在条件分支,用例途径对应情景。用户场景和用例是互为补充的:一般在软件产品线工程早期使用用户场景,来对将要构建的软件系统的架构进行研究,该场景描述可以作为用法叙述来使用,以指导在需求收集时撰写用例。

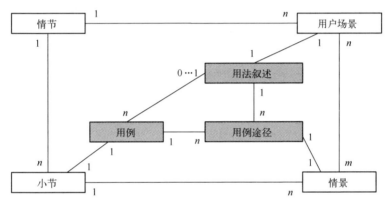

图 8-11　用户场景与用例的关系

应用视图中可能会识别出较多的可变性,这些可能性并不需要在各个用户场景中实现全涵盖,只需关注最重要的可变性,更多的可变性在以后的软件产品线工程过程中会逐步精化而得到。

质量需求给出了对在建产品线十分重要的各种质量属性的精确定义。主要考虑特定质量属性的涵义,而不是产品线对这些属性应该取得的具体值。如对作战软件产品线的重要质量需求是可靠性。

对应用视图的分析产生了三个工件。其中,系统上下文给出了与当前在建系统有交互的其他系统的状况及它们之间的关系;工作流描述了围绕在建系统的活动流;领域模型描述了用户与系统进行"对话"的过程中起到关键作用的重要概念,以及它们的用法。

3) 功能视图

功能视图是为了精简地描述在建产品线系统的那些可被外部感知的属性。有些属性标识出了一些功能点,称之为特征。还有一些属性并不只与功能性相关,一般称为质量。

对功能视图的描述应尽可能地独立于系统的使用方式,或系统的实现方式。所以,功能视图可以被看成客户和应用视图之间,或概念和实现视图之间的接口。在功能视图中需要回答如下问题:

(1) 系统行为是什么?

(2) 系统能提供什么特征和质量?

要回答这些问题,业务因素在其中起到重要作用。

特征编目描述了对在建产品线架构十分重要的特征。特征编目定义的特征名,可以用于其他工件中,如可变性模型。例如,在军用 GPS 多功能通信仪软件产品线的特征"变焦""定焦"分别表明了该产品线可以提供固定视角和变化视角的拍照功能。

质量属性给出了在建系统应满足的各种质量属性的值。

特征/值矩阵可以被用在产品线中哪个产品个体包含哪些特征的决策中。它为每个特征都附加了一个值,这个值的具体含义可以根据不同的关注方面而定。如研制单位若要严格控制产品成本,则可以为每个特征附加一个价格。还可以用各种场景,或其他重要的影响因素对这些特征进行分类,从不同的角度建立不同类型的特征/值矩阵,以方便对产品线的需求进行详细分析。

4) 概念视图

概念视图的目标是描述对系统运作起决定作用的那些基本概念。它主要关注以下问题:

(1) 系统的组成部分是什么?这些部分是如何协作的?

(2) 系统设计时使用的原则和模式是什么?

系统分解通过展示构件及其协作关系来描述系统如何运作。

架构法则是指导设计师做出决策的规则,用来辅助设计架构。

机制是软件产品线架构的普遍的属性,它们用来达成的质量属性(例如,一直使用的某个设计模式就是一种机制)。

协作关系描述了某个架构如何实现一个特定的用例,它描述了用例的内部实体协作关系,可以用 UML 通信图来表达。协作建模是一个迭代过程,任何需要的时候都可以修改架构。

信息模型定义了系统中存储的以及构件间交换的信息的结构及其含义。

5) 实现视图

实现视图描述了使用已有的技术,怎样实现产品线。它关注的主要问题有:

(1) 使用什么技术来实现系统?

(2) 哪些部分自己开发,哪些从第三方来购买?

实现视图的主要任务是说明总体架构的哪个部分用哪些技术来实现。有时候将这个任务称为技术映射。描述这种技术映射的一个简便的方法是给出系统分解图并标明各部分的技术选型。

这里,机制的意思和目的与概念视图中相同。再次提起它是因为描述新机制,或更细致地描述机制会对技术选型非常有用。例如,要想将跨平台的移植性作为一种机制,则需要在技术选型上做出决策,选择一种支持部署于不同环境的技术平台,例如 Java EE。

惯例是系统实现时需遵循的规则,用于理顺开发过程,在最终产品中并不一定能看到它们。例如,在编码时必须遵守的规范,像类的命名规则、变量命名规则以及方法命名规则等。

概念视图中的协作关系实现了一个特定的用例,此实现是否能满足所有适用的质量需求,是由协作评价来查明的。给定特定技术选型,就可以做出粗略的估计。例如,在协作中,两个构件使用特定的链接交换数据,就可以基于链接的带宽和传输的数据量来估计出数据交换将会耗费的时间,然后将它与传输性能的质量需求进行对比做出评价。

供应商路线图是对研制系统时采用的第三方产品或技术的发展情况进行说明,这对系统技术选型起到重要的影响。

2. 多视图间的关系

总之,视图和它们产生的工件或多或少对问题域进行了描绘。每种工件都从不同的视角刻画了在建产品线。工件不是孤立的,而是一起构成了一个整体,它们在视图内部和视图之间紧密联系。这种联系在同一个视图或不同视图上的工件中的重复元素上表现出来。

8.3.2 视图的可变性

当我们考虑软件产品线所处的各种可能的场景时,不仅要认识到场景中的公共性和差异性,还要认识到与场景对应的,所设计的各种架构中的公共性和差异性,这就是可变性建模。下面列举一下有助于可变性建模的因素。

(1) 在不同的视图中考察可变性,以及它们之间的关系。

通过对可变性进行建模,就会很快地领会领域的复杂性及其中的主要问题,建模可以更彻底地研究可变性。但是,模型往往会过于复杂以至于造成建模困难。因此在实践中往往不会将领域中的所有要素都纳入建模范围,而是选取不同的视图来研究,然后,通过分析跨视图的模型中反复出现的元素,就可以找出多个视图的可变性之间的关系。

(2) 对如何选择各选项进行指导。

可变性模型可以指导软件产品线中产品差异的选取。某个产品个体应该拥有哪个特征？它支持哪种应用？这些选项都会在可变性模型中可见。因为可变性模型中包含了所考虑的全部可能性，所以其中也会显示那些不被选中的选项。

(3) 增强架构设计利益相关方的沟通，提高对可变性的认识。

可变性建模所使用的符号应该简单到足以让所有人能理解，无论它们的专业背景如何。这就可以使除了架构师以外的利益相关者能够审阅甚至是共同创建可变性模型。例如，对于客户视图，市场人员或销售也能够参与进来协同工作。

传统的可变性建模方法，主要关注功能视图，然而，作为软件产品线工程中研究和工作的重点，可变性问题会贯穿软件产品线的整个生存周期，即从产品线的导入到领域分析，再到架构设计直至实现的各个环节。因此，通过以上讨论的多视图进行可变性建模是合适的。

1. 客户视图的可变性模型

客户视图的可变性模型从用户需求的视角描述哪些因素对产品线的差异性起到关键的作用。例如，客户对产品复杂度要求的差异、不同地域客户对产品功能的诉求差异以及研制方主推的与其他品牌不同的特殊性等。这些因素实际上构成了客户视图可变性模型的可变点。

一般来说，在客户视图中对产品的描述一般是以文字叙述为主，可变性参杂其中，定义不明确，不利于对可变性的精化过程进行追踪，因此建议建立独立的可变性模型。

2. 应用视图的可变性模型

创建应用视图的可变性模型十分复杂。因为一个软件产品可能有非常多的不同用法，若对系统架构的方式不做限制，则会导致可变性非常庞大。可变性可能来源于以下几个方面：

(1) 产品线本身的多样性；
(2) 系统所处的(技术)环境的不同；
(3) 业务目标和使用系统的实际目的不同；
(4) 用户个人偏好不同。

在一个模型中要涵盖所有这些变化，在大多数情况下是不可能的。围绕最难以决定的问题构建一个相对小规模的模型会比较容易，因为这样会捕获大多数用户的核心需求，同时涵盖最典型的应用环境，实现产品目标。

在应用视图中进行可变性建模，通常很难使用结构化的方法，一般采用文字叙述来描写用户场景,UML用例建模的方法也同样适用。这里,主要关注使用软件系统的动作,因此常采用类似UML活动图的方法来刻画可变性模型。建议单独创建正交可变性模型,但是,由于此时处于需求分析的早期,可变性的结构化特征不明显,不太可能建立完整的正交可变性模型,但是即使是正交可变性模型的片段,也会对可变性的细化和追踪有利。

因此,应用视图正交可变性模型不需要描述完整的用户场景,只需捕获用户操作系统动作的多样性,需要辅以文字描述才能清楚说明这种可变性所在的上下文。

3. 功能视图的可变性模型

功能可变性模型给出了所有相关特征的概览,因此有时又被称为特征模型。在产品线设计中,特征模型帮助决策和记录特征与产品个体的对应关系。假如特征没有包含在任何产品个体中,它就会被忽略甚至从模型上移除。然而,由于采用了场景描述方法,它旨在提高产品线架构应对未来变化的能力,所以建议只移除那些在我们考察的所有场景中都不需要的特征。

第9章将详细讨论特征建模,这里简单地介绍按照传统的特征建模方法,在功能视图中表示可变性的思路。按照Stefan Ferber等人的经典方法[11],使用了两个模型来一起构成特征模型:一个树模型用来表示特征可变性的主体结构,以及一个依赖模型,表示与树模型横切(Cut Across)的额外的约束,这体现了面向方面软件开发的思想。由于本书引入了正交可变性模型,借助此模型直接建立与特征树模型的工件依赖关系,就可以利用正交可变性模型中的可变性约束来反映特征节点的交互和依赖关系,即特征模型的依赖模型可以部分地被正交可变性模型所替代。但是,由于特征模型也是产品线需求分析的有力工具,而正交可变性模型也恰恰是在这个过程中逐步建立的,所以,我们使用的特征模型融合了可变性。为了进一步梳理可变性,我们还是建议在需求分析中建立独立于特征模型的正交可变性模型,以便用于后继的细化工件的可变性描述。

基于此,特征模型使用了与前述可变性建模的图形标记非常相似的图标来融合可变性的表示。例如,图7-3就是一个特征树模型的典型例子。

4. 概念视图的可变性模型

在概念视图中,也可以使用"特征"的概念,但是它的含义要更广泛一些。概念视图里的特征是一种所谓的"内部特征",即它关注系统内部的架构。也就是,这些内部特征不能从系统行为角度被查知,而是描述了系统的设计方式。所以,概念视图的可变性模型更多体现为内部可变性。

本书统一使用前述的正交可变性模型来表达可变性,只是不同视图中正交可变性模型的关注点不同而已。在概念视图中,正交可变性模型主要关注静态建模、对象的构建和系统的构件分解结构及其动态协作关系等内容(见图 8-12)。

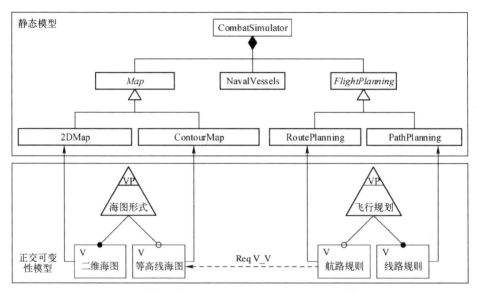

图 8-12　作战仿真软件产品线的概念视图中静态模型的可变性描述

5. 实现视图的可变性模型

与概念视图相似,推荐使用正交可变性模型。此时,可变性主要体现了技术实现方案的多样性,如技术选型、设计模式的选择、开发规范方面的考虑等。

6. 可变性的两步表示法

如 8.2.3 节所述,本书使用正交可变性模型定义软件产品线中开发工件的可变性,工件依赖关系表明了可变性语义是如何引入各开发工件的。以后,所有对可变性的修改,都应统一在正交可变性模型上完成,以保证可变性的一致性。为了精简表达,在开发工件中,引入了构造型(Stereotype①)来描述对应的可变性语义,这样就可以在可变性确定的情况下,精简地进行其他方面的设计和开发。将这种可变性表达的方式,称为可变性的两步表示法。第一步,正交可变性建模;第二步,可变性语义传递到领域工件,用构造型来表达。

必须强调,所有表达可变性的构造型都来自于正交可变性模型。在不引起

---

① 构造型是 UML 的一种扩展机制。设计师可以使用构造型来扩展 UML 词汇,以便在已有模型元素的基础上创造新元素,可用于特殊的问题域。

误解的情况下,可以使用构造型在开发工件中表达可变性。

图 8-13 是使用构造型来表示图 8-12 中静态模型的可变性的例子。

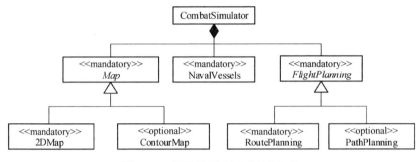

图 8-13 用构造型表示可变性语义

8.4 通过绑定可变性来实施孵化过程

建立产品线基础框架并不是最终目的,最终还是要在应用工程中使用它们。对可变性而言,称为可变性的实例化,或可变性的绑定;在遗传孵化模型中,这就是实施孵化过程。

在应用工程中,随着新需求的加入,必须考虑在应用工程的生存周期中,以后如何处理这些新需求,即是否将它们加入领域可变性模型,或者纯粹作为产品个体的特性来处理?

最简单的情况是,产品线架构已经能支持这些需求,只需考察产品线架构如何在绑定时满足这些需求,以及何时绑定即可。典型的绑定时策略包括编译时、连接时和启动时等。

如果产品线架构不支持这些需求,那么有三种可选的方案:

(1) 与需求方协商看是否可以放弃此需求或者用产品线架构中其他特性代替它。虽然从客户满意角度来看并不好,但是仍值得考虑和评估,因为在产品线上下文中,需支持的可变性越多,产品线基础架构的演化就越困难。

(2) 将新需求与产品线基础架构集成起来。

(3) 新需求以特定于单个产品应用的方式来实现。

以上第二个方案需要回归领域工程来处理,第三个方案是在应用工程中进行传统的单一系统软件开发。单一系统工程中也需要处理可变性,但是这种可变性与产品线工程不同。它主要处理时间上的可变性,采用配置管理来管理开发工件的不同版本。软件产品线工程不但处理时间可变性,也处理空间可变性。空间可变性的存在,意味着同一组构件被用来生产具有不同特征的多个应用。

向软件产品线工程的转变对开发过程和过程中创建的工件都具有极大的影响,因此需要对可变性加以清晰的定义,这使可变性成为重要的主题。

在遗传孵化模型中,通过定义研制运算来处理产品个体的个性化需求,当然也可以采用以上三种方案来处理。实践中,以上三种方案在同一个产品个体开发过程中都有可能被使用。

8.5 小结

软件产品线的可变性方法为实现遗传孵化模型中的变异性提供了可行的途径。为了保证软件产品线的可变性在不同开发工件中的一致性、可追踪和表达明确,使用由可变点、可变体及其关系构成的单独的模型——正交可变性模型来表示可变性是十分必要的。在领域工程中,可变体映射到领域工件,以实现产品线的可变性。可以在领域工件的任何抽象级别引入可变点和可变体,然后在低的抽象级别进行精化。

可变性建模作为软件产品线工程的组成部分,致力于清晰地描述软件产品线的可变性。可变性使生成不同的产品个体成为可能,因此也需要让用户充分认识到可能的可变性选项,这就决定了需要加以区分外部可变性和内部可变性。

在可变性建模时,可以通过不同的视角对产品线工程加以考察,这就形成了客户视图、应用视图、功能视图、概念视图和实现视图。在各个视图中对可变性进行分析,有利于全面地对可变性建模,并认识可变性精化或细化的过程,从而追踪可变性在开发工件中的演化。

参考文献

[1] Pohl K, Böckle G, Linden F V D. Software Product Line Engineering: Foundations, Principles, and Techniques[M]. Springer Publishing Company, 2005.
[2] 聂坤明,张莉,樊志强. 软件产品线可变性建模技术系统综述[J]. 软件学报,2013,24(9):2001-2019.
[3] Noda N, Kishi T. Aspect-Oriented Modeling for Variability Management[C]. Software Product Line Conference, 2008. Splc '08. International, 2008:213-222.
[4] Chen L, Babar M A. A systematic review of evaluation of variability management approaches in software product lines[J]. Information & Software Technology, 2011, 53(4):344-362.
[5] 康晓予. 仿真模型重用与组合关键技术研究[D]. 大连:大连理工大学,2012.
[6] Buhne S, Lauenroth K, Pohl K. Modelling Requirements Variability across Product Lines[C]. IEEE International Conference on Requirements Engineering, 2005:41-52.

[7] America P, Obbink H, Ommering R V, et al. CoPAM: A component-oriented platform architecting method family for product family engineering[C]. Software Product Lines: Experiences and Research Directions, Proceedings of the First International Conference, SPLC 1, Denver, Colorado, USA, August 28-31, 2000, Proceedings, 2000: 167-180.

[8] Jacobson I, Booch G, Rumbaugh J. The unified software development process[M]. Boston Reading, MA: Addison-Wesley, 1999.

[9] Howard R A, Matheson J E. Influence Diagrams[J]. Principles & Applications of Decision Analysis, 2005, 2(3): 127-143.

[10] America P, Rommes E, Obbink H. Multi-view Variation Modeling for Scenario Analysis [C]. Software Product-Family Engineering, International Workshop, Pfe 2003, Siena, Italy, November 4-6, 2003, Revised Papers, 2003: 44-65.

[11] Ferber S, Haag J, Savolainen J. Feature Interaction and Dependencies: Modeling Features for Reengineering a Legacy Product Line[C]. International Conference on Software Product Lines, 2002: 235-256.

第 9 章 基于软件产品线的军用软件产品族研制

软件产品线的研制过程中最具有特色的工作体现在产品线的需求分析和架构设计两个活动中。另外,应用工程中的主要工作是用核心资产创建产品个体,需要绑定可变性,并按照个体需求进行个性化开发,这也具有鲜明的特色。本章重点对以上三个方面的特色性工作进行讨论,即软件产品线需求工程、架构设计和软件产品线应用工程,读者可以通过本章的内容了解软件产品线的关键研制方法,从而能够将它们应用到军用软件产品族的研制中。

9.1 软件产品线的需求工程

软件产品线的需求工程仍能够使用经典需求工程的方法和过程,但它又具有一些独有的特性。下面对这些特性进行分析。

9.1.1 与单系统需求工程的区别

产品线的需求是一类重要的和有形的核心资产,它定义了产品线中的产品的功能和非功能等特性,以及相关的约束,这些需求与产品线的范围定义紧密结合并且一同演化。整个产品线共有的需求是包含可变点的,可以通过绑定这些可变点来创建产品个体所特有的需求。有时,可变点在一个产品中会映射为空,表示该产品不具有的特征。这些可变点可能很具体,定义到某个需求的细节,例如将一个象征性的名称"Caliber_Levels"(表示火炮的口径级别数)替换为值"3";也可能很抽象,需要补充大量的工作内容,如先行采用任意的标记方式来表示部分系统行为的整个定义,随后再进行精化。必须有一种机制,能够迅速容易地为特定产品个体生成整个需求集合(公共加独特),这意味着特定产品的需求是在整个产品线的需求定义基础上以增量方式实现存储的。

产品线的需求工程与单一系统的需求工程的区别如下。

1. 需求获取

产品线的需求获取必须显式地捕获在产品线的可预见生存周期中的期望可

变性,这意味着利益相关者团体很可能比进行单一系统需求获取时要大,可能还包括该领域专家、市场专家和其他涉众。需求获取的重点是产品线范围界定,通过应用领域分析技术,结合已有的领域分析模型,以及刻画了产品线生存周期上预计发生的可变性的用例(变化用例和用例可变点),显式地捕获期望的可变性。

2. 需求分析

产品线的需求分析包括寻找公共性和标识可变性。需求分析包括在获取的需求之上进行公共性分析和可变性分析,以便在产品线中标识大粒度复用的机会。需求分析的两种常用技术是用例分析技术和面向特征的领域分析(FODA)技术。

3. 需求规格说明

软件产品线需求规格说明包含了两部分内容:一是涵盖产品线的需求集的文档;二是特定产品个体需求的文档。涵盖产品线的需求可能会包含一些象征性的标记,这些标记被各种特定产品的需求文档填充、扩展或实例化。

4. 需求验证

产品线需求验证包括更广泛的评审人员,而且会阶段性进行。首先,必须验证产品线的公共需求;此后,当每个产品生产(或修改)的时候,还要验证特定于产品的需求,同时产品线范围内的需求,也必须进行验证,以确保它们对这款产品是有意义的。

5. 需求管理

软件产品线的需求管理必须要考虑需求工程过程的双重性(领域和应用工程过程),以及活动的阶段性(公共需求阶段和专有需求阶段)。变更管理策略中,当提交变更到产品线时,必须提供一种正式的机制,并支持对提交的变更如何影响产品线做出系统性评估,变更管理策略还需明确产品线需求的变更如何提交、分析和审查。软件产品线需求的变更可触发相关核心资产产生相应的变更,这种变更的传播关系可以通过需求和它们相关的核心资产之间的追踪链接来描述。

9.1.2 产品线需求分析的主要方法

1. 领域分析技术

领域分析技术可以用来扩展需求获取的范围,确定并安排预期的变化,以确定产品线中的产品的基本公共性和可变性,从而支持创建健壮的架构。FODA是一种经典的传统领域分析技术,它已经与产品线需求工程结合,成为一种新的方法。产品线分析将传统的面向对象分析、FODA 特征建模和利益相关方视图建模结合起来,用以获取、分析、说明和验证产品线的需求。特征建模有利于产品线的公共性和可变性的鉴定和分析,并为需求规格说明书提供了天然的载体。利益相关方视图建模有利于实现需求获取的完整性,而产品线分析工件(对象模型、用例模型、特征模型以及产品线的术语字典)为需求建模提供了增量验证,也就是在分析过程中逐步验证需求的合理性。

2. 利益相关方视图建模

该技术可用于对产品线的主要利益相关方的需求进行优先级建模。视图建模背后的思想是:系统必须满足多种利益相关方的诉求和预期,每个利益相关者都会有自己对系统的认识,即视图。每个视图都可以作为单独的一个系统需求的集合,这些视图显示地定义了对系统利益相关方之间需求冲突和所做出的权衡决定。

3. 特征建模

此技术可以作为对象和用例建模的补充,并将公共性和可变性分析的结果表示在特征模型上,以备复用。特征是用户可见的方面或系统的特性,它们被组织成特征节点的树型结构,用来标识系统中的公共性和可变性。特征建模是 FODA 方法和面向特征的复用方法特征建模,是 FODA 方法和面向特征的复用方法(Feature-Oriented Reuse Method,FORM[1])不可分割的一部分。在 FORM 中,一个相互关联的系统家族的需求按照家族的特征被组织起来,然后,通过考察特征中的公共性和可变性来创建一组参考模型(即软件架构和构件),这些模型可以被用来实现该家族中的产品。

4. 用例建模

该技术可以与可变点一起使用,来捕捉和描述领域内产品线需求的公共性和可变性。可变点是一个用例中的变化(也就是可变体)出现的位置。该变化被定义为可变体,它描述了变化的上下文和模式。支持在用例中捕捉和描述各种可变性的机制包括继承、使用、扩展、扩展点和参数化。

5. 变化用例建模

此技术可用于明确标识和捕获系统中的变化,并最终将它们显式地纳入设计以提高设计的稳定性。变化用例是描述了一个系统未来的潜在需求的用例,它们链接到现有的系统用例上,当那些未来的潜在需求变成现实时,就能通过链接知道哪些系统用例将受到影响。引入变化用例使设计师能够为预期的变化制订出计划,并更有效地适应它们。

6. 需求及其与相关的工件间的可追踪性

此技术可用于支持系统的设计和实现是否满足该系统需求的确认。需求的可跟踪性将需求向后链接到它们的源头(如利益相关者),向前链接到最终的系统开发工作产品(如一个构件)。除了能协助进行需求获取和验证外,需求追踪对确定系统中引入的变更所产生的潜在影响起到关键作用。

9.1.3 领域工程中的需求分析

领域需求工程是软件产品线需求工程的关键,它需要考虑产品线需求的可变性,因此整个过程分成两个阶段:公共性分析与建模阶段;可变性分析与建模阶段。其中公共性分析是为了确定哪些需求是产品线中所有产品个体都必须遵守的需求;可变性分析是为了确定哪些需求在产品线的产品个体间有差别,并精确地标识出差异[2]。需求建模是对公共需求和可变需求建模,其中可变需求建模是产品线需求工程的重点,它需要对可变点和可变体以及它们之间的关系建模。这两个阶段的活动不是孤立的,而是相互紧密关联的。

1. 主要工作内容

通过需求获取,软件产品线的领域需求工程需要明确哪些需求是产品线中所有应用所共同的,哪些是单个应用所特有的,然后对它们进行公共性和可变性分析。

进行公共性和可变性分析的一种方法是需求矩阵分析法;另一种方法是需求分配优先级分析法[2]。另外,清单检查(Check List)也被用来确定某些公共和变化的需求。

可变性分析的结果可以用正交可变性模型来单独表示,这样有利于加强软件产品线可变性的一致性。在此模型中,可变性用可变点、可变体、可变性依赖和约束依赖来表示。可变性模型对产品线架构有很强的影响,所以需要架构师的参与。

领域需求工程的目的是生成产品线预期的公共性和可变性需求,以便在应用工程中将它们复用到产品个体上。所以需求工程的所有活动(需求获取、分析、编写需求规格书、需求验证和需求管理等)都不只是对单个应用系统进行需求分析,而是要包含在产品线中所有产品个体的需求。为了标识出所有公共性和可变性需求,需求工程师需要和很多潜在的利益相关者(产品经理、架构师、客户群体和维护人员等)接触,并研究多个需求来源(客户、遗产系统和领域内相关规定等)。

2. 公共性需求

公共性分析包含两个基本步骤:

（1）定义公共需求的集合；
（2）将公共需求形成详细的文档。

公共需求是产品线中所有应用个体的基础，这些需求必须对所有应用保持一致，并且按照产品线的演化保持更新。随着产品线的演化，公共需求与可变需求可相互转化。要清楚地说明公共性需求被识别为公共需求的原因，这样在必要的时候就可以通过前提条件确认而使公共需求不至于被转化为可变需求。如果随着产品线的演化，很多公共需求变成可变需求，整个产品线的应用价值会受到削弱，需求规格说明书也会变得过于复杂。

在软件产品线中发掘尽量多的公共性需求很重要，因为公共性需求是每个产品线产品的基础，共性比率越高，在应用工程中开发产品个体的成本就越小。另一方面，可变性使得某个特定应用可以满足用户的特定需要，所以可变性比率越高，对满足客户个性化需求越有利。所以需要权衡公共性需求和可变性需求在产品线中的占比，两者具有杠杆作用[2]。

对公共性进行需求分析可以采用以下几种常见的方法[2]。

1）需求矩阵

需求矩阵详细地列出了需求与产品线的所有成员系统间的对应关系，在较高层次上定义了公共性和可变性的特征。矩阵的每行对应产品线的每个需求，每列表示产品线中的成员应用，矩阵的元素表示需求对哪个应用是必须有的（强制的）。表9-1是需求矩阵的一种形式。

表9-1　需求矩阵的形式

	××型作战软件部件1	××型作战软件部件2	××型作战软件部件3	…	××型作战软件部件n
需求1	必需的	必需的	必需的	…	必需的
需求2			必需的	…	必需的
需求3	必需的	必需的	必需的	…	
…	…	…	…	…	…
需求m		必需的	必需的	…	必需的

从需求矩阵中很容易看出哪些需求是某个应用所必需的，从而分析出哪些需求是所有应用共有的，哪些需求是个别系统需要的。显然那些所有应用所必需的需求即为公共需求，其他需求则为可选需求。

2）基于优先级的分析

基于优先级的公共性需求分析方法是根据利益相关者对所有需求的优先级评定来确定哪些是公共性需求。公共性需求可分为三类。第一类是对所有应用系统来说最基本的需求,若去掉这些基本需求就不能表现领域特点。公共性需求中至少要包含这类基本需求。第二类需求是被大多数利益相关者定为高优先级的需求,而其他利益相关者不反对这些需求的存在,这类需求被看作公共性需求可以满足大多数利益相关者的要求,而不伤害其他利益相关者的利益。第三类需求是很多利益相关者感兴趣的需求,在将来很有可能变成公共性需求,这类需求在产品线开发初期作为公共性需求开发,虽然开始阶段成本较高,但是产品线的公共性需求在整个产品线生命周期中会比较稳定,后期演化的成本较低。

这样通过将需求按优先级分别分类,最终得到产品线的公共需求集合。

3) 基于清单的分析

在基于优先级分析方法的基础上,考虑某些需求的特点,逐个分析,得到公共性需求集合。例如反映企业标准、国际和国内标准的需求可以作为公共性需求对待;不互相冲突的需求可以作为公共性需求对待;为技术支持、维护和通信用的需求也可以作为公共性需求对待。

3. 可变性需求

可变性分析用来确定变化的需求,其结果是产生可变性模型,并对可变化的需求形成详细的文档。可变性分析的工作包括:确定可变需求;按照可变需求开发正交可变性模型;以合适的表达方法(例如特征图)描述需求;将正交可变性模型与需求描述关联起来。当然,也可以不采用正交可变性模型的方式而是直接将可变性融合在需求模型中,直接给出需求分析的结果。

可变性分析的关键是确定需求可变性并定义可变点和可变体。在软件产品线工程中,需求存在变化是正常的,我们通过可变点来解决这种可变性,但不是所有不同或者不和谐的需求都需要用可变点来实现,需要对需求进行仔细分析后得出,并需要有利益相关方的参与来决定是否用可变点来实现某些不同的需求,因为可变点将严重影响产品线的体系结构。为了抽取必需的可变性信息,需求分析师需要调查所有产品线家族成员的需求,从高层次的需求开始,重点设计那些对一些产品个体独特的需求和那些在不同产品个体中有不同特点的需求。

1) 可变性分析

可变性分析方法有以下几种。

(1) 需求矩阵。

基于需求矩阵的可变性分析方法同公共性需求分析方法相似,就是通过应用系统和需求的关系矩阵来确定变化的需求,只对一个或一小部分应用系统必要的需求,可以看作为变化需求。

(2) 基于优先级的可变性分析。

利益相关者对需求的优先级观点不同,我们就可以将它们视为存在变化的需求。这又可以分成两种情况:首先,若某些利益相关方对需求的优先级评定存在冲突,对某个需求,一方给出肯定评级,而另一方给出否定评级,导致某些需求不能在同一个产品个体中同时实现,就可以将这些需求看作为可变需求;其次,利益相关方对需求的优先级别存在不同的评定,如对一组需求,一方认为需要实现其中一个子集,而另一方则认为需要实现另一个不同的子集,则也可以看作可变需求。

(3) 基于清单的可变性分析。

除了通过基于优先级的分析方法得到的可变需求外,有些需求可以通过清单分析得到,例如功能不同的需求;功能相同但质量属性不同的需求;不同系统之间有不同接口,或者不同用户有不同接口的需求;具有不同设计约束的需求(如使用不同数据库、不同网络类型或者操作系统等)。

2) 定义需求可变性

采用第 10 章的方法定义需求可变性,它涉及到以下几个活动:

(1) 定义可变点和可变体;
(2) 定义可变点和可变体之间的依赖关系;
(3) 定义可变性约束;
(4) 若单独建立正交可变性模型,还需定义与需求模型的依赖关系;
(5) 定义产品线的可变性的哪些部分提供给用户作为外部可变点。

可变点和可变体在需求分析时必须被明确定义出来,另外在已经定义的可变点上提供附加的可变体,使得产品线具备扩展能力,能够更好地提高客户满意度,加强产品的竞争力。

可变点和它对应的可变体之间的依赖关系决定了产品线中需求之间的组合情况。有些依赖情况是明显的,有些则不然,对不明显的依赖须通过沟通予以明确。可变性对产品线架构的影响很大,现实产品线中,如果可变点过于宽泛,会使产品线架构不确定或过于复杂。所以要在不同的利益相关方之间进行协调,定义一个折衷的依赖关系。

通过定义约束依赖(需要或排斥),可以强制绑定或者限制一些可变点。由需求分析得到的"可变体—可变体""可变体—可变点""可变点—可变点"的约束关系需要在需求层次予以反映并文档化。这对产品线后续的设计、实现和测试等都有很大的影响。

假如单独定义可变性,需要建立可变性模型与需求工件的追溯关系,并在需求变化时及时更新可变性模型,反映最新的可变性情况。

另外,最好对可变性针对用户的可见性进行区分,即标识出外部可变点,这样有利于在以后的设计、开发和测试中更好地关注不同的利益相关方的诉求。

3) 配置可变性

通过产品线范围来最终确定产品线中应包含哪些可变性。在领域需求分析阶段得到的可变性,需要根据产品线范围来确定可变性的使用方式,主要需明确如下几个方面的问题:

(1) 已经定义的可变点是否要包含在产品线中,或者是否有需要增加的新可变点;

(2) 已经定义的可变体是否要包含在产品线中,或者是否有需要增加的新可变体;

(3) 定义的可变性约束和依赖关系是否要包含在产品线中,或者经过权衡,某些约束和依赖关系是否需要调整,以保证可实现性;

(4) 产品线所有可变点中哪些可变点将开放给外部用户。

9.1.4 应用工程中的需求分析

需求工程在应用工程中起到关键作用,它在如下方面影响产品个体的开发:

(1) 确定特定产品个体作为产品线的一部分被生产的可行性。可以在需求中使用特定于产品的陈述,以帮助评估将某些特定于具体产品个体的需求纳入产品线需求的价值。

(2) 生产、测试和部署的特定产品。需求在这些活动中起到的作用与单系统开发是一样的。

(3) 产品开发所导致的产品线演化(由于变更的加入)。如果特定于产品个体的需求稍稍泛化,或者它们成为多个产品的需求,则经常会发展成为产品线的需求。这就是软件产品线随时间演化的主要机制。

9.1.5 实践风险

与软件产品线需求工程相关的主要风险是未能捕捉到产品线生存周期中的正确需求。记录了错误的或不适当的需求,没有及时更新需求或者根本没有将需求文档化,所有这些都将导致构架师和构件开发人员产生重大错误,将不可能生产出满足用户以及符合市场期望的产品。不适当的需求可能由以下原因造成:

(1) 没能分清产品线范围的需求和产品个体特有的需求。这两种不同的需求在产品线中具有不同的受众。核心资产开发人员需要知道他们必须满足的需求,同时,特定产品的开发者必须了解用户对他们的期望。

（2）通用性不足。需求中通用性不足会导致设计脆弱,以至于不能处理产品线生存周期中实际存在的变化。

（3）通用性过度。过度通用的需求会增加核心资产和特定产品的开发工作量。

（4）错误的可变点。对可变点的误判会造成产品灵活性不足,无法迅速应对客户需求的变化和市场的转移。

（5）只考虑到系统行为而没有考虑到质量。与软件需求一样,产品线需求应包含质量属性相关的需求,如性能、可靠性和安全性等。

9.2 软件产品线特征建模

许多软件产品线的研究文献中,将特征建模作为描述软件产品线可变性的方法,而本书倾向于将特征建模作为软件产品线领域需求和架构设计中可变性建模的关键技术,对整个软件产品线工程而言,仍使用正交可变性模型来对可变性建模。

9.2.1 特征模型与正交可变性模型

如前所述,特征模型是描述软件产品线可变性的经典方法,它主要关注产品线的功能特征的各种选取方式。这是容易理解的,因为捕获功能需求是大多数面向客户的软件系统需求工程的关键,而需求工程的输出工件对整个软件生存周期中其他活动起到了决定性作用,所以识别、描述需求中的可变性,特别是功能需求中的可变性就成为软件产品线领域工程的焦点。然而,特征模型虽然能够很好地描述功能需求的可变性,但它并不适合对软件产品线领域工程过程中的所有环节的工件可变性建模。例如,用例建模法是从客户与系统交互的角度对软件的功能需求进行描述,而特征模型就不适合对这种交互序列的可变性建模,因此其重点并不在描述产品线的功能,而在于功能的可变性;类似地,在设计工件中描述可变性,也不适合用描述功能可变性的特征模型来建模。而且,特征模型通常细致地对软件功能的所有可变性进行建模,但是软件中存在运行时差异和设计时差异,在软件产品线的领域工程中主要关心设计时差异,特征模型并没有显式地从这两种差异中分析可变性,因此对软件产品线的功能需求而言,它对可变性的描述虽然全面但并不具有针对性。

综上所述,鉴于需求工程在软件产品线领域工程中的重要性,本书建议将特征建模作为用例分析法的一个有力补充,它对软件产品线的功能需求可变性

(公共性和可变性)提供了全面的描述,它从功能特征角度清楚地呈现了软件产品线的可变性,但是我们并不将它作为可变性建模的主要手段。正交可变性模型仍是本书描述可变性的统一方法,它对特征建模同样适用。通过特征建模的分析过程,能够对进一步细化正交可变性模型起到推进作用。

9.2.2 特征建模技术

1. 历史由来

特征建模技术最早是由卡耐基·梅隆大学 Kang K. C. 等人[3]在研究领域分析时引入的一项技术,称为面向特征的领域分析(Feature-Oriented DomainAnalysis,FODA)方法。从那时起,这种技术被广泛地应用于多个领域,包括电信系统、网络协议、嵌入式系统以及编程模板库等,并随着应用的逐步深入,产生了许多扩展建模方法。

因为开发软件产品线需要对软件家族的应用领域进行分析,所以特征建模技术自然地也被引入软件产品线领域工程中。特征建模已经成为一种捕获和管理系统家族或产品线中个体系统的公共特征和可变特征的关键方法。在早期的软件产品族的开发中,特征模型用于记录和评估这样一些信息,如哪些特征对进入一个新市场或仍然留在一个已有市场是重要的;哪些特征将会带来技术风险;每个特征的开发成本如何等,这样就为划定系统家族的范围提供了基础[4]。随后,特征模型在系统家族的架构开发中起到了核心作用,架构必须实现特征模型中定义的可变点。在应用工程中,特征模型能够驱动需求获取和需求分析。知道了软件产品族中有哪些可用的特征,可以帮助客户了解他们可供选取的产品功能特性。那些客户想要的产品族特征无需开发或通过较少的开发就能获得,而只需专注于那些客户要求的个性特征,这样就可以更精确地评估出开发系统的时间和成本,也可以基于特征模型上记录的额外信息建立软件的定价模型。

2. 特征、特征图和特征模型

特征是与利益相关者有关的系统特性(属性),用于刻画不同系统之间的共性和区别。特征通过特征图来组织,特征图是一个树,它的根表示一个概念(如一个软件系统),它的各级节点就是特征。在 FODA 方法中,特征图可以用表 9-2 第一列中的符号表示。特征可以是强制的(Mandatory)、任选的(Optional)或者取舍的(Alternative)。特征模型是特征图附加特征描述、绑定信息、优先级、利益相关者等额外信息而构成的。

表 9-2　特征建模符号对比

FODA 特征模型符号[3]		扩展特征模型符号[5]		基于基数的特征模型符号[6,7]		本书使用的特征模型符号	
强制和任选的子特征		强制和任选的子特征		强制和任选的子特征 [1..1] [0..1]		强制和任选的子特征	
取舍的子特征		排他或(异或)组		拥有基数<1-1>的组 <1-1>		取舍的特征组	
		包涵或组		拥有基数<1-k>的组 <1-k>		多选的特征组 <Min..Max>	
		拥有任选子特征的排他或组		拥有基数<0-1>的组 <0-1>			

特征图为描述可变性提供了一组简单和形象的符号,它独立于实现机制。需要注意的是,应将特征图与软件模块的层次分解图区分开来,因为特征不一定与软件模块对应。一般地,我们会区分如下 4 种情况。

(1) 具体特征,如数据存储或排序,可以用单个构件来实现;

(2) 方面性特征,如同步或日志,它们会影响多个构件,可以使用面向方面技术来模块化;

(3) 抽象特征,如性能需求,通常映射成构件和/或方面的配置项;

(4) 组特征可以表示一个可变点,可以映射为可插拔构件的一个公共的接口,或者仅作为组织用途而与需求无关。

9.2.3 扩展特征建模技术

1. 扩展特征建模技术综述

自从 Kang K.C. 等人提出特征建模技术以来,许多学者对原先的 FODA 符号进行了各种扩展,形成了许多特征模型的变种。下面我们对这些扩展进行简单的总结。

1) 特征的基数

特征可以用基数来注释,比如[1…*][2…5]等。强制的和任选的特征可以看成是用基数[1…1]和[0…1]注释的特征的特例。特征的基数与 UML 模型中使用的基数概念基本一致,在正交可变性模型中也可以使用带有基数的约束。

2) 组和组的基数

FODA 方法中定义的取舍特征符号可以视为一种排他或(异或)组合机制,Czarnecki 等人[8]在此基础上又提出了两种组合:包涵或组合和拥有任选子特征的排他或组合(见表 9-2 第二列)。后来,Riebisch 等人[7]将"组"的概念进一步泛化,看成是一组特征上的基数的注解,基数表示了在这组特征中选择的特征数。因此,各种特征组合都可以统一表述成带有某种基数的特征组(见表 9-2 第三列)。

3) 属性

给特征附加一些类型定义,如整型或字符串,属性就是从某个值域范围(如整型值域或字符串值域)内选取的某个值。这样,属性的集合就可以代表一些子特征,并且每个子特征也关联了特定的类型。例如,军用 GPS 多功能通信仪软件产品线中,可以在"电源"特征上附加"功率"类型的属性,并定义其值域为[5,10,28,43],当我们选择了值"10",就意味着此产品电源的输出功率为 10 瓦特。

4) 关系

许多学者用各种关系扩展了特征模型,关系表示特征之间的某种关联和依赖,如包含关系(consists-of)、泛化关系(is-generalization-of)等,这与 UML 中定义的关系大同小异。

5) 特征分类和注释

FODA 将特征分为功能特征、操作特征和表示特征。功能特征是指应用软件所能提供的基本"服务",这些特征是用户手册和需求文档中最常用的;操作特征是那些从用户角度来看,与操作应用软件相关的特征,表明用户与软件交互后会发生什么反应,用户手册也会对此进行描述;表示特征是与把什么样的信息如何呈现给用户相关,用户手册和需求文档通常也会提供这类特征的信息。这些分类为识别特征提供了向导,但并不绝对,可以按照需求添加合适的特征类别。例如,本书 9.2.2 节也提供了一种特征分类方法。

FODA 还提供了一些特征的附加信息(注释),包括描述、约束、绑定时间和原理说明等,Czarnecki 等人也加入了优先级、利益相关者、缺省选择以及示例系统等注释类型。

6) 模块化

特征图可能包含一个或多个叶子结点,每个叶子也可以表示另一个特征图,使用这种分层机制就可以将一个大的特征图分解为若干小的特征图,并把公共部分用在不同的地方。这是一种重要的机制,因为实际应用中,完整的特征图有可能非常庞大。

2. 基于基数的特征建模

各种扩展特征建模方法中,以特征图结构方面的扩展对特征模型表达能力的影响最大,下面重点介绍一种基于基数的特征建模方法。

这种建模方法是 Czarnecki 等人[6,8]综合了特征基数、组基数和模块化等概念提出的。特征基数是单个子特征与它的父节点间关系上的一个属性,同理,组基数是父节点与它的子节点集合间关系上的一个属性。另外,引入"特征图引用"(Feature Diagram References)的概念,用来复用模块化的特征模型。与特征基数类似的概念在 UML 图中用的很普遍,而引入组基数主要是想尽量实现表达的完备性。排他或(异或)和包涵或能够描述绝大多数特征组合语义,有时也需要配合使用其他的组基数值。这种组基数与直接在特征的基数上表达复杂的语义相比,其语义表达更直接,更直观。

在基于基数的特征建模方法中,没有考虑特征的关系,因为这些关系可以通过其他建模语言很好地表达,如 ER 图、类图等。另外,由于特征建模的主要目标是刻画公共性和可变性,而特征关系与此相关性不大。如果必要,用户可以很简单地对此建模方法的元模型做出扩展,来实现特征关系。

特征分类以及其他附加信息(如注释)都与领域相关,最好由用户自定义,这些也可以通过扩展元模型来实现。

下面,通过一个例子来介绍如何创建基于基数的特征模型。

如图9-1所示,为某操作系统的安全概况。其中,密码包含一个过期时间和对必须使用的字符集的说明。密码可以设置成永不过期,或在给定的天数之后过期,而这个给定的天数可以通过 *inDays* 特征的整型属性来设置。一般,若某个特征有属性,则在特征名字后面的小括号中标明属性类型,如 *myFeature* (*Int*),也可以为这个类型直接指定一个具体值,例如 *myFeature*(5:*Int*)。密码必须选择的字符集种类是由一个带有基数<2-4>的特征组来定义的,这意味着密码必须从2~4种字符集中选取。

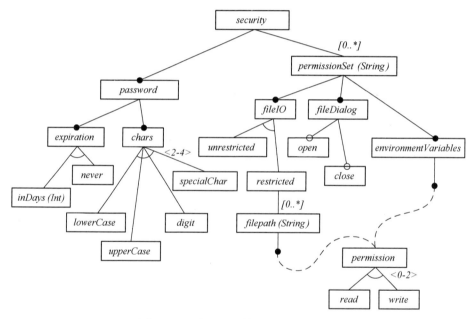

图9-1 一个基于基数的特征图的例子

在此例中,没有为 *expiration* 特征组指定基数,则默认使用<1-1>基数,这实际上代表了排他或组合。

安全定义还包含了零个或多个权限集,这通过基数[0..*]来定义。如果特征的基数是[1..1],则在表示特征的矩形符号上面画一个实心圆圈来表示必选特征。注意,在组中的特征上没有特征基数,因为此时基数属于这个组所有。

权限集确定了执行代码的各种权限,此例中权限集有一个字符串类型的属性,它定义了权限集的名字。权限集允许指定相应的文件 IO、文件对话框和环境变量权限。文件 IO 可以限制到一个文件路径的列表,或者不进行任何限制。对于每个文件路径,都可以指定其名称和相关的读/写权限。

注意,这里使用了特征图引用表示一个权限模型,使其可以复用。例如,在环境变量中也使用了这个权限模型。本例使用虚线表示特征图引用关系,当然,实际应用中为避免可能发生的表达歧义,也可以使用其他符号。

最后,打开和关闭一个文件对话框的权限可以独立地选取,空心圆圈表示了 open 和 close 特征是任选的,即它们都拥有特征基数[0..1]。

可以把基于基数的特征建模方法用一个元模型来解释(如图 9-2 所示)。一个特征模型(Feature Model)包含任意个根特征(Root Feature),每个根特征都构成特征模型中特征图的根节点。在图 9-1 的例子中,特征 Security 和 Permission 都是根特征。

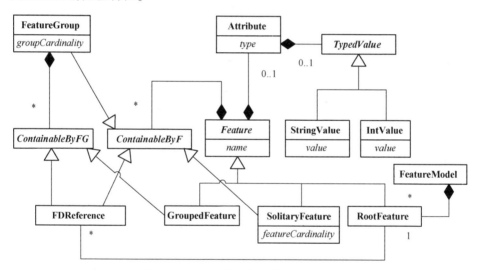

图 9-2 基于基数的特征模型的元模型

根特征是三种特征之一,另两种分别是组特征(Grouped Feature)和孤特征(Solitary Feature)。组特征是只能在特征组中出现,而孤特征则不在特征组中。特征模型中有许多特征都是孤特征,例如上面例子中的 password 和 permissionSet。

特征可以有一个任选的有类型的属性(Attribute),属性可以有一个任选的值(Typed Value)。特征图引用(FD Reference)只能对应一个根特征,但是一个根特征可以对应多个引用。在上面例子中,特征 permission 就对应了两个引用。

抽象类 *ContainableByFG* 和 *ContainableByF* 代表特征组（Feature Group）和特征（Feature）能够包含的对象。特征组只能包含组特征或特征图引用，而特征则只能包含孤特征、特征组和特征图引用。一个特征 f 的孤子特征可以指定一个特征基数（*Feature Cardinality*），它定义了孤子特征（子树）作为 f 的孩子出现的数量，特征基数的定义如下。

定义 9-1：特征基数 I 是形如 $[n1..n'_1]...[nl..n'_l]$ 闭区间的序列，满足如下条件：

$$\begin{cases} \forall i \in \{1,...,l-1\}: n_i, n'_i \in \mathbf{N} \quad n_l \in \mathbf{N} \quad n'_l \in \mathbf{N} \cup \{*\} \\ \forall n \in \mathbf{N}: n < * \quad 0 \leq n_1 \\ \forall i \in \{1,...,l\}: n_i \leq n'_i \\ \forall i \in \{1,...,l-1\}: n'_i \leq n_{i+1} \end{cases}$$

若闭区间序列为空，则记作 ε。

例如，一个有效的特征基数可以是 $[0..2][5..5]$，说明拥有此基数的特征可以取得 0,1,2 或 5 次。注意，特征基数的最后一个区间可以定义为上限 $*$，这表示特征可以取得无穷多次。例如，$[0..2][5..*]$ 表示相关特征可以取得 0, 1,2,5 或任意大于 5 的数量的次数。特征基数 ε 等价于 $[0..0]$，表示该特征不能选取。

特征组表示在一个由组特征构成的群组中做出的选择，这种选择受到组基数的限制。下面给出组基数的定义。

定义 5-2：组基数表示为 $<n-n'>$，意思是在组特征构成的群组中至少选择 n 个、至多选择 n' 个组特征。假设群组中有 k 个组特征，$k>0$，则组基数满足：$0 \leq n \leq n' \leq k$。

组特征没有特征基数，这是为了避免描述冗余和基数冲突而做出的限制（有兴趣的读者可参考文献[9]）。事实上，组基数与特征基数在某些情况下是语义等价的，可以相互替换。如图 9-1 的例子中，特征图引用的特征树中包含 *read* 和 *write* 两个组特征，它们构成了拥有组基数 <0-2> 的特征组，这也可以等价表示成图 9-3 中的孤特征，并辅以相应的特征基数来表示。

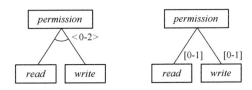

图 9-3 组基数与特征基数等价的例子

表9-2的第三列中给出了与其他特征模型等价的基于基数的特征建模符号,它的语义最丰富,表达能力最强,但缺点是没有其他方法来的直观。

对软件产品线可变性的描述,应该适于应用工程师,甚至是用户直接来配置,所以直观性非常重要,因此本书讲述的正交可变性模型主要还是基于扩展特征模型给出的(见10.2.2节),为了使特征模型符号与可变性元模型符号保持一致,本书采用表9-2中最右边一列的表示方法,若仍不能满足实际需要,读者可以参照本节介绍的基数描述方法对其进行扩展。

9.3 软件产品线架构设计

软件产品线与单个软件系统设计的最大区别在于,它需要考虑整个软件产品线家族成员的公共需求和可变需求,并且从架构和技术角度对实现这两种需求提出可行的解决方案。称之为"可行"是因为,设计方案必须保证在应用工程中能够轻松地获得公共性,而且还要尽量减少和降低确定可变性的工作量和难度。因此,软件产品线的设计比传统单系统设计面临更大的挑战。

Len Bass[9]是这样定义"软件架构"的:程序或计算系统的软件架构是系统的一个或多个结构,它包括软件元素、这些元素的外部可见属性,以及各元素之间的关系。外部可见属性是指其他元素使用此元素时的那些假设(已知条件),例如它提供的服务、性能特性、故障处理、共享资源的使用等。

以上所指出的"外部可见属性",实际是要求我们在架构中明确地说明软件元素的接口和行为,因为它们都是架构的一部分。

9.3.1 架构设计的作用

架构是任何软件项目成功的关键所在,它是将需求转化为解决方案的第一个设计工件。系统的质量属性,如性能、可修改性、可用性等,在很大程度上是由架构决定的。如果架构一开始就不适应这些质量属性,就不要妄想以后能奇迹般地得到这些属性。架构还决定着开发项目与所得到系统的结构和管理,因为项目组的成立和资源的分配都是围绕架构元素进行的。正确的架构是保证系统平稳运行不可缺少的前提,而错误的架构则会引起一场灾难[10]。

软件产品线架构不仅仅针对一个产品,而且还要为多个不同的产品服务,所以必须能够覆盖这些产品的公共性,并且还需高效地处理它们的差异性。

系统的架构涉及高级别的设计决策,除了构件的组织形式及其交互关系以外,还要涵盖产品及产品演化的实现原则和实施策略。

软件产品线架构为产品线中所有的产品提供了公共的设计方案,它包含了将在具体产品架构中实现的可变性。虽然这些可变性并不一定都在架构层面上可见,但是必须在架构层面提供有利于这些可变性在具体产品个体中实现的机制。

软件产品线架构是领域工程的一个输出工件,它作为公共资产在应用工程中使用。在应用工程中,将产品线架构具体化并扩展为产品架构,主要的扩展会发生在产品线架构中定义的可变点处。

架构对软件产品线工程尤为重要,这是因为在共享的架构基础上来创建可复用资产,能更容易地被其他产品共享这些资产。理想情况下,领域工程师在共享的产品线架构下创建和开发公共资产,应用工程师在产品线架构的指导下,利用并扩展公共资产创建产品。

9.3.2 架构设计的范围

架构设计关心四个方面的内容[11]:
(1)架构的主要需求:抓住那些对架构产生实质影响的需求。
(2)概念体系:描述架构的核心概念,将它们从实现细节中抽象出来。
(3)结构:主要是要把系统分解成构件及构件的关系。
(4)约束条件:分析实现架构及架构演化的规则集合,这些规则可以表示为编码规范、设计模式和架构风格。

1. 架构的主要需求

理论上,需求工程是架构设计的前提,所以架构的需求在其设计时已经创建。但是,实践中架构设计师不会等到明确的需求规格说明书建立后才开始架构设计工作,因为他们要面对不完善的和变化的需求。除了像其他利益相关者一样参与常规需求工程以外,架构师还要在持续演化的需求基础上,挖掘并创建与架构相关的需求,这些与架构相关的需求是产品线需求的组成部分。

产品线架构必须处理产品家族中多个成员的需求,除了满足那些被所有成员共有的需求,还需要处理那些可能存在冲突的个体产品独有的需求。产品线架构必须能在概念体系、结构和约束条件三个方面支持这些可变性。

需要分清两种需求,即功能需求和质量需求。前者确定了软件系统要实现什么;后者决定了软件系统实现得如何。系统想要达到的质量属性,如性能、安全、可靠性等,对架构设计而言非常关键。

在产品线工程中,可变性是最重要的架构设计驱动因素。

2. 概念体系

概念体系描述了那些决定系统如何工作的最重要的概念,在描述时并不深入到实现的细节,而是展示问题域中最重要的概念及其关系。在软件产品线架构中,概念体系刻画了问题域中对整个产品线而言所共有的东西,它建立了一个帮我们理解和简化问题的思维导图。所以,概念体系是软件产品线架构相关人员交流思想的媒介。

3. 结构

架构的结构是指系统分解成主要构件及其关系的情况。这里的构件是指具有明确接口定义的架构分解单元,可以是高层级的设计元素,也可以包含这些设计元素的具体实现。接口描述的不仅是构件提供的服务,还有使用构件所需的上下文环境。构件可以作为独立的构造块,被其他人使用。

构件可以是通用的或产品个体特有的,可以自己设计和开发,也可以交由第三方根据设计来开发,亦或是从市场上直接购买。

4. 约束条件

架构的约束条件会对设计师或架构师都产生指导作用,它们在系统设计过程中全程有效,保证了以一致的方式来理解架构并处理可能发生的问题。另一方面,它指导架构师如何处理架构的演化,而不偏离核心设计思路。它明确了架构的基本思想,并有利于保持架构的整体一致。这就是有人将组织方面称为"元架构"的原因。

架构的组织包括编码规则、设计模式、架构风格以及基本原则等。

9.3.3 软件产品线架构设计

文献表明许多单系统架构设计方法已经成功地应用于软件产品线的架构设计[12]。软件产品线架构设计面临的最大挑战是必须同时处理多个产品的差异。许多情况下,特别是大型软件系统有许多利益相关方,其诉求不同,这就意味着要顾及各种差异性,与单系统开发相比,沟通显得更加重要。

顾及所有产品的需求并不容易,特别是有些产品个体的需求之间还存在矛盾,这些矛盾必须在架构中得到很好的解决。简单地将存在冲突的产品去除直至产品线中不存在任何冲突是一种解决方案,但是这将会使产品线包含的产品个体不够丰富。所以,支持可变性必然是产品线架构的必备特征。

我们在第 8 章详细地讨论了可变性建模,产品线架构必须实现可变性模型中的所有的可变点,以支持产品线的全部范围。

1. 处理可变性的基本方法

在抽象的层面上,有三种处理产品线架构可变性的基本方法:适应、替换和扩展。

1）适应法

适应法是指特定构件只有一种实现,但是它提供了接口,可用于调整它的行为。这个接口可以用配置文件的方式、运行时参数化的方式或构件源码的路径的方式来提供,它们本质上都是提供了某些可选项。

替换法是指构件有多种实现,每种实现都遵循了架构中描述的构件规格说明。在应用工程中,从中选择一种实现,或对特定产品再次开发其实现,但同样要遵循架构给定的构件规格说明。

2）替换法

替换法是指构件有多种实现,每种实现都遵循了架构中描述的构件规格说明。在应用工程中,从中选择一种实现,或对特定产品再次开发其实现,但同样要遵循架构给定的构件规格说明。

3）扩展法

扩展法是指架构设计需要提供允许添加新构件的接口,添加的新构件与产品个体之间并非一一对应关系。扩展法与替换法的不同之处在于,虽然添加新构件时使用通用的接口,但允许不同的构件添加进来(甚至功能不同)。而在替换法中,接口规格说明定义了构件应具有什么功能,至于功能如何实现可以各异。而且,许多构件都可以在同一接口下被添加进来,而替换法中是用另外的构件来替换掉当前(缺省)构件。

2. 变化机制

产品线架构的组织形式描述了用于在软件资产中实现可变点的实现机制,即变化机制。可能的变化机制有[13]包括以下几点。

1）继承

针对给定一个类及其实现,引入该类的一个子类,子类按照应用的需要来修改父类的缺省行为,这就是一种变化。

2）补丁

如果已有构件的源码,打补丁的方法是改变构件的行为的高效方法,这样不需要承担维护整个构件的负担。补丁可以由应用工程团队来维护,而构件由领域工程团队来维护。

3）编译时配置

编译器可能提供一种在编译时变更构件的机制。预处理器和宏都是实现可变性的方法,编译时的 Make 机制可以将构件编译成多个二进制的变量,或者选择链接正确的构件来生成可执行文件。

4) 配置

这种情况下,构件实现的内部有不同的变化,并提供一个接口供使用者在多种可能性中做出选择,这用一个简单的配置文件就能做到。在过程调用中使用参数也能实现。

5) 代码生成

代码生成器可以通过一些高级别的规格说明,例如模型、脚本等,来生成特定构件甚至是整个产品个体的代码。代码生成器的复杂度根据应用场景的不同而有差异,有时仅需要生成能将多个可复用的实现(代码)组合在一起的代码就可以了;另一些情况下,代码生成器也可以非常复杂,其开发和维护将耗费巨大。

6) 构件替换

构件替换是指一个构件的实现被其他实现所替代。有时,产品线架构可以仅提供一个缺省的空实现,因为还没有可供使用的公共实现。实施替换的构件可能是特定于产品个体的,也可能对产品线全部或部分通用。这些构件可能在领域或应用工程中自主开发,也可能使用第三方构件。

7) 插件

此时,产品线架构中存在允许在系统中加入插件的接口。插件提供了特定的功能,可以是公共的,也可以特定于某个产品个体。

9.3.4 架构评估

评估是任何架构设计过程中的重要一环。不正式的评估会经常进行,例如对用例场景的走查、对系统性能的计算、对架构中特定技术点的编码验证等。正式的评估不经常进行,例如为验证某种概念创建的原型系统、系统整体性能建模和评估等。

当评估产品线架构时,针对其对可变性的支持,需要特别关注如下问题:设计的架构是否支持产品线中的所有产品?是否试图一次性地解决所有产品问题?这就需要站在特定应用需求的角度,对产品线架构进行审视。审视中可能会发现,在应用工程中无法解决的问题,其实是产品线架构存在缺陷。

9.3.5 架构演化

一个好的架构应能最大程度地应对不可预见的未来需求,事实上这是评判一个架构成功与否的重要指标。设计优良的架构可以处理特定新需求。通常,现有架构迟早会面对它无法处理的新需求,此时必须对其进行变更,这就是产品线架构的演化。

新需求主要来自如下几个方面：

（1）市场需要产品的新特征或增强某些质量属性。

（2）某些产品或产品的特征可能变得冗余。

（3）第三方构件需要升级更新。

（4）技术进步吸引我们采用新技术。

当新的需求出现以后，必须首先评估已有架构能否处理。在大多数情况下，不可预见的需求不能被原有架构支持，此时仍要认真评估已有架构究竟要做出多大的调整，才能实现对新需求的支持。

架构的演化也可能不是研发过程中的主动行为，架构设计的文档是稳定的，但其实现也可能因为不断维护而发生变化。如果不对这个变化过程进行引导和监督的话，可能会造成两个问题：一是架构文档与实现的偏离；二是架构侵蚀[14]，又称为软件腐化（Software Rot）。架构文档与实现的偏离带来的直接恶果就是阅读架构文档对理解软件本身丧失了实质性的帮助。架构侵蚀是指软件的设计被不断发生的小变化无意地毁掉了，一开始可能是一些小的修改，积少成多之后，就很难理解原始设计背后的意图了。

架构的组织形式可以在减缓这些问题方面起到重要作用，它提供的向导和原则不仅可以用于初始的实现，而且对以后的维护同样适用。

重构是解决架构侵蚀问题的另一个手段。重构就是在不改变系统功能的前提下进行设计改进，它一开始主要应用在详细设计阶段，但是对各种级别的设计，包括架构设计同样适用。

架构并不是可以无休止地演化，也有生存期，其生存期取决于它所处问题域的特征。一些系统，如专业的航空机载测试设备，其软件架构可能会被维护几十年；另一些系统，如手机等消费类电子产品，可能每三年就需要彻底更新其软件架构。但是可以肯定的是，没有任何一种架构可以长生不死。

在一个架构走向消亡以前，会不断演化，当为了支持新需求而对架构进行演化变得代价过于高昂或危险时，就该考虑废弃架构了，但这并不代表这个架构一文不值。首先，可能基于此架构还有许多系统在使用，这些系统还被不断地维护。其次，老架构本身在此问题域中就是一笔宝贵的知识和经验的财富，它的需求、概念、结构和组成会作为新的软件产品线架构的重要的资产加以利用，对激发灵感起到重要作用。

9.4 通过应用工程开发产品个体

对软件产品线进行设计，得到产品线的基础架构并不是最终目标，最终目标是在应用工程阶段使用它来"生成"最终的软件产品。应用工程接受并使用软件产品线的公共资产创建具体的产品个体。在应用工程中,绑定公共资产中的可变性,生成适合产品个体开发的公共资产实例,将这些实例与特定于产品个体的资产联合起来,开发出不同的产品线家族成员。实际上,这也是实现遗传孵化的过程。

在应用工程阶段,会有新的需求被加入,必须考虑并决定在产品线的寿命周期中如何处理这些需求:是将这些需求整合到软件产品线基础架构中,还是作为特定成员产品的独有特性来处理?

当然,如果在领域工程中获得的产品线的基础架构已经能够支持这些新需求,则只需审查架构绑定和配置之后的产品个体是否能很好地支持这些需求即可。在对产品线基础架构进行绑定和配置时,需要按照建立的可变性模型,对领域工程的输出工件进行筛选和重组。这个工作可以在特定产品的设计、编译、链接(部署)时或系统启动时来进行。

如8.4节所述,如果新需求不能被产品线基础架构所支持,则有三种处理方式。

(1) 可以尝试与需求方协商放弃或修改需求。当然,从以客户为中心的角度来看,这可能不太现实,但还是值得一试。在产品线环境下,我们需要支持的可变性越多,分析和设计产品线就越复杂,对设计的产品线基础架构演化的困难也越大。

(2) 将新需求整合到产品线基础架构中。已经有一些系统的方法支持这种处理,如产品线的演化,这体现了领域工程与应用工程的螺旋往复。经过对产品线的多轮演化,原产品线架构无法满足的新需求就会整合到产品线的需求、分析和设计模型中。这体现在增添新用例、修改已有用例以及引入新的可变点,然后根据修改后的用例模型确定新特征,调整产品线的静态和动态模型。因此,产品个体的新需求导致了产品线需求、分析和设计模型的增强。

(3) 以特定于具体应用的方式处理新需求,也就是在应用工程中独立地进行软件开发,通过产品线架构得到的应用模型独立地得到了增强。应用工程叫以将更新的应用模型再返回产品线领域工程,领域工程师仍可以决定是否将更新的内容反向地加入产品线架构中。如果变更不被加入产品线架构中,则应用架构与产品线架构不再兼容。

无论以上三种处理方法中的哪一种,都有可能在软件产品线中的同一个产品个体中被使用。

9.5　小结

软件产品线需求分析的最大特点是需要进行两方面的工作:一方面,要捕获软件家族共有的公共性需求;另一方面,还要区分个体间的各种差异,为了有效分清可变性需求,需要有强大的需求分析方法,才能对以上需求进行建模。本章介绍了经典的面向特征的领域分析方法(FODA),并对其给出的特征建模方法进行扩展,以适应软件产品线功能需求描述及可变性建模的需要。特征建模可以利用 UML 建模手段,同用例模型一同使用,互为补充。

架构设计对于软件系统十分重要。软件产品线的架构不仅涉及单个产品,而且还要面向产品线家族成员,应考虑所有成员产品的公共性,更重要的是需要有效地处理它们之间的差异。产品线架构为应用工程师开发具体产品提供指导,使其可以很好地利用公共核心资产,并在架构所确立的可变性处理方案的指导下生成产品。架构设计包括梳理需求、建立概念体系、结构设计和组织保障等内容,可以通过适应、替换和扩展三种基本方法来处理可变性。架构设计完以后需要做评估,并应提前考虑架构演化的问题。

根据软件产品线特征模型裁剪出所需软件的功能架构;然后根据所选特征对用例模型、分析模型和设计模型进行修改,得到所需软件的各种分析和设计模型。这样,软件的实现工作就与单系统开发大同小异了。

参考文献

[1]　Kang K C,Kim S,Lee J,et al. FORM:A feature-;oriented reuse method with domain-;specific reference architectures[J]. Annals of Software Engineering,1998,5(1):143-168.

[2]　李玉琴. 需求工程与软件产品线若干关键技术研究[D]. 复旦大学,2007.

[3]　Kang K C,Cohen S G,Hess J A,et al. Feature-oriented domain analysis (foda) feasibility study (cmu/sei-90-tr-21[J]. Georgetown University,1990,4(4):206-207.

[4]　Debaud,Jeanmarc,Schmid,et al. A systematic approach to derive the scope of software product lines[J]. Icse99 Los Angeles Ca May,1999:34-43.

[5]　Czarnecki K. Generative Programming:Methods,Techniques,and Applications [C]. International Conference on Software Reuse:Methods,Techniques,and TOOLS,2002:351-352.

[6]　Czarnecki K,Helsen S,Eisenecker U. Formalizing cardinality - based feature models and their specialization[J]. Software Process Improvement & Practice,2005,10(1):7-29.

[7]　Riebisch M,Böllert K,Streitferdt D,et al. Extending feature diagrams with UML multiplicities[J],In 6th World Conference on Integrated Design & Process Technology[C],Pasadena,

Califor nia,USA,June,2002.

[8] Czarnecki K,Kim C H P. Cardinality-Based Feature Modeling and Constraints:A Progress Report[C]. International Workshop on Software Factories at OOPSLA,2005:1-9.

[9] Bass L, Clements P, Kazman R. Software architecture in practice [M]. Delhi, Pearson Education India,2003.

[10] Clements P,Northrop L. 软件产品线实践与模式[M].张莉,王雷,译. 北京:清华大学出版社,2004.

[11] Linden F V D,Linden F V D,Linden F V D. Software architecture for product families:principles and practice[M].//Software Architecture for Product Families Principles and Practice. Addison-Wesley Longman Publishing Co. ,Inc. ,2000.

[12] Linden F J V D, Schmid K, Rommes E. Software Product Lines in Action: The Best Industrial Practice in Product Line Engineering[M]. New York,Springer Publishing Company,2010.

[13] Bachmann F,Bass L J. Managing variability in software architectures[C],Conference Paper in ACM SIGSOF T Software Engineering Notes 26(3):2001:126-132.

[14] De Silva L, Balasubramaniam D. Controlling software architecture erosion:A survey[J]. Journal of Systems & Software,2012,85(1):132-151.

第 10 章　军用软件产品数据管理方法

军用软件在研制过程中,会产生大量的工作产品(工件),包括军事概念模型、数学模型、算法、需求模型、设计模型、构件模型、测试用例及各种文档和代码文件等。而且研制过程管理也产生了大量的管理文档,如各种记录、表格、流程等。只有对这些数据实施系统化的管理,才能支持软件研制相关方根据需要快速获取正确版本的数据,我们将这些数据统称为"产品数据"。对产品数据的管理主要包括三部分的内容:一是数据的持久化管理,也就是将数据存储到数据库,借助数据库管理系统实现软件研制过程相关数据的管理功能;二是数据的使用管理,也就是在软件产品研制中对相关数据的使用过程进行管控,除了在权限管理和审批控制下对数据的增、删、改、查等常规操作进行控制以外,特别是要对数据如何才能满足不同研制活动的需求进行研究,从而保证数据在整个研制过程中都能得到顺畅共享,这就要解决各类异构数据的交换问题,即对异构的数据格式进行转换,以适应研制过程中各个阶段活动的需求;三是,数据的配置管理,配置管理是软件开发过程中的重要研究内容,它贯穿于整个软件生命周期,为软件研发提供了一套管理办法和活动原则,目标就是为了标识变更、控制变更、确保变更正确实现并向其他有关人员报告变更。配置管理对每个项目的变更进行管控(版本控制),并维护不同项目之间的版本关联,以使软件在开发过程中任一时间的内容都可以被追溯。

本章根据军用软件研制特征,重点讨论在以上三方面管理活动中存在的关键技术问题。首先,在 10.1 节,明确需要管理的支持数据的类型和内容;10.2 节论述数据存取的方法,重点讨论异构数据在统一的军用软件研制环境中如何做到顺畅的格式转换,以及在大规模分布式研发环境中如何提高数据使用效率。由于传统的配置管理方法以文件为基础进行版本和配置管理,不仅管理粒度较粗,也不能充分有效地复用软件需求、设计、模型和构件等数据。对军用软件而言,在实体级别上管理软件开发过程数据,管理粒度更细,复用度更高,可以提高软件产品开发效率,所以我们在 10.3 节提出从时间维度出发,综合利用时态图技术和时态数据库技术,设计了集成统一的时态数据模型和存储模型,为军用软件配置管理提供了较好的解决方案。

10.1 工作产品数据

军事应用场景无论在功能上还是性能上都对软件提出了更高的要求,众多已有软件产品、构件和模型亟需升级改造换代,同时大量新软件产品也亟需设计开发。军用软件规模越来越大,复杂度越来越高,因此亟需对军用软件生存周期中各个环节的活动以各种活动间的过程信息进行管控,所涉及的数据就是军用软件生存周期中产生的工作产品数据,主要包括需求分析、设计、模型构建、构件开发、测试等活动所产生的结果数据,以及为支持进行以上活动所必须的各类支持数据、软件产品、项目、缺陷、变更、开发人员、用户单位等数据对象。这些数据和对象在软件生存周期中的不同阶段具有不同属性,它们之间也具有错综复杂的关系。需要以统一的数据模型为基础,对这些数据进行管理。

图 10-1 表示了军用软件研制过程中的各种工作产品数据,核心的数据对象(实体)为需求、设计、模型、构件、测试数据、软件产品和支持数据。既要记录各自开发过程的信息,也要记录它们被用在软件开发过程中的信息。

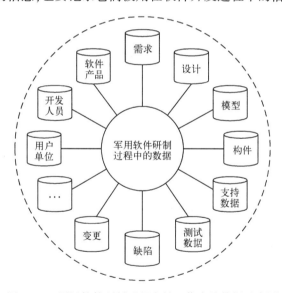

图 10-1 军用软件研制过程中的工作产品数据示意图

辅助的数据对象有开发组织、开发人员、用户单位、使用人员、项目、合同、需求素材、变更(需求变更、设计变更、模型变更、构件变更、软件变更、支持数据变更)、缺陷等。另有培训管理涉及的对象,如培训文档、培训软件等。

下面重点介绍需求、模型、设计、构件、测试、支持数据以及在软件工程过程中的各类管理数据的构成情况。

10.1.1 需求数据

需求工作产品数据按层级递进关系分为需求素材、原始需求、使用需求、系统需求和软件需求共五类需求。需求要有层次关系,即一个需求可以分为几个子需求,子需求再分为更细的子需求。需求具有版本控制,并对需求入库/出库信息进行管理。可以通过需求跟踪矩阵来追溯需求与其他软件对象之间相互连接和依赖关系。需求的通用信息内容包括需求编号、需求名称、文件地址、需求类型、需求提出人、需求提出单位、需求提出时间、需求采用状态、需求优先级别、类型分类、型号分类、来源分类、领域专业、影响分析、影响分析时间、影响分析参加人、链接图形、链接视频、关联项目编号、关联需求编号、时态信息、备注等;另外,还要对需求相关的过程信息进行描述,包括需求版本(需求版本编号、版本发布时间、发布人、发布单位、版本状态)、需求计划开始时间、需求计划完成时间、需求计划完成所需时间、需求计划完成所需成本。

对非功能需求,需详细描述适应性需求、安全性需求、保密性需求、环境需求、计算机资源需求、软件质量因素、设计和实现约束、人员需求、培训需求、软件保障需求、其他需求(如界面需求、部队问题需求)、验收和交付需求等内容。

对于需求素材、原始需求、使用需求、系统需求和软件需求包含的特殊信息内容,描述如下。

(1) 需求素材。主要存储从用户收集的意见和建议、部队战法研究等素材,这些素材包含图片、音视频、Word、Excel 等多种形式,素材经过分析归类,形成对需求素材的处理意见。需求素材的描述信息包括需求素材编码,素材名称、素材类型(图片、视频、语音、文档)、素材搜集人、搜集时间、素材所属领域专业。

(2) 原始需求。原始需求是经过加工后的需求素材,一般通过公司工程例会讨论形成。原始需求详细内容包括需求编号、需求名称(文档名称)、需求描述、需求地址(报告)、需求类型、需求提出人、需求提出单位、需求提出时间、需求采用状态、原始需求关联的××需求编号或者需求体系编号、需求优先级别、类型分类、型号分类、来源分类、领域专业、需求影响分析、需求影响分析时间、影响分析参与人、需求链接图形、需求链接视频、备注等。原始需求是用户或者相关利益方提出的有关系统建设和发展的一系列建议、对相关系统提出的问题和修改建议或系统使用的研究论证报告,是对系统构件所需要满足和具有的条件和能力文档化的描述。原始需求主要包括问题和建议、研究报告、用户需求调研需求三类。

(3) 使用需求。用户提出的能力要求。内容包含使用需求编号、需求内容、提出人、提出时机、需求所属分类、所属领域等描述信息。

（4）系统需求。对使用需求分析形成用专业技术术语表达的功能需求、性能、接口和运行环境等其他要求。内容包含需求编号、需求层级、需求内容、需求类型、版本号、上级需求、关联的使用需求信息、创建人、创建日期等。

（5）软件需求。系统需求分析形成的软件需求规格。

10.1.2 模型数据

按照模型工作产品研制要求，按实现关系将模型分为军事概念模型、数学模型、工程模型和计算程序模型。其中，军事概念模型、数学模型、工程模型为模型设计阶段的工作产品，计算程序模型为模型实现阶段的工作产品。

模型描述信息包含模型编号、模型名称、模型描述，模型文件、模型版本，关联需求编号、模型分类、设计参与人，关键词、所属专业、模型应用层次、模型数据包、模型相关数据包，型号或非型号模型标识等。其中，模型名称应简练并明确表示出模型的主题，使之与其他模型相区分；模型编码应遵循模型编码规范。模型研制过程数据包括模型设计文档、进度报告、检查报告、验证报告、评审报告等。

各种模型的详细说明如下。

1. 军事概念模型

军事概念模型是对一组特定军事行动相关的真实作战过程的抽象描述，是使用需求研究与数学模型建模的过渡阶段，是对军事问题规范化、形式化描述，能够完整、准确地表达作战建模的军事需求，使作战需求研究人员和建模技术人员对问题空间有一个准确一致的理解。

2. 数学模型

描述或解决某个作战问题所需的一组特征数据和解决这个问题所需的方法，是对军事问题、作战问题、兵力和武器运用方法的数学化、形式化、逻辑化的抽象描述。数学模型中须说明数学模型的性质，如随机/确定、动态/静态、离散事件/连续/混合等。数学模型要对其理论依据进行详细说明，并给出理论的出处。对数学模型进行详细说明遵循 GB/T 1.1—2009[1] 规定的数学公式规则进行表述，说明公式中每个参数的名称、含义、类型、量纲、精度、取值范围等。

3. 工程模型

军事概念模型和数学模型从工程实现的角度看，是一种理论模型，是作战指挥原则、战术规则、决策方法的原理描述和抽象，可统称为理论模型。工程模型是直接面向作战软件设计和工程实现的模型，也是军事概念模型和数学模型的软件实现准备,或者说是军事概念模型和数学模型的近计算机语言形式表达,也称该阶段的模型为软件模型。工程模型需要在理论模型的基础上,根据所服务的作战指挥信息系统支持的指挥关系、设置、底层基础软硬件的支撑能力,指控系统与情报处理、武器装备各分系统的接口协议,进一步明确输入信息的来源和接口形式,进行防错纠错处理,简化算法,增强模型的可编程性和可执行性。

4. 计算机程序模型

对计算机程序模型的结构及每部分的功能进行简要说明。①对计算机模型的变量进行说明,包括输入和输出两类变量。需要说明变量的物理意义、表示方法、量纲、值域和精度等。②输入变量、中间数据、输出变量的说明。如果计算机模型中有随机变量,说明计算机模型随即变量及其分布函数的类型与参数。③说明计算机模型参数及常量的含义。需要说明参数及常量的物理意义、表示方法、量纲、值域和精度等。采用逻辑流程图对模型过程进行规范化描述,并说明其中的约束、规则和算法。数据输出形式包括数字、文本、表格、图形等。

10.1.3 设计数据

设计数据包括软件的总体设计、数据库设计等信息,也包括模块设计等详细设计信息。模块设计嵌入了有关模型,根据模块设计生成构件。在设计时,需要根据软件需求规格说明作为设计阶段的主要输入工作产品,对需求工作产品中对应的需求条目逐一实现,建立软件需求规格产品和软件设计信息之间的实现关系。

设计过程的数据包括设计方案、软件概要设计、软件详细设计和数据库设计等。设计信息与需求、模型和构件相关,要建立细粒度的设计项信息保存,与设计有关文件保存相结合,但不是简单的设计文件保存方式,这是以数据库为基础的软件过程管理和以文件为基础的软件过程管理的根本区别。

10.1.4 构件数据

构件分为原子构件和复合构件两类,构件模型文件和构件实现代码文件按照规定的文件目录结构打包压缩生成构件包。构件的基本信息和构件内部关联信息用 XML 文件描述,构件描述 XML 文件包括的信息有构件基本信息、构件模型描述(模型描述和物理地址)、构件实现代码描述(实现代码描述和物理地址),再加上构件标识和版本标识后,将它存入构件库。

构件数据描述内容包含构件属性(包括构件 ID、名称、作者、版本、关键字)、构件实体(包括 CDL 文件、图形编辑结构文件、模型关联信息、构件模型基本框架代码(含 C++源文件、二进制文件、基本实现和业务实现代码)、构件测试的桩代码、驱动代码、边界值测试文件、说明文档(含构件描述、接口描述))。

一个构件可以有多个构件模型,每个构件模型可能对应多个实现代码,每个实现代码对应一组实现文件。其关系如图 10-2 所示。

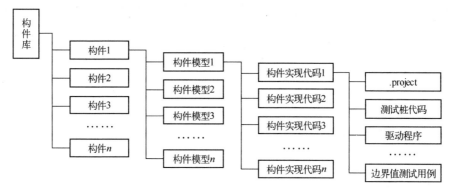

图 10-2 构件库分类层次关系示意图

对构件的出入库信息也需要进行管理,即构件入库和出库要经过审批流程才能出入库。出入库类似版本管理系统中的 CHECKIN/CHECKOUT 功能,以便实现分布并行开发和发布。入库是需要根据情况生成构件的版本:新增、重大修改和变化,都要生成一个比较大的版本号。凡是入库有修改,即使很小的修改,也需要生成以很小版本的构建版本。

10.1.5 测试数据

软件测试是对软件质量控制的重要手段,是为了发现缺陷而执行程序的过程。缺陷在项目中停留的时间越长,后期修复的成本越大;为了降低开发的成本,要尽可能早地发现缺陷,因此需要加强测试管理。

软件测试数据包括测试计划、测试用例、测试过程和测试执行结果等。其中测试计划应针对不同的测试类型分别制定,如单元测试、集成测试,系统测试以及验收测试等。测试用例也应根据不同测试类型进行分类,包括单元测试用例、集成测试用例、系统测试用例等。测试用例的信息包含用例标识、用例描述、用例设计人、设计日期、版本、测试用例类型、所属项目、方法步骤、测试脚本、预期结果等。

围绕测试用例展开测试过程,形成测试结果,期间需要对测试过程和测试结果的相关数据进行管理,主要包括以下几点。

(1) 测试用例评审。测试用例设计者提出评审申请,触发评审流程,流程中的审批、评审数据应留痕。

（2）测试用例变更。变更申请人发起测试用例变更流程,应存储变更审批环节数据,实现审批环节留痕。

（3）测试用例出入库。对测试用例发起入库申请,审批通过后,入库的测试用例自动提交到受控库中;也可以发起出库审批流程,审批通过后,申请人方可下载或者借阅出库测试用例。

（4）测试用例版本演化。对测试用例进行多版本信息存储,并记录版本升级时间、升级内容等附加信息。

（5）测试用例横向、纵向跟踪。测试用例设计时,与关联对象建立验证关系。实现需求—设计—构件—测试用例的跟踪关系。

（6）测试用例使用情况统计。提供测试用例编号、使用人、使用环境、使用次数、使用评价等信息,形成测试用例使用情况统计报告。

10.1.6　支持数据

支持数据是根据软件设计阶段提出的数据需求进行分析,形成数据包,为构件测试和应用提供一套数据解决方案。包括数据全集或数据子集中的数据对象,如表、视图、函数和存储过程等。例如,在两阶段研制过程模型的模型工程阶段开发的军事领域算法中,就需要使用支持数据作为算法的输入。

数据全集是作战决策支持数据全集,部署于作战软件研发单位,用于存储各种作战决策支持数据需求和作战决策支持数据的数据仓库。数据子集是作战决策支持数据子集,部署于作战软件使用单位,专门为特定型号作战辅助决策软件提供作战决策数据支持的数据仓库,是数据全集的子集。

支持数据包含数据解决方案编号、版本、方案描述、方案对应的数据需求、方案压缩文件包(数据源、动态链接库、数据执行脚本等)。

10.1.7　软件工程过程中的管理数据

为了支持需求、模型、构件和软件开发过程,按照 CMMI 1-3 级的主要过程域(包括 4 个大类 15 个过程域),定义软件工程过程中的管理数据。该数据应与需求、模型、构件和软件等数据统一起来。

软件工程过程中的管理数据包括如下内容。

（1）组织过程资产库。根据存放的内容可划分为多个不同的子库,包括项目经验库、重用库、培训库和标准规范库等类型。库的基本信息为库标识、库名、库类型、创建人、创建日期等。

（2）组织标准过程信息。

(3) 软件生存模型信息。
(4) 软件质量管理体系文件信息。
(5) 组织培训信息:年度培训计划、组织战略培训计划、培训过程记录、员工培训记录和年度培训报告。
(6) 项目管理信息:产品分解结构和工作分解结构。产品分解结构是以树状结构对软件项目的产品进行多层次分解;工作分解结构是确定整个项目的范围,并将其有条理的组织在一起,支持对项目工作逐层分解为较小和更便于管理的多项工作,并给每项工作制定产出的工作产品,从而明确整个项目的范围。
(7) 项目计划:包括软件开发计划、人力资源计划、质量保证计划、配置管理计划、风险计划、测量分析计划和成本计划等。其中,软件开发计划是主计划。
(8) 配置管理信息:配置计划、配置库、基线和配置项、配置状态。
(9) 项目信息:项目立项信息、论证信息、项目计划(包括软件需求开发计划、模型研制计划、构件研发计划、测试计划等)、项目进展、阶段和里程碑报告信息。
(10) 项目问题信息:问题单和问题处理单。
(11) 供方协议信息:供方信息、供方协议信息和供方产品信息等。外包项目立项后,需要与供应商签订外包协议(合同)。
(12) 供应商信息:供方名称、提供产品范围、是否合格供应方、供方类别。
(13) 协议(合同)信息:协议名称、对方单位、合同标的、合同价款、协议(合同)附件。
(14) 过程与产品质量保证信息:评价指标、工作产品评价、软件过程评价和问题处理信息。
(15) 测量和分析信息:测量指标、测量计划、项目测量数据。
(16) 基础数据管理:需求类型(原始需求,使用需求,系统需求,软件需求),以及其他用户自定义的基础类型数据等。
(17) 项目统计信息:项目变更率、人员使用率、需求变更率、需求复用率等。

10.2 工作产品数据的管理

军用软件是多学科领域协同工作的成果,在这种复杂产品形成过程中,各组织单位所采用的计算环境都是由不同的平台组成,随着时间的推移和技术的进步,这些由不同核心技术构建的信息系统就像一个个"信息孤岛",各自有着不同的处理对象、操作方法和专用客户端,所以在各个环节之间存在着数据交流和部门协同的问题。因为每个部门或单位就是一个数据源,每个数据源都是异构的,并且他们之间的信息和组织都不一样,这就形成了一个巨大而复杂的异构数据库环境。那么如何集成、访问这些数据呢？关键的问题是必须研究他们之间异构数据之间的集成问题,只有将这些孤立的数据都集成起来,提供给用户一个统一的视图,才有可能从巨大的数据资源中获取所需的东西;其次是选用合适的技术对数据进行分析、集成和处理。集成是一项艰巨的工作,因为信息的增加和信息源的多样性结合在一起,检索有用信息的工作也就变得非常复杂。

在信息化进程中,我国的军用软件型号设计单位间存在数据集成及共享的问题,虽然目前许多研发设计单位已经根据军用软件研制特点全面应用了信息化设计技术,取得了显著成效。但目前建立的各种数据库系统,很多的资料与数据处于零散的状态,没有归类、分析、处理并建立便于设计使用和共享的数据库管理系统。这些异构的数据库,难以形成体系,其结构形式、使用方法等无法满足产品研制的需求。

本节针对以上问题,讨论异构数据处理技术,为军用型号研制提供基本的保障。

10.2.1 数据存取服务

为了能够以统一的方式访问不同结构类型的数据,从而降低集成平台实现的难度,必须有功能强大的数据访问服务作为支持,以屏蔽不同数据存储方式和数据格式的差异。

采用统一数据访问服务接口(Universal Data Access,UDA),封装访问信息资源的编程接口,屏蔽结构化数据与非结构化数据访问方式的区别,隔离应用系统逻辑与数据访问逻辑,使数据访问逻辑变化时不影响到应用系统,降低了应用系统开发的难度。

利用数据访问引擎接收 UDA 服务接口的请求,通过数据访问插件引擎,查找到符合请求的数据访问插件,并将请求封装为统一的数据模型对象,传递给数据访问插件,调度数据访问插件工作,并将插件处理结果解包并返回给请求 UDA 服务接口的客户端。数据访问引擎包括非结构数据访问引擎和结构数据访问引擎两部分。

数据访问插件容器为数据访问引擎提供插件查找机制接口,负责插件的各个生命周期的管理工作,包括插件的安装、初始化、工作处理、资源清理和卸载等几个阶段,此外,对插件的访问还能提供统一的代理服务,以实现事务、安全等多种容器级服务。

典型的数据访问技术主要有四种。

1. JDBC

Java 数据库连接(Java Data Base Connectivity,JDBC)是一种用于执行 SQL 语句的 Java API,可以为多种关系数据库提供统一访问,它由一组用 Java 语言编写的类和接口组成。JDBC 为工具/数据库开发人员提供了一个标准的 API,据此可以构建更高级的工具和接口,使数据库开发人员能够用纯 Java API 编写数据库应用程序,同时,JDBC 也是个商标名。

有了 JDBC,向各种关系数据发送 SQL 语句就是一件很容易的事。换言之,有了 JDBC API,程序员只需用 JDBC API 写一个程序就够了,它可向 Sybase、Oracle 或 SQL Server 等相应数据库发送 SQL 调用。同时,将 Java 语言和 JDBC 结合起来使程序员不必为不同的平台编写不同的应用程序,只须写一遍程序就可以让它在任何平台上运行,这也是 Java 语言"编写一次,处处运行"的优势。

Java 数据库连接体系结构是用于 Java 应用程序连接数据库的标准方法。JDBC 对 Java 程序员而言是 API,对实现与数据库连接的服务提供商而言是接口模型。作为 API,JDBC 为程序开发提供标准的接口,并为数据库厂商及第三方中间件厂商实现与数据库的连接提供了标准方法。JDBC 使用已有的 SQL 标准并支持与其他数据库连接标准,如 ODBC 之间的桥接。JDBC 实现了所有这些面向标准的目标并且具有简单、严格类型定义且高性能实现的接口。

Java 具有可靠、安全、易于使用、易于理解和可从网络上自动下载等特性,是编写数据库应用程序的杰出语言。所需要的只是 Java 应用程序与各种不同数据库之间进行对话的方法。而 JDBC 正是作为此种用途的机制。

JDBC 扩展了 Java 的功能。例如,用 Java 和 JDBC API 可以发布含有 applet 的网页,而该 applet 使用的信息可能来自远程数据库。企业也可以用 JDBC 通过 Intranet 将所有职员连到一个或多个内部数据库中(即使这些职员所用的计算机有 Windows、Macintosh 和 UNIX 等各种不同的操作系统)。随着 Java 编程语言成为企业级应用软件使用最多的语言,通过 JDBC 便捷地访问数据库的要求也在日益增加。企业可继续使用它们安装好的数据库,并能便捷地存取信息,即使这些信息是储存在不同数据库管理系统上。新程序的开发期很短。安装和版本控制将大为简化。程序员可只编写一遍应用程序或只更新一次,然后将它放到服务器上,随后任何人都可得到最新版本的应用程序。

2. JPA 技术

JPA(Java Persistence API)。JPA 通过 JDK 提供的注解(Annotation)功能或 XML 格式的对象-关系表的映射文件,将运行期的实体对象持久化到数据库中。

引入 JPA ORM 规范出于两个原因:一是简化现有 Java EE 和 Java SE 应用

的对象持久化的开发工作;二是整合 ORM 技术,实现可移植。

JPA 由 EJB 3.0 软件专家组开发,作为 JSR-220 实现的一部分。但它不囿于 EJB 3.0,你可以在 Web 应用,甚至桌面应用中使用。JPA 的宗旨是为 POJO 提供持久化标准规范,它能够脱离容器独立运行,方便开发和测试的理念已经深入人心。目前 Hibernate、TopLink 以及 OpenJPA 都提供了 JPA 的实现。

JPA 的总体思想和现有 Hibernate,TopLink,JDO 等 ORM 框架大体一致。总的来说,JPA 包括以下三方面的技术:

(1) ORM 映射元数据:JPA 支持 XML 和注解两种元数据的形式,元数据描述对象和表之间的映射关系,框架据此将实体对象持久化到数据库表中。

(2) JPA 的 API:用来操作实体对象,执行 CRUD 操作,框架在后台替我们完成所有的事情,开发者从繁琐的 JDBC 和 SQL 代码中解脱出来。

(3) 查询语言:这是持久化操作中很重要的一个方面,通过面向对象而非面向数据库的查询语言查询数据,避免程序的 SQL 语句紧密耦合。

JPA 的优势是明显的,首先是标准化。JPA 是 JCP 组织发布的 Java EE 标准之一,因此任何声称符合 JPA 标准的框架都遵循同样的架构,提供相同的访问 API,这保证了基于 JPA 开发的企业应用经过少量的修改就能够在不同的 JPA 框架下运行。其次,JPA 对容器级特性提供支持,JPA 框架中支持大数据集、事务、并发等容器级事务,这使得 JPA 超越了简单持久化框架的局限,在企业应用发挥更大的作用。再次,JPA 简单易用,集成方便,JPA 的主要目标之一就是提供更加简单的编程模型:在 JPA 框架下创建实体和创建 Java 类一样简单,没有任何的约束和限制,只需要使用 javax. persistence. Entity 进行注释;JPA 的框架和接口也都非常简单,没有太多特别的规则和设计模式的要求,开发者可以很容易掌握。JPA 基于非侵入式原则设计,因此可以很容易和其他框架或者容器集成。另外,JPA 提供了可媲美 JDBC 的查询能力,JPA 的查询语言是面向对象而非面向数据库的,它以面向对象的自然语法构造查询语句,可以看成是 Hibernate HQL 的等价物。JPA 定义了独特的 JPQL(Java Persistence Query Language),JPQL 是 EJB QL 的一种扩展,它是针对实体的一种查询语言,操作对象是实体,而不是关系数据库的表,而且能够支持批量更新和修改、JOIN、GROUP BY、HAVING 等通常只有 SQL 才能够提供的高级查询特性,甚至还能够支持子查询。最后,JPA 支持面向对象的高级特性,JPA 中能够支持面向对象的高级特性,如类之间的继承、多态和类之间的复杂关系,这样的支持能够让开发者最大限度的使用面向对象的模型设计企业应用,而不需要自行处理这些特性在关系数据库的持久化。

总而言之,JPA 规范主要关注的仅是 API 的行为方面,而由各种实现完成大多数性能有关的调优。尽管如此,所有可靠的实现都应该拥有某种数据缓存,以提供性能。目前,JPA 作为 Java EE 的标准,应用越来越广泛,它是 Hibernate、TopLink 等 ORM 方案的集大成者。

3. ADO.NET 技术

ADO.NET 是微软在.NET Framework 中负责数据访问的类库集,它是使用在 COM 时代奠基的 OLE DB 技术以及.NET Framework 的类库和编程语言来发展的,它可以让.NET 上的任何编程语言能够连接并访问关系数据库与非数据库型数据源(例如 XML,Excel 或是文字档数据),或是独立出来作为处理应用程序数据的类型对象,其在.NET Framework 中的地位举足轻重,它是一个全新的架构、产品与概念。目前,ADO.NET 被包装到.NET Framework 类库中,成为.NET 平台中唯一的数据访问构件。

4. LINQ 技术

LINQ(Language Integrated Query)是集成在.NET 编程语言中的一种特性,已成为编程语言的一个组成部分,LINQ(Language Integrated Query)是集成在.NET 编程语言中的一种语言特性,是.NET 诸多编程语言的一个组成部分。它具有丰富的元数据,支持静态类型等强类型,可以在编译时进行语法检查,并对数据类型智能感知。同时,它不仅支持对外部数据源的查询,还支持对内存中的信息进行查询。

LINQ 定义了一组标准查询操作符用于在所有基于.NET 平台的编程语言中更加直接地声明跨越、过滤和投射操作的统一方式,标准查询操作符允许查询作用于所有基于 IEnumerable<T>接口的源,并且还允许适合于目标域或技术的第三方特定域操作符来扩大标准查询操作符集,更重要的是,第三方操作符可以用它们自己的提供附加服务的实现来自由地替换标准查询操作符,根据 LINQ 模式的习俗,这些查询喜欢采用与标准查询操作符相同的语言集成和工具支持。

LINQ 包括 LINQ to Objects、LINQ to DataSets、LINQ to SQL、LINQ to Entities、LINQ to XML 五个部分。LINQ to SQL 全称为基于关系数据的.NET 语言集成查询,用于以对象形式管理关系数据,并提供了丰富的查询功能。其建立于公共语言类型系统中的基于 SQL 的模式定义的集成之上,当保持关系型模型表达能力和对底层存储的直接查询评测的性能时,这个集成在关系型数据之上提供强类型。LINQ to XML 在 System.Xml.LINQ 命名空间下实现对 XML 的操作。采用高效、易用、内存中的 XML 工具在宿主编程语言中提供 XPath/XQuery 功能等。

10.2.2 存取过程管理

通常使用数据转换引擎进行数据存取过程管理,实现各类非结构化数据和结构化数据的转换,实现对军用软件集成的已有各类数据库模式的抽取、异构数据库或数据源的数据模式映射、数据通信路线设定(用于分布式数据源)、数据设计语义定义等,使唯一数据源下的数据(结构化、非结构化)可自动输出成满足在异构研发环境下调用的格式,达到使用数据库时,只关心结果不关心过程的效果。数据转换引擎是我们设计的数据集成平台中间件的核心模块[2]。

1. 数据转换引擎的结构

在数据集成过程中,从每个独立的应用系统来看,其与外界的关系有两方面:一是本系统按照业务要求应该对外界提供的信息;二是本系统按照业务要求必须从外界得到的信息。一个应用系统所采用的数据格式可能有多种,这些数据格式不能够被另外的应用系统兼容,而且,其数据内容也可能不一致,因此每个应用向外界提供的信息都必须经过数据格式转换后,才能被其他应用所消费,同样,每个应用从外界接收到的信息,都必须是自己能够识别消费的数据。

在数据集成平台中间件运行环境中,数据转换引擎是一个核心模块,主要负责将来自不同数据源的数据进行格式转换。主要由图形化映射定义工具及运行时转换引擎组成。图形化映射定义工具主要定义不同格式数据间的对应关系,并将这些对应关系保存为 XML 映射文件,而运行时转换引擎利用 XML 映射文件,将一个应用提交的数据转换为另外一个应用需要的数据格式。其内部结构如图 10-3 所示。

数据转换的基本步骤包括以下几点。

(1)某一个应用将自己的数据样本提交到基础数据库集成平台系统管理员,这些样本可能是 XML 数据文件、模型数据文件、二进制数据文件、明码数据文件、数据库资源、消息队列资源等,对于模型数据文件、数据库资源和消息队列资源,还需要插件和适配器来提取数据。

(2)管理员利用数据模式抽取和定义工具,抽取这些数据格式的模式,并生成 DTD/XSD(XML 模式)文件。对于关系数据库数据和 XML 数据,映射器能够直接分析它们的数据模式,而对于二进制数据及明码数据,则需要解析器来抽取其数据内容,然后由映射工具分析其数据模式。

(3)管理员利用 DTD/XSD 文件,定义它们之间的映射关系及业务转换规则,形成 XML 映射文件。

(4)应用 A 对外界提供消息,这些消息可能是 XML 数据、模型数据、明码数据、二进制数据,这些数据都必须通过封装器,封装成 REST 消息。

(5)此 REST 消息被发送到数据转换引擎提供的引擎服务构件。

(6)数据转换引擎依据 XML 映射文件及 REST 消息中所指定的源文件格

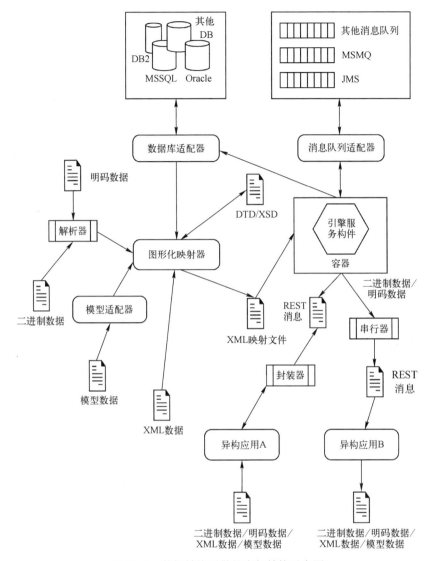

图10-3 数据转换引擎的内部结构示意图

式和目的文件格式,将此REST消息中包含的数据转换成目的文件格式的数据,如果目的文件格式为二进制数据或者明码数据,还需要一个串行器(负责序列化)。

(7) 数据转换引擎将此REST消息重新封装后,利用消息代理,将新的REST消息发送到应用B。

数据转换引擎具有许多优良的特性,包括:

（1）图形化映射工具，能够将关系数据库目录、明码文件、XML 数据文件、模型数据文件、二进制数据文件、明码数据文件与 DTD 或者 XML 模式（XSD）拖放式连结起来，加快开发速度，方便维护；

（2）支持 XSD 和 DTD；

（3）关系数据库和 XML 数据之间实时、双向地转换，能够自动查询数据库表之间的关系，可以节省用来声名元数据关系的时间；

（4）运行时的参考完整性加强，维护数据库次序，简化了多表操作时的数据访问；

（5）表达式编辑器能够实现订制的转换，图形化的工具能够加快定制的数据转换；

（6）支持 MSMQ、JMS 消息队列，支持了异步应用集成；

（7）能够处理大量格式的明码文件，包括长度可变的记录、逗号分隔的值记录（CSV）、固定长度的字段和记录、多记录类型、嵌套的记录组、定界符和非定界符混杂的记录、含有多个定界符的记录等；

（8）在映射过程中，提供功能点，实现了常用的数据串操作功能、日期处理功能、数学运算功能、简单的常用业务规则等，用户也可以自己定制功能点；

（9）映射文件内嵌 Xquery，提高转换性能及灵活性；

（10）能够导入/导出不同模式标准的映射文件。

2. 数据模式抽取与定义工具

数据模式抽取与定义工具是一个图形化的工具，它在各种异构的数据库之上为用户提供一致的数据库表定义方法，能够将异构数据库的模式抽取出来（纵向），方便集成应用。我们通过数据库集成管理器对军用软件研制的基础数据库进行管理，支持分布式数据库结构。只要在集成管理器上定义过的数据库资源，用户就可以透明地访问。关系数据库资源以数据源方式定义，提高了数据访问效率。数据访问支持连接池方式，这样可以在大量数据访问时保证系统性能。另外，在数据集成管理器上，还可以对其他需集成的资源统一管理，如 Web 服务、插件适配器（主要针对非结构化数据）、JMS 提供者、J2C 资源适配器等。

3. 数据映射定义工具

数据转换引擎依据数据映射定义工具定义的数据模式映射关系实现数据转换，因此，有必要提供一种图形化的工具，能定义不同数据源（包括数据库模式及 XML XSD）之间的映射关系（横向）。

4. 数据路由定义工具

数据路由定义工具在各种应用之间定义数据传递路线、数据处理方法及消息的过滤规则。

5. 安全性定义工具

安全性定义工具用于数据授权,指定数据通信中的安全协议以及对数据加密方法进行定义。它能提供强大的安全、认证和权限管理机制,保证数据传递和消息通信过程中数据的完整性和私有性,杜绝非法用户侵入系统,严格控制不同角色用户在系统中的操作权限。

对于采用 XML 格式的数据交换信道,可以对 XML 消息信道和消息本身进行安全认证和加密。例如,利用 SSL 实现了 Web 环境下,基于 HTTP 协议访问系统时的认证、数据完整性和数据私有性服务。Java EE 的分布式计算模型,给出了利用信道对消息进行加密的完整的类库,可以籍此实现复杂的加密算法。对于 XML 消息和 RESTful Web Services,也可以利用 Java EE 提供的安全机制,实现 XML 加密及 Web Services 的安全通信。

有三种基本的数据安全传输策略:

(1) 消息签名:防止 XML 消息被篡改。

(2) 对整个消息加密:是消息不可读,防止消息被非法窃取。

(3) 对消息的敏感部分加密:对消息的特定部分加密,免受非法窃取。

用户通过 HTTPS 登录系统,这要受 SSL 安全体系的限制。工作产品数据管理系统中的通信使用 RMI 和 REST 方式进行,采用 RMI 信道加密和 REST 消息加密。系统在运行中可能调用特定应用系统中的 Web Service,这是就需要对 REST 消息进行加密。由于目标应用系统也需要身份认证,所以在 REST 消息中引入了 Web Service Security 头信息,传送 Kerberos 安全认证机制需要的 Ticket 或某种数字签名,而在 REST 消息中,对敏感数据(消息体特定部分)加密。通过这种方法,使系统的通信在安全可靠的环境中进行。

6. 应用适配器

为了使工作产品数据管理系统对各种应用系统数据进行访问,需要建立适配器框架,完成各种模型的转换、Office 文件转换、模型的文档生成等任务。例如,适配器可以将以文件形式保存的需求规格说明书中的需求条目转换成结构化的需求项,以便在军用软件研制过程管理系统中进行管理。适配器还提供 Word、Excel、PDF 等文件的转换、整合和裁剪功能,使得各种文档的内容适应不同应用需求。适配器还支持基于文档模板的多种文件的自动生成和导出。

这种基于构件和配置的适配器技术,对集成异构的应用是十分有效的。它将一个未加以集成的应用及数据库提供的服务导出到其他应用,一旦这种服务被导出后,就变成可以满足业务需求的可重用的资产。可以将它加入核心资产库进行管理,以适应基于遗传孵化来生成具体型号软件个体的需求。

适配器将一个已有的服务器端应用接口转换成一个客户端程序所期望的接口,可以为多个客户端应用程序提供一个统一的可重用的接口,如图10-4所示。

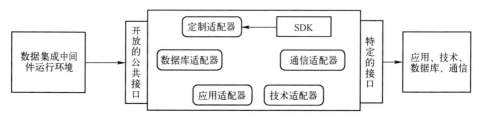

图 10-4 适配器工作原理

适配器将特定的接口转换为开放的、可重用的接口集。工作产品数据管理系统通过适配器接口调用适配服务,这个适配服务将导出的公共应用程序接口(API)转换为后端的 API。对于后端来说,它可能不知道这个适配器的存在。

适配器系统主要分为五个部分(见图10-5)。

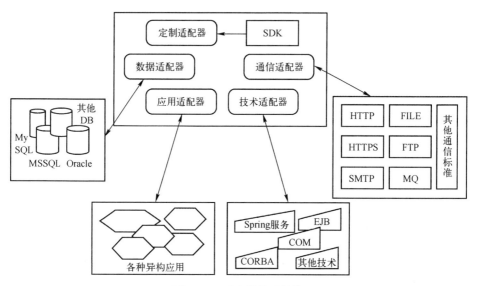

图 10-5 适配器体系结构

(1) 数据适配器。可以使数据库在动态业务流程中实时与其他数据库和应用交换数据。支持主要的工业标准数据库,包括 Oracle、MS SQL Server 和 My SQL 等。

(2) 应用适配器。通过各种型号应用软件的开放接口,对这些接口,每一个适配器至少和其中的一个,通常是几个集成。

(3) 技术适配器。可以和构件/对象开发模型集成,可以扩展其功能,包括其内置的容错机制和负载平衡机制,支持 EJB、COM、Spring 服务等。

(4) 通信适配器。可以以多种通信标准和其他应用进行集成,支持 HTTP、HTTPS、SMTP、FILE、FTP、消息队列等。

(5) 定制适配器。对于将新开发的应用到现有型号软件的集成,适配器系统提供了开发包(SDK),研制单位可以自己开发适配器。SDK 提供了通用适配器功能,例如发送/接受信息、配置、管理、监视。

另外,系统提供了适配器管理配置工具,它提供了共享的 XML 元数据定义、标准的错误处理/报告和 GUI 管理工具。

适配器具有如下特性:

(1) 通过统一集成而不是点对点的集成,降低了成本;

(2) 为定制的适配器和封装的适配器提供一致的接口,可以减少部署及适应时间;

(3) 可以提供简易的方式来访问标准的服务,例如基于主题的寻址,传递服务的分类和负载平衡;

(4) 提供了事件和可调用功能的元数据规范;

(5) 支持多样的通信模型,包括请求/回应、出版/订阅、发布/答复;

(6) 通过共享构件,简化了交互,管理和维护性。

10.2.3 大规模分布式数据转换

军用软件研制中各个应用系统生成的数据,分布于不同的位置,需要采用分布式数据管理技术来进行管理和使用。本小节提供一种大规模异构数据集成方法[2],主要解决的问题是异种应用间的实时数据交互。

1. 数据转换框架

异构数据集成是通过分布式数据管理框架实现的,图 10-6 为系统的用例图。应用 A 将本应用的关系数据库中结构化数据传输给框架,而应用 B 则将样式表导入框架并从框架获取需要的符合自身应用格式的 XML 文件。

具体的用例描述如表 10-1 所列。

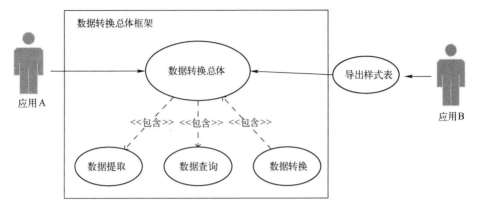

图 10-6 数据转换总体用例图

表 10-1 数据转换总体用例说明

用例名称	级别	功能	过程描述
数据转换总体	一级	根据配置文件进行数据转换全部过程	1. 从应用 A 获取数据 2. 从应用 B 获取样式表
数据提取	二级	从关系数据库提取数据	1. 连接关系数据库 2. 导出数据到 XML 文档
数据查询	二级	根据配置文件进行数据的查询、过滤	1. 从数据提取模块获取数据 2. 从配置文件获取查询条件 3. 进行数据查询、过滤
数据转换	二级	根据样式表进行数据转换	1. 从数据查询模块获取数据 2. 从应用 B 获取样式表 3. 进行数据转换

此外,分布式数据管理作为一个无状态的基础服务,根据用户需求进行实时的数据提取和转换,根据用户输入的查询条件自动生成 XQuery 和 XPath 查询语句。因此,除了上述的功能需求外,该框架还有几项非功能需求。

(1) 兼容性。此框架属于软件基础服务,需要兼容各种操作系统或浏览器,体现的是服务的兼容性,这样就可以作为核心资产供所有型号软件复用。

(2) 可扩展性。采用集群进行并行转换,增加集群中节点数量即可进行扩展,所以转换模块具有不错的可扩展性。

(3) 容错性。提供自动修正措施,加入系统日志监控。

(4) 可靠性。作为数据交换的基本部分之一,为稳定正确传送和转换数据提供保障。

(5) 安全性。该服务主要用于军用软件的数据集成,需要保证数据的安全。查询之前严格验证权限,输出查询结果时进行第二次验证权限。

系统的框架如图 10-7 所示。

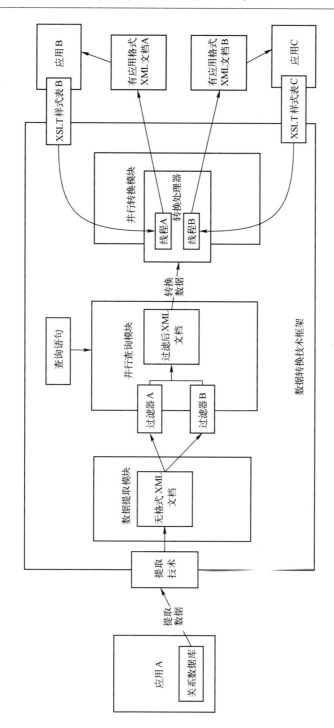

图10-7 数据转换技术框架架构图

从图 10-6 可以看出,框架将从功能上分为三个部分,分别是数据提取、数据查询和数据转换。数据提取可以实时从应用 A 的各关系数据库中提取所有的数据,并以 XML 格式保存;数据查询能从提取的 XML 数据中查询到应用 B 和应用 C 需要的有关数据;数据转换则能将查询得到的来自应用 A 的数据转换成符合应用 B 和应用 C 的格式。

三个模块需要的实现功能如下。

(1)通过数据提取部分,可以将现已存在的关系数据库中的数据提取出来,转换成为 XML 形式,可以直接在分布式环境中传递,方便各类用户使用。同时需要注意的是,数据提取是将所有的数据全部从关系数据库的表里提取出来,而且这些数据是没有特定应用格式的。

(2)通过数据查询部分,可以从(1)的从原应用中提取出的无格式数据中过滤、查询出目的应用需要使用的那部分数据,使后期的转换工作更加简便。

(3)通过数据转换部分,可以将(2)中的数据以目的应用指定的格式转换成为目的应用需要的 XML 格式,便于目的应用直接或者间接使用。

本技术框架作为一项基础服务的主要支撑,实现了传统的结构化关系数据库数据向 XML 数据的转换,并根据目的应用的需求在海量 XML 数据中查找和转换成为目的应用需要的 XML 数据,为各集成应用系统间进行数据交互,建立统一的军用软件平台提供了技术支持,也为各类军事应用数据的复用提供基础。

因此,本框架的主要目标是现有应用的关系数据库中存放的关系型数据转换成同目的应用的应用格式一致的 XML 文件,而目的应用如何去运用此 XML 文件,本技术框架并不涉及。

其中,并行查询模块和并行转换模块是该技术框架的主体部分。而因为目前对关系数据库到 XML 数据的转换的研究已经比较成熟,而且各大数据库例如 SQL server、Oracle、Sybase ASE 和 DB2 等都提供了对 XML 数据输出的支持,所以关系数据库到 XML 数据的转换也不是研究的重点。

1) 关系数据库的数据提取模块

该模块可以称之为关系数据库到 XML 的转换模块,主要负责将关系数据库中的数据导出为 XML 文件格式,主要关注点在于关系数据库中的数据。

如图 10-8 所示,该模块将进行关系数据库数据的提取,其中关系数据库提供导出工具的可直接导出,没有提供的则使用 XQJ 进行提取,提取出的是数据库中表的全部数据,而且是没有具体应用格式的。此数据将会在查询模块中进行进一步的过滤。

第 10 章　军用软件产品数据管理方法　　283

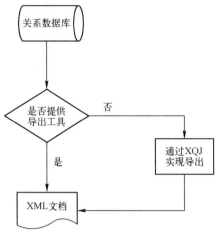

图 10-8　数据提取模块流程图

2）并行查询模块

该模块主要负责在分布式计算环境中的大量 XML 流的情况下，根据目的应用提供的条件，进行高效率、实时的查询，并将查询结果发送到转换模块。

如图 10-9 所示，并行查询模块主要有多个过滤器和一个协调器构成。协调器负责管理过滤器的生命周期，包括从创建到结束。而多个过滤器的并行则是并行查询的核心技术，以下将会进行详细介绍。并行查询模块将根据用户提供的查询条件，定义 XPath 查询表达式，并对大量 XML 数据流进行解析、查询，最后将查询结果传送到并行转换模块进行 XML 文档的结构转换。

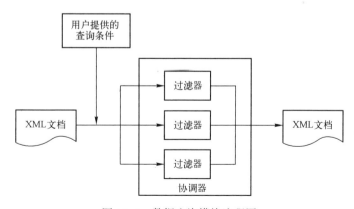

图 10-9　数据查询模块流程图

3) 并行转换模块

该模块主要负责将并行查询模块所查询的结果,即包含用户所需要数据的 XML 文档,转换为用户所需要的格式。

如图 10-10 所示,并行转换模块会根据 XSLT 样式表,进行 XML 文档的自动、并行的转换。其中 XSLT 样式表可以根据用户的需求定义生成。并行转换模块生成的 XML 文档就是本框架最终的目的所在,此 XML 文档的结构和数据都应满足目的应用需求,也就是此文档的格式是具有应用格式的,目的应用可以直接或者间接去使用此 XML 文档。

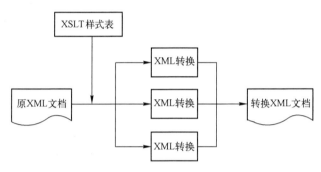

图 10-10　数据转换模块流程图

2. 数据的并行查询

在前文提到,数据提取模块只是粗略地从关系数据库中将表中所有数据全部提取出来,而大部分时候不需要使用这么多的数据,所以有必要对之前提取的数据进行有效实时的过滤,以减少之后转换成本并提高转换效率,因此需要对数据进行过滤。

过滤工作通过过滤器来完成。XML 数据流过滤器拦截传入的预定义 XML 语法单元,并对这些单元做出适当的反应。换句话说,过滤器应该有效地解析和识别 XML 语法单元。可以找到不同的 XML API 来解析 XML 文档以用于不同的处理目的。SAX 作为基于事件的 XML 文档的 API,更适合于 XML 流环境。具体来说,SAX 根据深度优先序列将 XML 文档逐个分解为预定义的语法单元,其工作模型类似于数据流的模型。

作为一个典型的基于事件的 API,SAX 不允许应用程序主动地从 XML 文档中获得数据,它采用"推"模式推出 XML 语法单元,应用程序必须对推送事件做出反应。上述特性确定基于事件的算法应该与普通算法有很大不同,基于 SAX 可以设计出适合过滤 XML 数据流的过滤器。

在图 10-11 中,展示了 XML 数据流过滤器如何通过调用 DocumentHandler

中的方法进行选择 XML 中的语法元素。例如,XML 读取器(解析器)遇到#PC-DATA 的块,则 DocumentHandler 将调用相应的处理方法来过滤该数据块。该处理方法是由特定应用程序实现的关键接口。

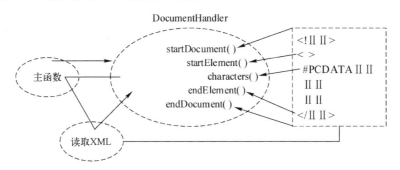

图 10-11　过滤器结构图

将 XML 文档建模为节点树,而不是像一般算法中的连续标签或数据块。流中的元素将用于匹配树中的节点。如果匹配被限定,则算法将执行一系列指令以完成对当前元素的查询操作。针对单个过滤器有如下算法。

如图 10-12 所示,在此过滤算法中,有两个输入,一个是查询语句 Q,一个是输入流元素 e。我们使用指针"node"来指示来自 XPath 查询树的节点。节点具

```
input(Q,e);
matching(node,e){
    if(axis(e) == child)
        if(!predicateflag)
            if(frontier(Q) != e)
                if(node.countchild()==1)
                    node = node.leftchild();
                if(node.countchild()==2)
                    predicateflag = true;
            else
                output(e);
        if(predicateflag)
            if(e == node.rightchild())
                node = node.rightchild();
            if(e == node.leftchild())
                node = node.leftchild();
            if(frontier(Q) == e)
                Stack.push();
    else
        if(!predicateflag)
            node = node.parent();
        else
            if(check(node))
                set(node.parent());
                if(node.rightcount() == 1)
                    predicateflag = false;
                clear(node);
                node = node.parent();
                Stack.pop(e);
```

图 10-12　单过滤器算法

有 leftchild( ),rightchild( )和 parent( )函数来分别定位其左子节点,右子节点和父节点。该节点通过 countchild( )函数来计算它拥有多少个子节点。具体介绍如下。

1) 算法处理节点的重要函数

(1) output( )的功能是过滤掉满足条件的边界元素;

(2) frontier( )的功能是测试节点是否是 XPath 指向的叶节点;

(3) check( )的功能是测试当前元素的子元素是否全部合格;

(4) set( )的功能是如果当前节点是合格的,则设置当前节点的父节点;

(5) clear( )的功能是在处理对应元素后,重置查询树中的节点;

2) 算法的重要的变量和函数

(1) predicateflag 是一个布尔变量,用于标记过滤器是否正在处理谓词查询节点或非聚集查询节点;

(2) 函数 axis( )用于测试查询树导航方向。

3) 如图 10-13 所示,算法的具体流程如下。

(1) 利用 axis( )函数判断元素 e 的查询方向为子节点还是父节点;

(2) 根据 predicateflag 的值判断当前节点是否是谓词;

(3) 如果是子节点方法且是谓词,则利用 frontier( )函数判断是否为 XPath 所指向的叶节点,是则用 output( )函数过滤,不是则根据此节点的子节点数量进行相应处理;

(4) 如果是子节点方向且不是谓词,则根据具体情况将左子节点或右子节点的值赋值给当前节点,如果是右子节点赋值给当前节点则将此时节点值压入栈;

(5) 如果是父节点方向且是谓词,则使用 set( )函数设置记录当前节点的父节点,并使用 clear( )函数重置查询树,以及将父节点的值赋值给当前节点,并将此时的值出栈;

(6) 如果是父节点方向且不是谓词,则算法结束。

简单来说,算法比较节点和元素 e 以根据来自 e 的信息进行动作。如图 10-14 所示,对于查询树中的每个节点,有 3 个可能的导航方向。左子节点、右子节点和父节点。而流元素 e 的深度快速导航数据将确定指针节点在查询树中的位置。

由于使用存储器的单个过滤器的限制,我们设计了一种分布式多过滤器的机制,它可以减少缓冲内存使用。

第 10 章 军用软件产品数据管理方法

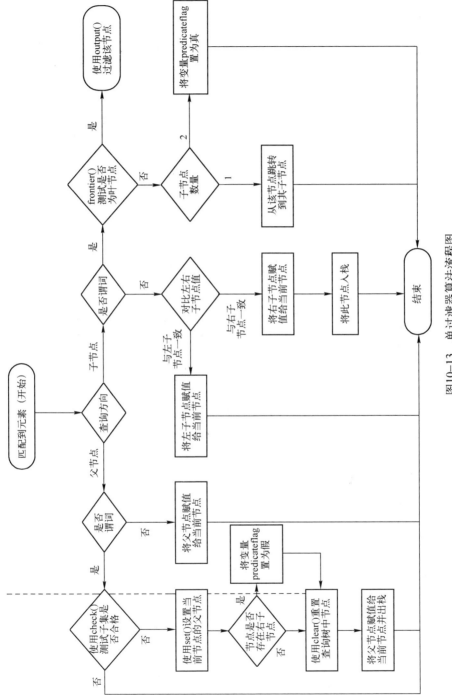

图10-13 单过滤器算法流程图

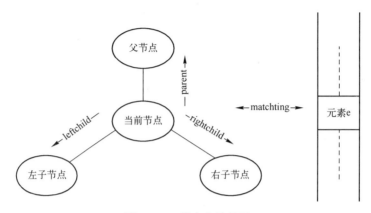

图 10-14 轴方向选择图

从功能角度看,过滤器工作模型是单输入单输出。但在多过滤器协作模式下,它是多输入,单输出。因为多过滤器协作是一个功能概念,所以没有必要在过滤器本身做任何修改。如图 10-15 所示,在实际应用中,一旦向系统给出查询,它将启动协调器。协调器分析查询并将查询评估任务划分为不同的相关组,然后调用分布式过滤器来协作处理任务组。在处理期间,协调器调度多过滤器的定时逻辑以保证正确的流顺序。

图 10-15 协调器结构图

使用多过滤器将查询树分解成多个线性查询,然后两个过滤器将被聚集在一起以逐个处理两个查询。对于线性查询,这将大大降低查询评估的复杂性。

图 10-16 展示了多过滤器协作的基本算法,其中输入的集合 Q 将会被拆分为多个线性查询 q,主要是通过协调器(Coordinator)将根据集合 Q 顺序地启动一系列过滤器。多过滤器协作算法可以描述如下:算法中,协调器对象可以使用 initiate( )方法和节点在网络工作环境下申请一个新的过滤器。新创建的过滤器将自动添加到协作序列中。

```
input(Q);

if(node = root(Q))
    collaboration.add(coordinator.initiate(node));
if(node != frontier(Q))
    if(node.rightchild() == null)
        node = node.leftchild();
    else
        coordinator.initiate(node);
        node = node.leftchild();
```

图 10-16　多过滤器协作算法

3. 数据的并行转换

在查询后的数据源的基础上，对 XML 数据流进行转换。转换通过 XSLT 技术完成，使用了 Saxon 作为 XSLT 处理器。为了提高数据转换的效率，采用了并行转换并利用集群部署应对军用软件在运行时大量实时数据转换的需求。

如图 10-17 所示，为 XSLT 处理器工作流程，可以看出整个处理器分为输入模块、转换模块和输出模块三个部分，XSLT 处理器使用树状结构作为其输入，所以需要输入模块将 XML 文档调整为树状结构。在转换完成后生成另一个树状结构，然后经过输出模块将此树状结构转换为 XML 文档作为输出。常常通过对 XML 文档进行语法分析来生成输入树状结构，而输出树状结构通常被串行化到另一个 XML 文档中。

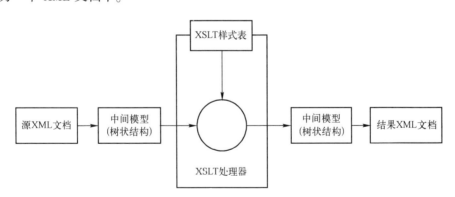

图 10-17　XSLT 处理器工作流程

当前，存在多种 XSLT 处理器，通过分析我们认为 Saxon 更加具有优势，因为 Saxon 处理器中的样式表编译器组件会将样式表编译，并存放在内存中，非常便于使用同一个样式表转换多个不同的 XML 文档。在分布式数据转换系统中，采用了三种实现并行的方法。

1) Saxon 处理器内部的并行

如图 10-18 所示,在样式表相同的基础上,利用 Saxon 处理器的特点,多线程去进行不同的源 XML 文档的转换。

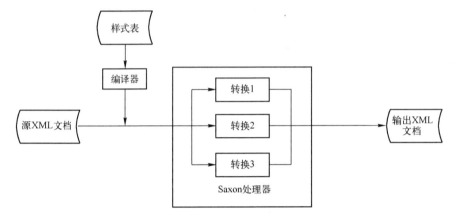

图 10-18　Saxon 处理器内部的并行框架

2) Saxon 处理器之间的并行

如图 10-19 所示,直接多线程去同时运行多个 Saxon 处理器,同时考虑到分布式环境下可以在集群的各个主机上分别运行一个 Saxon 处理器来处理不同样式表和不同源 XML 文档。

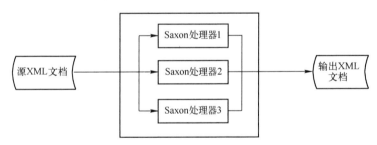

图 10-19　Saxon 处理器之间的并行框架

3) 混合并行

就是将前两种方法中所提到的并行框架组合起来,对集群中的主机来说,每个主机运行一个 Saxon 处理器,而此主机在运行 Saxon 处理器的同时,只使用一个样式表,因此可以在同一个样式表的基础上,并行处理多个源 XML 文档。

10.3 基于时态的软件配置管理

目前软件开发过程针对需求、设计、模型、构件、软件产品等软件开发文档数据主要是以文件为单位进行版本和配置管理,不仅管理粒度较粗,在软件产品线开发过程中也不能充分有效地复用软件需求、设计、模型和构件等数据,导致软件开发效率不高,也使软件质量得不到进一步提高和保障。

我们提出从时间维度出发,综合利用时态图技术和时态数据库技术,研究软件开发诸要素及其复杂联系的时态建模方法,设计集成统一的时态数据模型和存储模型,该模型包括软件需求库、设计库、模型库、构件库、参数库、软件产品库和时态实体联系数据图(Temporal Entity-Relationship Data Graph);在此基础上,设计了基于时态的对象依赖关系发现算法、基于时态的对象变更影响分析算法和基于时态和关键词的软件配置检索算法。

从实体级别上管理软件开发过程数据,管理粒度更细,复用度更高,为提高软件产品开发效率、保障软件质量提供基础性支持。

10.3.1 软件配置管理概述

如 10.1 节所述,军用软件研制过程中必须能够对软件生存周期中各个环节的活动以各种活动间的过程信息进行管控,这必须对需求、设计、模型、构件、参数、软件产品、文档、缺陷、变更、开发人员、用户等对象进行管理。这些对象在软件生存周期中的不同阶段具有不同属性,它们之间也具有错综复杂的关系。软件配置管理(Software Configuration Management,SCM)方法为管理这些对象提供了基本的功能,也是管理联系各对象之间关系的关键技术。

因此,对这些工作产品数据建立集成统一的数据模型,研究软件配置管理关键技术是军用软件研制中关注的重点问题(如图 10-20 所示)。

现有的软件配置管理工具分为三级:

(1) 入门级:例如 CVS 和 VSS 等版本控制工具。

(2) 项目级:增加变更控制、状态统计等功能,如 ClearCase、PVCS 等配置管理工具。

(3) 企业级:增加过程管理功能,如 AllFusion Harvest。

软件配置管理通常具有的功能有配置支持、版本控制、变更控制、构造支持、过程支持、团队支持、报告/查询(如依赖关系报告、影响分析报告等)、审计控制和其他功能(权限控制、人员管理和配置库管理等)。

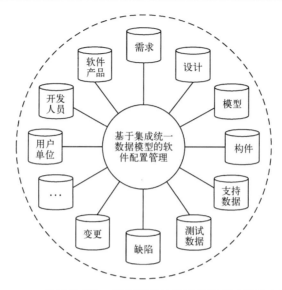

图 10-20　基于集成统一数据模型的军用软件配置管理示意图

软件配置管理具有如下特征：
(1) 支持工作流控制，如变更管理工作流、需求、设计和开发工作流等；
(2) 支持分布式开发；
(3) 支持并行开发；
(4) 基于构件的版本管理和配置管理。

近年来，国内用于支持单一开发活动以及软件维护的 CASE 工具软件的应用已经比较普遍，如很多单位(特别是军工单位通过国家支持的技术改造项目，使得软件科研生产条件大幅提高)已经基本普及了需求开发工具、软件设计工具、集成编程环境、测试工具、版本管理工具等 CASE 工具的应用，然而，贯穿软件生存周期的软件工程过程管理软件的应用仍然非常罕见。缺乏软件过程管理的自动化工具支持导致以上 CASE 工具的使用效果欠佳，企业中许多重金购买的工具甚至闲置。这种问题的产生归根结底在于尚未打通软件研制活动间数据畅通传递的通道，而软件过程管理的核心是软件配置管理，它是解决此类问题的关键。

国际上比较著名的软件过程管理工具主要有美国 IBM 的 Rational 系列软件、Micro Focus 公司的 Borland 系列软件、CA 公司的 Process Continuum、McCabe&Association 公司的软件集成质量保证产品 McCabe IQ、英国的自动评估工具 Process Professional 等。国内此类软件产品主要有北大软件的软件工程管理集成平台（简称 SEMIP）、中科方德的 Qone 等。这些产品中的软件配置管理方法都采取基于文件存储差异的版本管理方法，不能适应灵活的配置管理需求，存在如下一些问题。

（1）大多数产品只支持软件需求分析设计和开发、模型库管理、构件库管理等单一功能，不能满足集成管理软件需求库、软件设计库、模型库、构件库、参数库和软件产品库等的需要。

（2）现有产品尤其缺乏对软件需求、设计、模型、构件、参数和软件产品等各个对象之间，以及各个对象的不同版本之间复杂联系的管理功能。

（3）现有产品对开发和构成软件的各个要素的生命周期（从需求、设计、开发、发布、使用、版本升级到停止使用的全过程）管理支持不够，没有有效管理软件产品各组成要素中的时态信息，也缺乏有效的时态检索和分析功能。

（4）现有产品能够很好地支持新软件产品从需求分析、设计到开发全过程，但是对已有软件产品、构件和模型的集成管理功能还不够完善。

（5）国外有些软件过程管理产品表现为一个产品族，其体系庞大，需要多个软件产品协同作业，价格不菲；而且所有产品均不能适应我国 GJB5000A 标准的要求，从国家安全的角度出发，军工软件研制不可能使用国外的软件工程过程管理系统。

鉴于此，我们定位于大规模复杂军用软件研制的多团队协作需求，集成软件需求库、设计库、模型库、构件库、参数库、软件产品库、软件文档库、开发人员库、用户库、项目库、缺陷库、变更库等多种数据库，提供集成统一的时态数据模型、存储模型，以及时态版本模型；基于这些模型，给出对象演化机制，设计各个对象之间依赖关系发现算法和变更影响分析算法，这就给出一种基于时态模型的软件配置管理方法。

10.3.2 军用软件支持数据的时态性

一般软件开发公司或者软件研究所等软件开发单位，在常年累月的软件开发过程中，积累了大量的软件开发过程数据，包括软件需求、软件设计、软件模型、软件构件和软件产品等软件文档数据。目前软件开发过程管理中，对这些过程数据的管理方式主要以文档文件为主，版本管理和配置管理也主要针对软件文档来管理。以文档为单位的管理，管理粒度比较粗，既不利于进行及时准确的变更影响分析，也不利于软件开发过程数据的复用，不仅影响软件开发效率，也导致软件开发质量不能进一步提高。

采用结构化数据库技术，对软件需求、设计、模型、构建和软件产品等软件开发要素进行数据库建模、存储和管理,改变以文档为主的粗粒度的软件开发过程管理、版本管理和配置管理,使之变为以数据库记录为主的细粒度的管理,成为提高软件开发过程数据的复用率,从而提高软件开发生产效率,进而保障和提高软件质量的必要途径。

软件需求、设计、模型、构件和软件产品等软件开发要素在开发过程中不断演化,形成不同的版本,相应的版本信息实际上也是一种时态信息。而每个软件开发要素都具有相应的生命周期,即从产生、应用、演化到失效的完整过程。因此,采用时态数据库技术,从时态的角度来建模软件开发要素存储和管理,更有利于分析软件开发要素之间的依赖性分析和变更影响分析。

我们从时间维度出发,综合利用时态图技术和时态数据库技术,研究软件开发诸要素及其复杂联系的时态建模方法,设计集成统一的时态数据模型和存储模型,该模型包括软件需求库、设计库、模型库、构件库、参数库、软件产品库和时态实体联系数据图(如图 10-21 所示);在此基础上,研究时态数据维护、检索和分析技术,可以为军用软件研制提供基础性的支持。

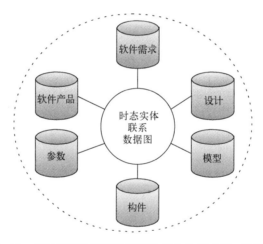

图 10-21　以时态实体联系数据图为核心的集成统一数据模型

软件开发过程管理数据模型从分布层次(研究所、项目和分项目)、分类主体(需求、模型、构件和支持数据)、受控级别(开发库、受控库、产品库)等三个方面抽象为一个立体数据模型。如图 10-22 所示。

该数据模型是一个以"四库三级"为特点的统一数据模型(如图 10-23 所示)。所谓四库是指需求库、模型库、构件库和支持数据库,所谓三级是指所级、项目级和分项目级。对于四库中的工件,如模型库中的模型,是以不同层级上的

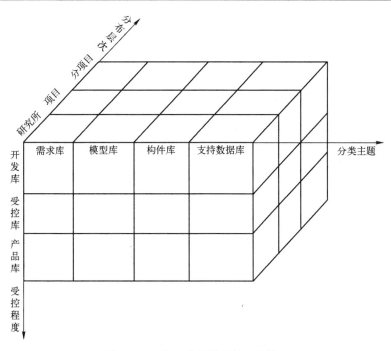

图 10-22 统一数据模型的三维模型

细化程度下发给下级组织的,下级组织在上级组织模型的基础上进行细化。当然,上级组织下发给下级组织的可能只是模型数据的一部分,如接口、技术要求等,此时就需要采用 10.2 节论述的数据转换引擎进行转换。

图 10-24 展示了时态管理模型在军用软件工程中的作用。用于支持军用软件研制的各类应用系统,通过统一的数据模型访问接口,以时态管理的方式将工作产品数据存储为时态关系数据模型,该关系数据模型可以通过数据转换引擎转换为其他系统需要数据格式进行数据交换(10.2 节详细论述了转换方法,图 10-24 中没有画出)。为了支持高效的检索、分析与决策,时态关系数据模型在需要时会实时地被转换为时态实体联系数据图模型,这种结构化的模型有利于实施高效算法。由此可见,时态管理模型是军用软件研究和实现的基础。

在时态管理中,软件需求、设计、模型、构件、参数和软件产品等实体对象都具有不同的版本,每个版本具有相应的发布时间、使用时间和停用时间[3]。具有时态属性,且其状态随时间变化的实体称为"时态实体"[4]。图 10-25 描述了 A 实体(例如软件产品)和 B 实体(例如构件)的 4 种版本时态联系,其中 At0,At1,At2,At3,At4,At5…由虚箭头线相连随时间发展演化成 A 实体的各个版本对象,B 实体也有类似随时间演化的版本序列,每个时刻版本对象上的时态标签

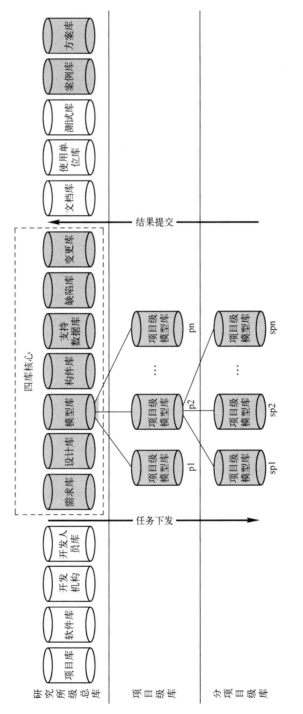

图10-23 统一数据模型的"四库三级"结构示意图

第 10 章 军用软件产品数据管理方法   297

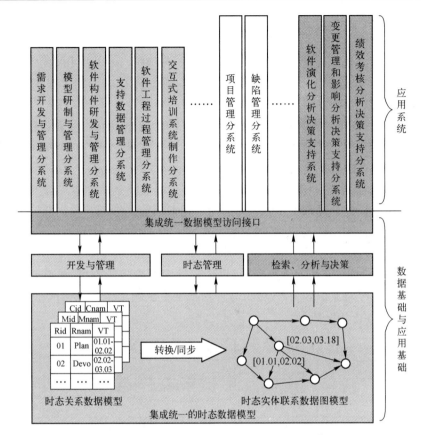

图 10-24 时态管理模型在军用软件工程中的作用

为该对象的有效时间"[发布时间,停用时间)",边上的标签表示两个版本对象建立联系的有效时间"[开始时间,结束时间)";图 10-25(a)表示 At0 版本"使

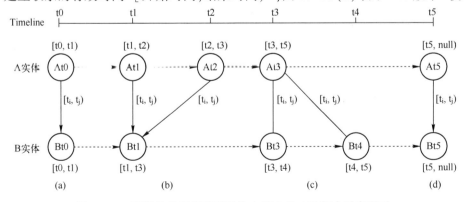

图 10-25 两类软件开发要素实体 A 和 B 的 4 种版本时态联系

用"Bt0 版本;图 10-25(b)表示 A 实体由 At1 版本升级为 At2 版本,Bt1 版本不变;图 10-25(c)表示 At3 版本不变,Bt3 版本升级为 Bt4 版本;图 10-25(d)表示 At3 升级为 At5 版本,Bt4 版本升级为 Bt5 版本。上述 A 和 B 两类时态实体之间的四种时态联系实际上为两类时态联系:A 版本变化,B 版本同步变化;A 版本变化,B 版本不变化。

图 10-25 表明,软件开发中的软件需求、设计、模型、构件、参数和软件等时态实体本身不仅存在随时间演化的版本联系,时态实体之间存在复杂的时态联系。因此,结合时态扩展实体联系 E-R 模型和时态图(Temporal Graph)模型,研究软件开发要素的时态建模方法,构建软件开发要素的概念模型,构建时态实体联系图,可以描述上述六类实体之间的动态时态联系。

10.3.3 基于时态的配置管理及其应用

基于时态的配置管理方法[5]由:设计软件配置管理数据库、检索软件配置数据、分析软件对象依赖关系、分析软件对象变更影响 4 个步骤构成,每个步骤使用的方法如图 10-26 所示。

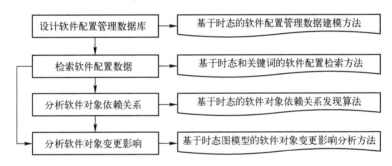

图 10-26 基于时态的配置管理方法的技术方案示意图

各步骤之间的关系是:设计软件配置管理数据库是其他步骤技术内容的基础,而依赖关系分析又是变更影响分析和基于时态和关键词的检索的基础。

1. 集成统一的数据模型

基于时态建模方法,可以设计基于时态的软件配置管理数据库,包括数据库概念模型和逻辑模型,这样就构建了集成统一的数据模型。

时态实体及其联系(Temporal Entity Relationship Diagram,TER 图)的概念模型如图 10-27 所示,

对图 10-27 的说明如下:

(1) 时态 E-R 图的符号说明,参见表 10-2。

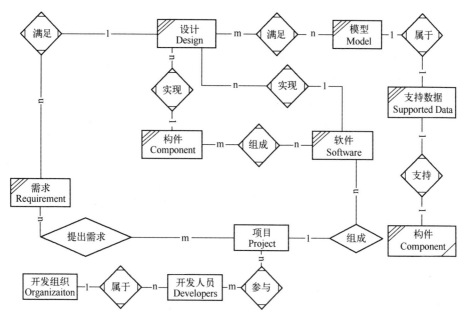

图 10-27 总体时态概念结构图(时态 TER 图)

表 10-2 时态 TER 图的符号说明

序号	符号	名称	含义
1	▨	时态实体	具有版本的实体,实体随时间演化,每一个版本具有有效时间。例如需求、设计、模型和构件等,随时间演化,不断求精
2	▨	重复的时态实体	时态实体的副本,为了 E-R 图中的联系线不交叉而画,代表其他同名实体
3	□	普通实体	不具有版本的实体,实体本身不随时间演化,但可能具有时变属性。例如缺陷,一旦发现,就是固定了,并不随时间演化,但是缺陷的状态(发现、重现/确认、分析、拒绝/修订、完成)是一个时变属性,需要记录
4	▱	重复的普通实体	普通实体的副本,为了 E-R 图中的联系线不交叉而画,代表其他同名实体
5	◈	时态联系	具有有效时间的联系。例如两个时态实体之间的联系必然是时态联系,因为各版本有有效时间,则版本之间的联系也有有效时间。普通实体之间的联系也可能是时态联系,例如开发人员和项目都是普通实体,但是开发人员参加项目这个联系是时态联系,具有有效时间,即何时起至何时止参加项目。时态实体内部之间的联系不一定是时态联系。例如需求内部之间的父子层次联系,不是时态联系,与版本无关;但是需求内部之间的复用和引用联系,与版本有关,是时态联系
6	◇	普通联系	不具有有效时间的联系。比如一旦发现软件某个版本的缺陷,这个缺陷就属于这个版本,永不过期,缺陷修订好了,这个软件版本也要升级了

（2）总的时态 E-R 图只是反映出最主要的实体之间的联系，省略了某些辅助实体之间的联系。

（3）实体内部之间的联系会在分 E-R 图中画出，例如需求实体内部的联系分为父子层次联系、引用联系、复用联系等。

（4）实体的属性在分 E-R 图设计部分中给出，并识别时变属性。

下面以需求为例，介绍以需求为核心的概念结构设计方法。

以需求为核心的分时态 TER 图见图 10-28。

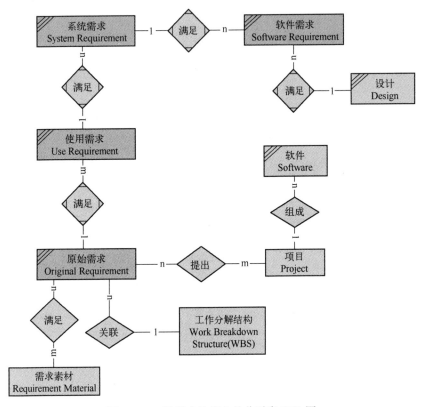

图 10-28　以需求为核心的分时态 TER 图

对图 10-28 的说明如下。

（1）原始需求、使用需求、系统需求、软件需求，实际上为各种需求项（Requirement Items）。

（2）各类需求项内部之间具有层次结构、复用和参照等各种联系，为了 E-R 图简洁，上述各种联系在上图中没有画出，其形式如图 10-29 所示。

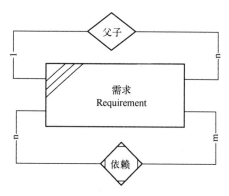

图 10-29 需求内部的分时态 TER 图

(3) 实体及其属性列表如下：

① 需求素材 ReqMaterials。属性包括素材编号(matId)、素材名称(matName)、素材类型(matType)、素材搜集人(matObtainer)、搜集时间(matObtainedDate)、素材所属领域专业(domSubject)、需求素材描述(matDesc)、需求素材文件(matFile)。键为素材编号(matId)、素材类型(matType)，如图片、视频、语音、文档等。

② 原始需求 OrigRequirements。属性包括需求编号(reqId)、需求名称(reqName)、需求描述(reqDesc)、需求报告文件(reqReport)、需求类型(reqType)、需求提出人(reqProvider)、需求提出单位(reqProvDept)、需求提出时间(reqProvDate)、原始需求关联的 XX 需求编号或者需求体系编号,需求优先级别(reqPriority)、需求分类(reqCategory)、型号分类(xinhaoCategory)、来源分类(sourceType)、领域专业(domSubject)、需求影响分析(reqImpactAnalysis)、需求影响分析时间(reqImpactAnalysisDate)、影响分析参与人(impactAnalyst)、需求链接图形(reqRelatedDrawing)、需求链接视频(reqRelatedVideo)、需求备注(reqRemark)、需求状态(reqStatus/TV)、需求审核(reqVerify/TV)、需求变更(reqChange/TV)、需求版本(reqVersion/TV)、需求问题(reqQuestion/TV)、需求评审(reqEval/TV)、需求检入(reqCheckin/TV)、需求检出(reqCheckout/TV)、需求开发人(reqDeveloper)、需求开发计划所需时间(reqPlanNeededTime)、需求计划开始日期(reqPlanStartDate)、需求计划结束日期(reqPlanEndDate)、需求开发实际花费时间(reqNeededTime)、需求开始日期(reqStartDate)、需求结束日期(reqEndDate)。键为需求编号(reqId)。

③ 使用需求(UseRequirements)：与原始需求类同。

④ 系统需求(SysRequirements)：与原始需求类同。

⑤ 软件需求(SoftRequirements):与原始需求类同。

(4) 实体之间的联系及其属性如下:

① 需求素材与原始需求联系 ReqMatRelatedOrigReq。属性包括原始需求版本(origReqVersion)、素材编号(matId)、关联描述(relatedDesc)、关联日期(relatedDate)。键为原始需求版本(origReqVersion+)素材编号(matId)。

② 原始需求与使用需求联系(OrigReqRelatedUseReq)。属性包括原始需求版本(origReqVersion)、使用需求版本(useReqVersion)、关联描述(relatedDesc)、关联日期(relatedDate)、有效时间(validTime)。

③ 使用需求与系统需求联系(UseReqRelatedSysReq)。属性包括:使用需求版本(useReqVersion),系统需求版本(sysReqVersion),关联描述(relatedDesc),关联日期(relatedDate),有效时间(validTime)。键为使用需求版本(useReqVersion+)系统需求版本(sysReqVersion)。

④ 系统需求与软件需求联系(SysReqRelatedSoftReq)。属性包括系统需求版本(sysReqVersion)、软件需求版本(softReqVersion)、关联描述(relatedDesc)、关联日期(relatedDate)、有效时间(validTime)。键为系统需求版本(sysReqVersion+)软件需求版本(softReqVersion)。

(5) 实体内部的联系及其属性如下:

① 需求父子层次联系(ReqHierarchy)。属性包括需求编号(reqId)、父需求编号(fatherReqId)。键为需求编号(reqId+)父需求编号(fatherReqId)。

② 需求依赖联系(ReqDependency)。属性包括需求版本(reqVersion)、被依赖需求版本(dependentReqVersion)、依赖描述(dependentDesc)、依赖日期(dependentDate)、有效时间(validTime)。键为需求版本(reqVersion+)被依赖需求版本(dependentReqVersion)。

以上概念结构设计识别出时态实体、时态属性和时态联系,并建立了时态实体联系图 TER 图。逻辑结构是把概念模型转换成逻辑模型。在转换过程中,要考虑缺陷、变更与每个实体都相关;考虑版本、基线、配置的数据库设计;考虑进度计划控制等问题。

数据库逻辑模型由时态实体和时态实体联系两部分组成,而每个时态实体有两部分组成:一部分为记录非时态属性的实体基本表;另一部分为记录时态版本属性的实体版本信息表。每个版本有个状态(State),如工作状态(Working)、稳定状态(Stable)、非激活状态(Deactive)。工作状态的变化是一个有向图(DG)。图 10-30 和表 10-3 显示了状态变化有向图及各个状态可以执行的操作列表。

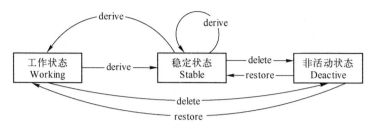

图 10-30　版本状态变更示意图

表 10-3　版本状态相容矩阵

操作＼状态	Working	Stable	Deactive
Derive	Y	Y	N
Modify	Y	N	N
Query	Y	Y	Y
Delete	Y	Y	N
Restore	N	N	Y

版本形成一棵多分枝的版本树，分枝又能合并，因此版本树是一个有向无环图（DAG）。

如图 10-31 所示，对于某个实体的版本树，可以根据该实体的版本及其记录的先序版本，逐步倒推出该版本相关的版本树。

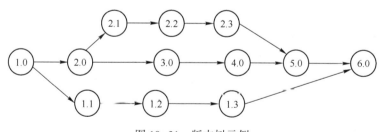

图 10-31　版本树示例

数据库逻辑模型的结构及其实体和联系的详细内容，在此不做详细介绍。

2. 基于时态的工件依赖关系分析

软件开发环境中的各种对象之间的依赖关系比较复杂，以构件为例，构件对象之间的依赖关系包含继承关系、精化关系、版本关系、包含关系、协作关系等。

因此,首先要定义清楚各种对象之间的依赖关系并存储,然后基于时态图,建模对象之间的依赖关系。在此基础上,实施对象依赖关系发现算法。

现代软件系统的生命周期内,软件缺陷修复、功能增强、性能改进、需求增加、运行环境改变等均要求构件和软件系统等对象具有较强的演化能力,对象之间的依赖关系也可能在随时间不断发生变化演化[6]。另一方面,由于多版本并行开发,某个软件对象演化特征并不是简单地随时间线性演化,由于不同用户要求或运行环境要求而存在多个版本分支随时间演化而构成一个版本树。因此基于时态的对象依赖关系发现算法的本质是版本树遍历算法,这可以用经典的树遍历算法轻松实现。

有关基于时态的工件依赖关系分析方法的详细内容,请读者参考发明专利"一种基于时态的对象依赖关系发现方法和系统"[4]。

3. 基于时态的对象变更影响分析

变更影响分析是软件配置管理的又一个关键技术。变更影响分析是保证软件质量的重要手段,可以减少软件维护和测试成本,因为只需要对受影响的软件对象(模型、构件或者其他软件对象)进行维护和测试。

基于时态和图模型,构建软件对象内部以及对象之间的依赖、交互及架构关系,以进行变更影响分析。从不同的角度来看,可以对软件对象建立不同的模型。例如,从外部用户的角度,构件的主要功能是提供 API,于是可以建立 API 模型;从系统层面看,构件之间存在着交互关系,还有组合、配置等多种架构关系,可以建立相应的系统模型。因此,建立合适的软件对象以及系统模型是软件对象变更影响分析的重要前提。

软件对象变更影响分析的方式如下。

(1) 以某个对象为核心,分析受其影响的所有对象及其联系;

(2) 以时间轴为核心,分析某个对象随时间演变对其他对象的影响;

(3) 以时间点为核心,分析某个时间点所有相关对象及其之间的变更影响。

读者可以参考发明专利"一种基于时态的对象变更模型的建模方法"[6]了解更详细的内容。

4. 基于时态和关键词的软件配置检索方法

各个软件对象的属性比较多,也包含较多的时态属性,时态实体之间的联系也比较复杂,传统的关系数据库查询语言 SQL 语言难以胜任灵活的用户查询需求。目前基于关键词的关系数据库检索方法有很多研究,但是还缺少针对时态数据和时态数据图的基于关键词的检索研究。

设计基于关键词的时态检索模型和相应的时态检索方法,使得用户通过简单的关键词检索,就可以灵活检索基于时态的软件配置管理数据,检索结果也可以按照时态属性过滤和排序。我们提出了一种在 Oracle10g 上进行时态扩展和进行检索的方法,限于篇幅这里不再进行介绍,读者可以参考发明专利"一种基于时态和关键词查询的检索方法和系统"[7]了解更详细的内容。

10.4 小结

军用软件在研制过程中形成的支持数据是宝贵的资产,其中有许多可以纳入核心资产的范畴,所以需要对其存储、使用和管理机制进行研究。本章对主要的支持数据划分了类型,并对数据存取方法进行了讨论。为了保证数据存取过程中,各类非结构化数据和结构化数据能够自由交换,设计了数据转换引擎。在各类数据交换中,异构关系数据库中的结构化数据是一类最为重要且体量最大的数据类型,我们讨论了在分布式环境下高效可靠地交换数据的方法,采用并行算法和集群部署提高了数据处理的能力。最后,针对传统配置管理方法以文件为中心的版本控制中存在的问题,提出一种基于时态的配置管理方法。通过引入时态属性,建立统一的时态数据模型,并讨论了基于时态图的工件依赖关系分析、基于时态的对象变更影响分析和基于时态和关键词的软件配置检索方法等问题。

参考文献

[1] 中国国家标准化管理委员会. 中华人民共和国国家标准(GB/T 1.1-2009) 标准化工作导则[M]. 北京:中国标准出版社,2009.

[2] 张云航. 面向政务云的结构化数据转换技术的研究[D]. 西安:西北工业大学,2017.

[3] 张晓民. 基于关键词的关系数据库时态信息检索方法研究[D]. 大连:大连海事大学,2017.

[4] 史红权,赵晓哲,张俊,等. 一种基于时态的对象依赖关系发现方法和系统:中国 2017101248915[P]. 2018-08-07.

[5] 赵晓哲,史红权,陈行军,等. 一种基于时态的软件配置管理数据系统和方法:中国 2017113863489[P]. 2018-12-20.

[6] 陈行军,史红权,赵晓哲,等. 一种基于时态的对象变更模型的建模方法:中国 201710125166X[P]. 2017-08-18.

[7] 史红权,陈行军,赵晓哲,等. 一种基于时态和关键词查询的检索方法和系统:中国 2017101251636[P]. 2017-08-18.

第 11 章 军用软件产品族研制支撑平台简介

在本书提出的基于遗传孵化的军用软件工程方法的基础上,我们开发了一套军用软件产品族研制支撑平台,它能对军用软件两阶段研制过程模型和遗传孵化过程提供支持。平台分成军用软件过程管理系统和遗传孵化过程管理系统两大部分,其中,军用软件过程管理系统采用需求库、模型库、构件库、测试用例库、支持数据库五库分离的思路构建,支持 GJB 5000A 三级中的大部分过程域,对军用软件研制过程能够进行细粒度的管理。遗传孵化过程管理系统以遗传孵化理论框架为指引,以软件产品线工程技术为支撑,能够完整地支持领域工程和应用工程[1]。

11.1 军用软件产品族研制支撑平台整体技术架构

军用软件产品族研制支撑平台(简称"平台")用 Java EE 技术开发,采用基于构件的系统架构,保证整个系统具有较高的可扩展性、可靠性和可维护性。系统由应用支撑层和应用层两部分构成。应用支撑层包括运行环境服务、业务数据访问服务、业务基础服务、工作流服务、统一门户服务和系统(安全)管理服务等,为应用层的系统开发和构造提供服务;应用层包含军用软件过程管理系统和遗传孵化过程管理系统两个软件应用,其中,军用软件过程管理系统包含需求管理分系统、模型管理分系统、构件管理分系统、测试管理分系统、支持数据管理分系统和软件工程过程管理分系统六个应用系统,遗传孵化过程管理系统与军用软件过程管理系统紧密集成,包含领域工程管理和应用工程管理两个主要的应用系统,为军用软件产品族研制提供支持。

系统整体技术架构如图 11-1 所示。

应用支撑层为平台提供了技术开发的基础服务,使得开发应用系统时能够专注于业务逻辑的实现。应用支撑层的主要服务如下。

1. 运行环境服务

运行环境服务包括异常处理框架、数据转换服务(参见 10.2.2 节和 10.2.3 节)、基于 Spring 的 MVC 模式框架[2]、事件日志发送机制等。这些服务都是企

第 11 章 军用软件产品族研制支撑平台简介

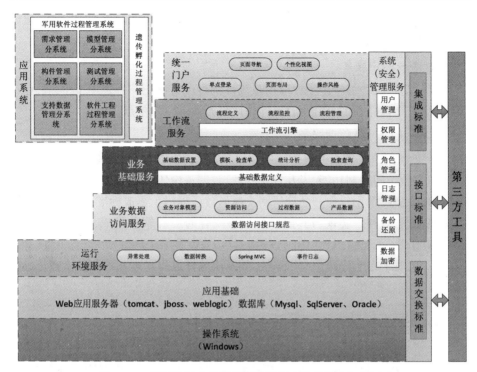

图 11-1 军用软件产品族研制支撑平台整体技术架构图

业级应用系统运行所需的最基本的公共技术服务,在平台级提供这些服务,有利于保证应用系统基础技术体系的一致性,避免技术基础设施的异构性带来的软件开发和维护成本的增加。

2. 业务数据访问服务

该服务为整个平台提供了一致的数据结构和数据模型,并采用规范化的数据访问接口保证了数据存取方式的统一。该服务封装了数据模型的复杂性,并支持数据访问方式的变更而不会对应用系统产生影响。有关数据访问服务的技术细节参看 10.2.1 节。

3. 业务基础服务

业务基础服务以基础服务的方式实现了各个应用系统共有的业务功能,如数据字典(基础数据)设置、各种文档表单模板设置、统计报表分析生成、检索查询定义等。这些业务基础服务通过接口支持不同应用系统按照其处理的业务定制其工作内容。

4. 工作流服务

工作流服务支持业务流程的定义、运行、监控和管理。可以通过可视化流程建模工具定义各种业务流程,如各种审批流以及项目管理流程、变更流程、风险管理流程等业务流。

5. 统一门户服务

统一门户服务为整个平台应用系统提供可配置的用户界面(UI)框架,包括页面导航、个性化视图、页面布局、操作风格的设定以及单点登录等。

6. 系统(安全)管理服务

系统(安全)管理服务包括用户管理、角色管理、权限管理、数据加密等用户认证和安全访问控制功能,以及日志管理、数据备份还原等系统管理功能。

除此之外,军用软件产品族研制支撑平台还提供了集成标准、接口标准和数据交换标准,有利于实现与其他研制单位现有的工具软件集成,如需求开发工具、设计工具、源码编辑器(IDE)、测试工具、数据整编工具等。

下面,对平台上的两个应用系统,即军用软件过程管理系统和遗传孵化过程管理系统进行介绍。

11.2 军用软件过程管理系统

军用软件过程管理系统的分系统中,需求管理分系统、模型管理分系统、构件管理分系统、测试管理分系统和支持数据管理分系统是针对两阶段军用软件研制过程模型中的需求、建模与设计、软件开发、软件测试、军事数学模型的算法数据管理等主要研制活动分别开发的应用系统。五个分系统对应的外部工具分别是需求开发工具、模型研制工具、构件研发工具、测试工具和数据整编工具。五个工具产生的结果分别作为五个分系统的数据输入。软件工程过程管理分系统是为软件工程阶段提供过程管理的应用系统。

设计需求管理分系统、模型管理分系统、测试管理分系统和构件管理分系统时,尽量将其公共特性采取同构化设计,将差异性通过运行时配置进行管理,以此提高系统的复用性、可扩展性。通过配置系统参数,将业务逻辑处理、数据内容展示、数据元素存储等功能在各个分系统上扩展。

软件工程过程管理分系统提供了软件全生命周期的管理[3],可独立运行。它对需求管理分系统、模型管理分系统、构件管理分系统、测试管理分系统和支持数据管理分系统在过程管理上提供业务支持,其软件工程过程管理应用支撑五个分系统的业务数据管理机制和流程化过程管理机制。

在军用软件研制实践中,研制人员经常需要出差或到协作单位异地开发,这就脱离了军用软件过程管理系统所提供的研制环境。为了支持这种特殊的军用软件研发的管理需求,使研制人员即使脱离研制环境也能工作,开发了需求开发过程支持工具、模型研制过程支持工具、构件研发过程支持工具、测试过程支持工具和数据整编过程支持工具,它们分别是对五个分系统提供的完整的过程支持功能的裁剪版本,各自配置本地运行库可独立运行,实现便携式开发。

需求管理分系统、模型管理分系统、构件管理分系统、测试管理分系统和数据整编分系统数据交互通过数据访问服务,实现需求、设计、模型、构件、测试数据和支持数据的传递。数据访问服务设计为不依赖于特定数据库产品,采用标准数据交互格式,对跨系统数据集成提供数据规范。

军用软件过程管理系统应用架构如图11-2所示。

需求管理分系统包含需求产品开发(需求开发工具和需求存储)、需求库及需求库管理、需求开发过程支持、需求开发过程时态应用等功能。需求管理分系统经过裁剪形成需求开发过程支持工具。该工具配置需求库(子集)和过程支持(子集)功能应用于外场开发,提供对外场需求开发过程的支持,并能够与整体系统合并和数据同步。

模型管理分系统包含模型产品研制(模型研制工具、设计信息和模型存储)、设计信息库和模型库及其管理、模型研制过程支持、模型研制过程时态应用等功能。模型管理分系统经过裁剪形成模型研制过程支持工具。该工具配置设计信息库、模型库(子集)和过程支持(子集)功能来支持外场开发,提供对外场模型研制和设计过程的支持,并能够与整体系统合并和数据同步。

构件管理分系统包含构件产品研发(构件研发工具和构件存储)、构件库及构件库管理、构件研发过程支持、构件研发过程时态应用等功能。构件管理分系统经过裁剪形成构件研发过程支持工具。该工具配置构件库(子集)和过程支持(子集)功能应用于外场开发,提供对外场构件研发过程的全面支持,并能够与整体系统合并和数据同步。

测试管理分系统包含软件测试(测试工具和测试用例与测试结果存储)、测试库及测试库管理、测试过程支持、测试过程时态应用等功能。测试管理分系统经过裁剪形成测试过程支持工具。该工具配置测试库(子集)和过程支持(子集)功能应用于外场开发,提供对外场测试过程的全面支持,并能够与整体系统合并和数据同步。

支持数据管理分系统包含支持数据整编(数据整编工具和支持数据存储)、支持数据库及支持数据库管理、数据整编过程支持、数据整编过程时态应用等功能。支持数据管理分系统经过裁剪形成数据整编过程支持工具。该工具配置支持数据库(子集)和过程支持(子集)功能来应用于外场开发,提供对外场支持数据整编的支持,并能够与整体系统合并和数据同步。

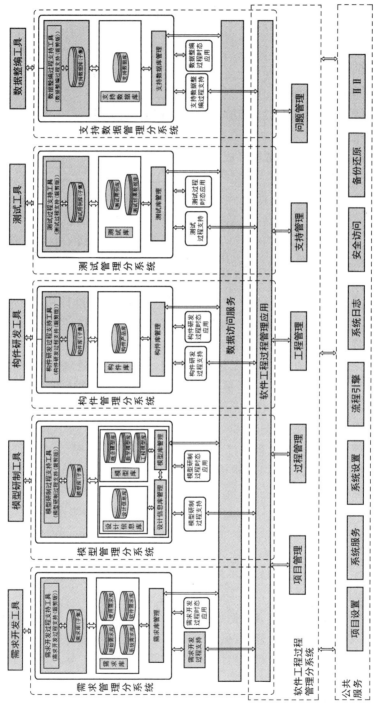

图11-2 军用软件过程管理系统应用架构图

软件工程过程管理分系统包含项目管理、过程管理、工程管理、问题管理和支持管理等功能,共同构成软件工程过程管理应用。项目管理提供型号(非型号)项目的项目策划、项目监控功能。过程管理提供活动标准化规程、历史借鉴。工程管理实现通用需求开发、通用需求管理、技术解决方案、集成管理,验证与确认过程管理。问题管理包含问题收集与整理、问题分析与归类、问题确认与处理、问题处理过程与设计到工作产品的变更通知、问题验证、软件部署与确认以及软件部署情况反馈的闭环。支持管理实现对配置项的受控、过程和产品的质量保证活动和测量分析支持。

公共服务来自平台的应用支撑层,包含项目设置、系统设置、流程引擎、系统日志、安全访问、备份还原等基础服务,从底层支撑军用软件过程管理系统正常运行。

11.3 军用软件遗传孵化过程管理系统

军用软件遗传孵化过程管理系统是军用软件产品族研制支撑平台中的重要应用系统,它借助军用软件过程管理系统的功能,提供了对军用软件产品族研制的支持,实现了基于遗传孵化思想的军用软件大规模、系统化复用。该系统面向军用软件产品族的工程化研制过程,借鉴了软件产品线工程方法[4],并对软件产品线的领域工程和应用工程提供了较为全面的支持。

军用软件遗传孵化过程管理系统与军用软件过程管理系统紧密集成,都是基于平台应用支撑层提供的公共服务。而且,军用软件遗传孵化过程管理系统还依赖军用软件过程管理系统中的软件工程过程管理分系统实现了过程管理的主要功能,如项目管理、过程管理、问题管理等。遗传孵化过程管理系统从军用软件过程管理系统的需求库、模型库、构件库、测试库、支持数据库中抽取核心公共工件进入核心资产库,在新产品研制时,军用软件过程管理系统使用核心资产库中的工件,通过绑定可变性,再结合特定产品个体需求,研制新的型号产品个体。军用软件遗传孵化过程管理系统与军用软件过程管理系统的关系参见图 11-3。

军用软件遗传孵化过程管理系统的应用架构示意图如图 11-4 所示,系统完整支持领域工程管理和应用工程管理。

通过对已有军用软件型号产品进行基于前述理论的遗传特性分析,可以进行领域工程管理,包括公共性管理和可变性管理。公共性管理识别军用型号研制中可以作为产品族公共资产的核心工件(需求、军事模型、设计、构件、测试用例、支持文档、支持数据等),在对其生命周期管理的基础上存入核心资产库;可

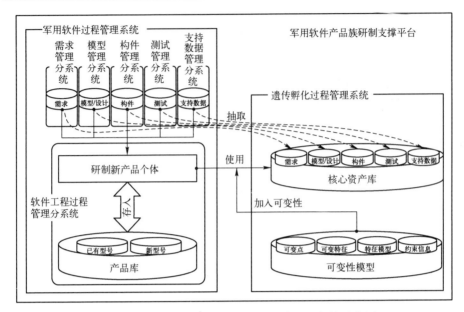

图 11-3 军用软件产品族研制支撑平台应用架构示意图

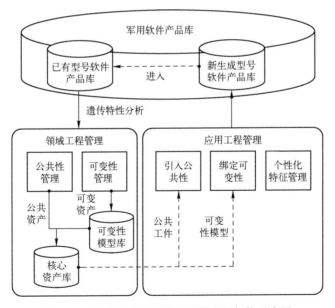

图 11-4 遗传孵化过程管理系统应用架构示意图

变性管理识别军用软件型号研制中可能作为产品族可变性的特征(即可变资产),建立可变性模型,在对可变性模型进行生命周期管理的基础上存入核心资产库,与公共核心工件(公共资产)关联。

在应用工程中,根据产品需求分析结果,确定新的型号软件产品个体的个体化特征模型,将核心资产库中的公共工件及其可变性模型导入应用工程,通过绑定可变性并加入个性化特征,从而生成新的型号软件产品。新的型号软件产品在其生命周期管理的作用下,进入军用软件产品库,在经过应用验证后进入已有型号软件产品库中,可以继续供遗传特性分析之用。

11.3.1 领域工程管理

领域工程管理的内部结构如图 11-5 所示。

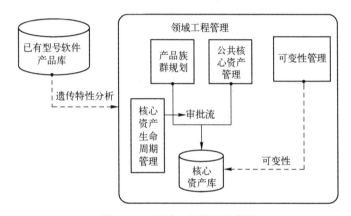

图 11-5 领域工程管理示意图

整个架构分成产品族管理(产品族群规划)、公共核心资产管理(公共核心资产建模和库管理)、核心资产生命周期管理和可变性管理四个模块,各个模块的功能如下。

1. 产品族管理

产品族管理包括产品族的创建、产品族基本信息维护、产品族生成方式定义、个体产品生成产品族的关系维护等。其中,包括产品族创建的审批过程管理。

2. 公共核心资产管理

公共核心资产管理包括核心资产库结构定义、从五库(需求库、模型库、构件库、测试库、支持数据库)中提取相关工作产品进入核心资产库、核心资产库数据访问服务接口。

3. 核心资产生命周期管理

核心资产生命周期管理包括核心资产的创建、使用、修改、废止等的审批过程。核心资产在产品族中的使用追溯、使用情况统计等。

4. 可变性管理

可变性管理是领域工程管理的核心,其内部结构如图 11-6 所示。

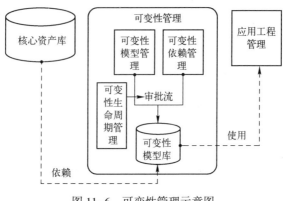

图 11-6 可变性管理示意图

整个架构分成可变性模型管理(包括可变性建模)、可变性依赖管理(与需求、设计和构件模型关联)和可变性模型生命周期管理模块,各个模块的功能如下。

1. 可变性模型管理

可变性模型管理包括可变点管理、可变特征管理、特征模型上传下载浏览等功能。

2. 可变性依赖管理

可变性依赖管理包括可变性模型与需求模型、设计模型、构件模型的关联;可变需求的自动生成、可变需求到可变设计的关联、可变设计到构件的追溯关系管理。

3. 可变性模型生命周期管理

可变性模型生命周期管理包括可变性模型的创建、与需求的关联、修改、废止等的审批过程。

11.3.2 应用工程管理

应用工程管理如图 11-7 所示,分成新产品个体管理、新产品个体生命周期管理和可变性依赖管理,各个模块的功能如下。

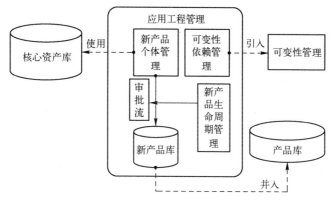

图 11-7　应用工程管理示意图

1. 新产品个体管理

新产品个体管理包括从核心资产加入可变性生成新产品个体的基本信息管理、产品个体的信息维护。

2. 新产品个体生命周期管理

新产品个体生命周期管理包括新产品个体的创建、修改、废止等的审批过程。

3. 可变性依赖管理

可变性依赖管理包括新产品个体使用核心资产与可变性的追踪关系管理、产品版本与核心资产和可变性关系管理。

11.4　小结

在本书提出的基于遗传孵化的军用软件工程方法的基础上,开发了一套军用软件产品族研制支撑平台,它能对军用软件两阶段研制过程模型和遗传孵化过程提供很好的支持。平台采用需求库、模型库、构件库、测试库和支持数据库五库分离的思路构建,支持 GJB 5000A 三级中的大部分过程域,对军用软件研制过程能够进行细粒度的管理。同时,以遗传孵化理论框架为指引,以软件产品线工程技术为支撑,开发了相应的支持系统,能够完整地支持领域工程和应用工程。

参考文献

[1] K. P,G. B,F. V D L. 软件产品线工程[M]. 张佳骥,李彦平. 北京:国防工业出版社,2010.
[2] Johnson R,H oeller J. Expert O ne-on-O ne J2EE D evelopmnet Without EJB[M]. John Wiley & Sons,Inc. ,2004.
[3] Singh R. International Standard ISO/IEC 12207 Software Life Cycle Processes[J]. Software Process Im provem ent & Practice,1996,2(1):35-50.
[4] 李伟刚,李易. 软件产品线工程:原理与方法[M]. 北京:科学出版社,2015.

附　　录

附录 A　ECOM 构件模型的 BNF 定义

%start　CDL_declare
%token　ENUM Identifier
% token　　VOID IN OUT INOUT INTERFACE SHORT UNSIGNED LONG FLOAT DOUBLE
% token　　CHAR BOOLEAN OCTET STRING CONSUME PUBLISH PROVIDE REQUIRE
%token　PORT COMPONENT STRUCT UNION
%%
fundamental_type_name →SHORT ｜ UNSIGNED SHORT ｜ LONG ｜ UN-SIGNED LONG ｜ LONG LONG
　　　　　　｜ UNSIGNED LONG LONG ｜ FLOAT ｜ DOUBLE ｜ CHAR ｜ BOOLEAN
　　　　　　｜ OCTET ｜ STRING;

CDL_declare → CDO_type_list;
CDO_type_list → ε ｜ CDO_type_list CDO_type_decl;
CDO_type_decl → enumeration_decl ';' ｜ struct_decl ';' ｜ interface_decl ';' ｜ port_decl ';' ｜ component_decl ';';
enumeration_decl → ENUM enum_name '{' enumeration_body '}';
enum_name → Identifier;
enumeration_body → enum_member_list;
enum_member_list → enum_value ｜ enum_member_list ',' enum_value;
enum_value → Identifier;
struct_decl → STRUCT struct_name '{' data_member_list '}';
struct_name → Identifier;

data_member_list → data_member | data_member_list data_member;
data_member → fundamental_type_name Identifier ';' | declared_type_name Identifier ';';
declared_type_name → Identifier;
port_decl → PORT port_type_name port_data_type;
port_type_name → Identifier;
port_data_type → fundamental_type_name | declared_type_name;
interface_decl → INTERFACE interface_type_name '{' operation_list '}';
interface_type_name → Identifier;
operation_list → operation | operation_list operation;
operation → operation_head '(' parameter_list ')' ';';
operation_head → return_type operation_name;
operation_name → Identifier;
type_specifier → fundamental_type_name | declared_type_name;
return_type → type_specifier | VOID;
parameter_list → ε | parameter | parameter_list ',' parameter;
parameter → in_out_specifier type_specifier parameter_name;
parameter_name → Identifier;
in_out_specifier → IN | OUT | INOUT;
component_decl → COMPONENT component_name '{' component_body '}';
component_name → Identifier;
component_body → port_interface_list;
port_interface_list → port_interface | port_interface_list port_interface;
port_interface → port_member | interface_member;
port_member → pub_sub_specifier port_list;
port_list → port | port_list port;
port → port_type_name port_name ';';
port_name → Identifier;
pub_sub_specifier → CONSUME | PUBLISH;
interface_member → role_specifier interface_list;
interface_list → interface | interface_list interface;
interface → interface_type_name interface_name ';';
role_specifier → PROVIDE | REQUIRE;
component_list → component_member | component_list component_member;

component_member → COMPONENT component_type_name component_inst_name ';';
component_type_name → Identifier;
component_inst_name → Identifier;
interface_name → Identifier;
qualified_port_name → port_name | port_name '.' port_name;
port_name → Identifier;
%%

附录 B 应用规划的 XML SCHEMA 定义

应用规划 XML 文件的 XML Schema 定义如下所示：

```
<?xml version="1.0" encoding="utf-8"?>
<xs:schema id="Config" xmlns:xs="http://www.w3.org/2001/XMLSchema" elementFormDefault="qualified" attributeFormDefault="qualified">
<xs:element name="Config">
    <xs:complexType>
        <xs:choice minOccurs="1" maxOccurs="1">
            <xs:element name="Path">
                <xs:complexType>
                    <xs:sequence>
                        <xs:element name="CDLPath" minOccurs="0" maxOccurs="unbounded">
                            <xs:complexType>
                                <xs:attribute name="directory" type="xs:string"/>
                            </xs:complexType>
                        </xs:element>
                    </xs:sequence>
                </xs:complexType>
            </xs:element>
<xs:element name="ComponentDeclare">
    <xs:complexType>
        <xs:sequence>
```

```
                <xs:element name="ComponentModel" minOccurs="0" maxOccurs="unbounded">
                    <xs:complexType>
                     <xs:sequence>
                        <xs:element name="Port" minOccurs="0" maxOccurs="unbounded">
                            <xs:complexType>
                                <xs:attribute name="type" type="xs:string"/>
                                <xs:attribute name="name" type="xs:string"/>
                                <xs:attribute name="Mode" type="xs:string"/>
                            </xs:complexType>
                        </xs:element>
                        <xs:element name="Interface" minOccurs="0" maxOccurs="unbounded">
                            <xs:complexType>
                                <xs:attribute name="type" type="xs:string"/>
                                <xs:attribute name="name" type="xs:string"/>
                                <xs:attribute name="Mode" type="xs:string"/>
                            </xs:complexType>
                        </xs:element>
                     </xs:sequence>
                     <xs:attribute name="TypeName" type="xs:string"/>
                    </xs:complexType>
                </xs:element>
             </xs:sequence>
        </xs:complexType>
    </xs:element>
    <xs:element name="ComponentInstances">
        <xs:complexType>
            <xs:sequence>
                <xs:element name="ComponentInstance" minOccurs="0" maxOccurs="unbounded">
                    <xs:complexType>
                        <xs:attribute name="name" type="xs:string"/>
```

```
                    <xs:attribute name="type" type="xs:string" />
                </xs:complexType>
            </xs:element>
        </xs:sequence>
    </xs:complexType>
</xs:element>
<xs:element name="Connects">
    <xs:complexType>
        <xs:sequence>
            <xs:element name="Connect" minOccurs="0" maxOccurs="unbounded">
                <xs:complexType>
                    <xs:attribute name="PartOne" type="xs:string" />
                    <xs:attribute name="PartTwo" type="xs:string" />
                </xs:complexType>
            </xs:element>
        </xs:sequence>
    </xs:complexType>
</xs:element>
<xs:element name="Deploy">
    <xs:complexType>
        <xs:sequence>
            <xs:element name="Process" minOccurs="0" maxOccurs="unbounded">
                <xs:complexType>
                    <xs:sequence>
                        <xs:element name="Component" minOccurs="0" maxOccurs="unbounded">
                            <xs:complexType>
                                <xs:attribute name="name" type="xs:string"/>
                            </xs:complexType>
```

```
                </xs:element>
            </xs:sequence>
            <xs:attribute name="name" type="xs:string" />
        </xs:complexType>
       </xs:element>
      </xs:sequence>
     </xs:complexType>
    </xs:element>
   </xs:choice>
   </xs:complexType>
  </xs:element>
 </xs:schema>
```

内 容 简 介

军用软件研制过程十分复杂,具有要求不断发展、功能逐步细化和升级陪伴终生等鲜明特点,需要在经典的软件过程和软件工程方法的基础上进行改进,提高军事领域知识和软件工程领域工作成果的复用程度,开展由已有型号产品"遗传孵化"出新型号产品的工程实践。本书介绍了作者团队在此领域的研究成果,主要内容包括三个方面:一是围绕军用软件研制特色,论述军用软件研制过程模型及军用软件需求分析、架构设计和构件化开发中的重要方法和技术,阐述了新的软件工程方法在军用软件研制中的应用和发展;二是针对军用软件研制中"有计划、有系统地实现工件复用"而形成的型号化特征,深入分析基于已有型号产品"衍生"新产品的工程实践,提出基于遗传孵化的军用软件复用思想,并通过软件产品线技术予以支撑;三是介绍了作者团队开发的"模型驱动的军用软件产品族研制支撑平台"。

本书针对我国近年来军用软件型号任务多、研制效率不高和功能迭代升级较慢等问题,在理论体系和支持工具方面给出了较为完整的解决方案,具有较高的实用价值。本书可作为从事军用软件产品研制的工程技术人员的参考书和相关大专院校的教学参考书。

The development process of military software is very complex, with distinctive features such as continuous development of requirements, gradual refinement of functions and life-long companion of upgrading. It is necessary to improve the classical software process and software engineering methods, enhance the reuse degree of knowledge in the military field and the results of work in the software engineering field, and carry out the practices of genetic incubation from existing military type products to produce new products. This book reports the research fruits of the author's team in this field. The main contents of this book include three aspects: First, focusing on the characteristics of military software development, this book discusses the two-stage process model of military software development, and the important methods and technologies in military software requirement analysis, architecture design and component-based development. It also expounds the application and development of new software engineering methods in military software development. Second, analyzing the engineering practices of deriving new military software products based on the existing type products, this book puts forward the idea of military software reuse based on genetic incubation, which is supported by software product line technology.

Third, the Model-driven Military Software Product Family Development Support Platform developed by the author's team is introduced.

In view of the problems of development of military software, such as the onerous research and development tasks, low development efficiency and slow iterative upgrade of the software functions, this book gives a relatively complete solution in the theoretical framework and support tools, which has a high practical value. This book can be used as a reference book for researchers and engineers engaged in the development of military software and as a teaching and study reference book in relevant colleges and universities.